全国高等教育自学考试思想政治理论课助考系列丛书

《思想道德修养与法律基础》自学考试助考通

主　编　谢贵兵
副主编　卢秋菊　胡丽芳

苏州大学出版社

图书在版编目(CIP)数据

《思想道德修养与法律基础》自学考试助考通 / 谢贵兵主编. —苏州：苏州大学出版社，2021.8
（全国高等教育自学考试思想政治理论课助考系列丛书）
ISBN 978-7-5672-3624-0

Ⅰ.①思… Ⅱ.①谢… Ⅲ.①思想修养-高等教育-自学考试-自学参考资料②法律-中国-高等教育-自学考试-自学参考资料 Ⅳ.①G641.6②D920.4

中国版本图书馆 CIP 数据核字(2021)第 159262 号

书　　名：《思想道德修养与法律基础》自学考试助考通
《SIXIANG DAODE XIUYANG YU FALÜ JICHU》ZIXUE KAOSHI ZHUKAOTONG

主　　编：谢贵兵
副 主 编：卢秋菊　胡丽芳
责任编辑：万才兰
装帧设计：吴　钰
出版发行：苏州大学出版社(Soochow University Press)
社　　址：苏州市十梓街1号　邮编：215006
网　　址：www.sudapress.com
邮　　箱：sdcbs@ suda.edu.cn
印　　装：苏州市越洋印刷有限公司
邮购热线：0512-67480030
销售热线：0512-67481020
开　　本：787 mm × 1 092 mm　1/16　印张：15　字数：329千
版　　次：2021年8月第1版
印　　次：2021年8月第1次印刷
书　　号：ISBN 978-7-5672-3624-0
定　　价：38.00元

凡购本社图书发现印装错误，请与本社联系调换。
服务热线：0512-67481020

编写说明

为帮助广大自考人员更好地学习和复习迎考，特编写本自学考试助考系列丛书。本系列丛书编写的依据是全国高等教育自学考试委员会组编的相关学习读本。每门课程每章的编写结构包括知识框架（《〈毛泽东思想和中国特色社会主义理论体系概论〉自学考试助考通》除外）、内容精要、要点荟萃、能力检测。"知识框架"将每章的主要内容以框架形式呈现，便于读者从总体上了解本章主要内容的构成；"内容精要"将学习读本中的每章内容进行压缩，提炼出本章内容的精华，并在结构和内容上适当调整、补充、完善；"要点荟萃"将学习读本中每章的主要知识点进行罗列，便于读者更直观地复习和掌握；"能力检测"按照每门课程的考试题型给出相应的练习题，便于读者检验对本章内容及知识点的掌握程度。另外，每门课程都精编了5套模拟试题，便于读者从整体上对相关课程内容进行把握和检测。每门课程均附有能力检测和模拟试题的参考答案。建议读者按照本系列丛书相关课程的编写结构进行循序渐进的学习，即先认真阅读知识框架，知晓每章有哪些内容；在对每章内容有了总体了解的基础上，对内容精要部分进行系统的学习；只有在对内容精要部分进行系统学习的基础上，才能更好地理解和熟记"要点荟萃"部分的知识点；有了知识框架部分对每章内容的总体了解，有了内容精要部分的系统学习，有了要点荟萃部分对知识点的理解和熟记，才能正确地完成能力检测部分的试题；有了每章内容的扎实学习，才能顺利完成模拟试题的检测。切忌在没有对相关内容进行系统和深入学习时就匆忙做题，更切忌对每道题没有进行认真思考就去翻看答案，否则只会事倍而功半。

本系列丛书依据全国高等教育自学考试委员会组编的相关学习读本进行编写，在此特做说明并表示衷心的感谢！本系列丛书大量使用了过往相关考试的真题，也在此特做说明并表达谢意！本系列丛书编写过程中得到苏州大学出版社的鼎力支持，谨致谢忱！

本系列丛书由苏州大学马克思主义学院甘剑斌负责组编，苏州大学马克思主义学院胡绿叶主编《〈中国近现代史纲要〉自学考试助考通》，苏州大学马克思主义学院谢贵兵主编《〈思想道德修养与法律基础〉自学考试助考通》，甘剑斌主编《〈马克思主义基本原理概论〉自学考试助考通》与《〈毛泽东思想和中国特色社会主义理论体系概论〉自学考试助考通》。

目 录

绪论 1

第一章　把握人生的方向和道路 13
  第一节　科学认识人的本质 14
  第二节　树立正确的人生观 16
  第三节　协调人生道路上的若干关系 20

第二章　坚定理想信念 31
  第一节　理想信念及其作用 32
  第二节　科学的理想信念 33
  第三节　确立和践行科学的理想信念 36

第三章　倾注对祖国的忠诚与热爱 46
  第一节　爱国主义是宝贵的精神财富 47
  第二节　明确爱国主义的时代要求 49
  第三节　做新时代忠诚坚定的爱国者 53

第四章　加强道德理论学习 63
  第一节　道德及其历史发展 63
  第二节　继承和借鉴优秀道德成果 67
  第三节　加强社会主义道德建设 71

第五章　培养优良道德品质 84
  第一节　遵守社会公德 85
  第二节　遵守职业道德 87
  第三节　遵守家庭美德 89
  第四节　培养良好的个人品德 91

第六章　弘扬社会主义法治精神 ········ 103
第一节　培养法治思维，维护法律权威 ········ 104
第二节　全面依法治国的目标与原则 ········ 108
第三节　全面推进依法治国 ········ 111

第七章　学好法学基础理论 ········ 125
第一节　法学基本知识 ········ 125
第二节　我国社会主义法律的本质和体系 ········ 130
第三节　我国社会主义法律的运行 ········ 134

第八章　熟悉我国基本法律制度 ········ 150
第一节　我国的宪法法律制度 ········ 151
第二节　我国的实体法 ········ 158
第三节　我国的程序法 ········ 168

模拟试题（一） ········ 189
模拟试题（二） ········ 193
模拟试题（三） ········ 197
模拟试题（四） ········ 201
模拟试题（五） ········ 206
参考答案 ········ 210

绪 论

知识框架

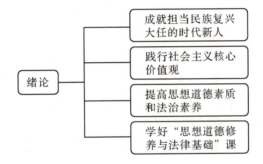

内容精要

一 成就担当民族复兴大任的时代新人

鸦片战争后，中国陷入内忧外患的黑暗境地，中国人民经历了战乱频仍、山河破碎、民不聊生的深重苦难。在当时的时代背景下，救亡图存、争取民族独立和人民解放就成为包括广大青年在内的中国人民的历史使命。

新中国成立后，随着社会主义革命胜利和社会主义基本制度确立，推进社会主义建设就成为新中国新青年的历史使命。

党的十一届三中全会以来，中国共产党团结带领中国人民进行改革开放新的伟大革命，在实践中开辟了中国特色社会主义道路，建设中国特色社会主义、实现中华民族伟大复兴就成为新时期广大青年的历史使命。

党的十八大以来，在过去长期努力的基础上，中国特色社会主义进入了新时代，这是我国发展新的历史方位。进入这个新时代，意味着近代以来久经磨难的中华民族迎来了从站起来、富起来到强起来的伟大飞跃，迎来了实现中华民族伟大复兴的光明前景；意味着科学社会主义在21世纪的中国焕发出强大生机活力，在世界上高高举起了中国特色社会主义伟大旗帜；意味着中国特色社会主义道路、理论、制度、文化不断发展，拓展了发展中国家走向现代化的途径，给世界上那些既希望加快发展又希望保持自身独立性的国家和民族提供了全新选择，为解决人类问题贡献了中国智慧和中国方案。这个新时代，是承前启后、继往开来、在新的历史条件下继续夺取中国特色社会主义伟大胜利的时代。

新时代新使命对时代新人提出了更高标准和更严格要求。青年兴则国家兴，青年强则国家强。青年一代有理想、有本领、有担当，国家就有前途，民族就有希望。

时代新人要有坚定的理想信念。理想决定人生方向，信念决定事业成败。坚定的理想信念，指引着人生奋斗的目标，提供了人生前进的动力，内在地决定着人生的精神状态和实际行动，直接地关系着人生道路的选择和人生价值的实现。能够担当起民族复兴大任的时代新人，需要有崇高的理想、坚定的信念，在新时代新征程中不断增强中国特色社会主义道路自信、理论自信、制度自信、文化自信。

时代新人要有高强的本领才干。空谈误国，实干兴邦。社会主义是干出来的，新时代也是干出来的。时代新人要有本领不够、才干不足的紧迫感，并为此而求真学问、练真本领。一方面，要把学习作为首要任务，作为一种责任、一种精神追求、一种生活方式，树立梦想从学习开始、事业靠本领成就的观念，让勤奋学习成为青春远航的动力，让增长本领成为青春搏击的能量。通过学习知识，掌握事物发展规律，通晓天下道理，丰富学识，增长见识。另一方面，要坚持学以致用，深入基层，深入群众，在改革开放和社会主义现代化建设的大熔炉中，在社会的大学校里，掌握真才实学，增益其所不能，努力成为可堪大用、能担重任的栋梁之材。

时代新人要有为国为民的担当精神。青春至美是担当，青年的担当是决定人生价值的最大砝码，是影响时代进程的重要力量。今天，我们比历史上任何时期都更接近、更有信心和能力实现中华民族伟大复兴的目标。但是，前进的道路从来不会是一片坦途，越是接近伟大梦想的最后实现，越要付出更为艰苦、更为艰巨的努力。新时代的青年既生逢其时，也重任在肩；既是追梦者，也是圆梦人。追梦需要激情和理想，圆梦需要奋斗和奉献。有责任、有担当、有奋斗、有奉献的人生，才是有意义的人生。

二　践行社会主义核心价值观

成就担当民族复兴大任的时代新人，是新时代向广大青年提出的迫切要求。实现这个要求，广大青年必须自觉践行社会主义核心价值观。

所谓价值观，是指人们对于什么是价值、怎样评判价值、如何创造价值等问题的根本认识和观点。作为一种社会意识，价值观集中反映了一定社会的经济、政治、文化，代表了人们对社会现实的总体认识、基本理念和理想追求。

社会主义核心价值体系是我国社会主义社会的核心价值体系。作为兴国之魂，它是社会主义意识形态的本质体现，决定着中国特色社会主义发展的方向，主要包括四个方面的基本内容：马克思主义指导思想、中国特色社会主义共同理想、以爱国主义为核心的民族精神和以改革创新为核心的时代精神、社会主义荣辱观。其中，马克思主义指导思想是社会主义核心价值体系的"灵魂"，解决的是举什么旗帜的问题；中国特色社会主义共同理想是社会主义核心价值体系的主题，解决的是走什么道路、实现什么样目标的问题；民族精神和时代精神是社会主义核心价值体系的精髓，解决的是应当具备什么样的精神状态和精神风貌的问题；社会主义荣辱观是社会主义核心价值体系的基础，解决的是遵循什么样的行为规范的问题。

社会主义核心价值观是社会主义核心价值体系的高度凝练和集中表达，体现了社会主义核心价值体系的根本性质和基本特征，反映了社会主义核心价值体系的丰富内涵和实践要求。人类社会发展的历史表明，对一个民族、一个国家来说，最持久、最深层的力量是全社会共同认可的核心价值观。核心价值观，承载着一个民族、一个国家的精神追求，体现着一个社会评判是非曲直的价值标准。如果一个民族、一个国家没有共同的核心价值观，莫衷一是，行无依归，那这个民族、这个国家就无法前进。

富强、民主、文明、和谐是国家层面的价值目标，回答了我们要建设什么样的国家的重大问题，它在社会主义核心价值观中居于最高层次，涵盖了经济建设、政治建设、文化建设、社会建设等国家建设的各个领域。其中，富强即民富国强，是社会主义现代化国家经济建设的应然状态，是中华民族梦寐以求的美好夙愿，是国家繁荣昌盛、人民幸福安康的物质基础。民主是人类社会的美好诉求，在我国社会主义制度下体现为人民当家作主，它是社会主义的生命，是人民创造美好生活的政治保障。文明是社会进步的重要标志，是社会主义现代化国家文化建设的应然状态，是实现中华民族伟大复兴的精神支撑。和谐是中国传统文化的基本理念，是社会主义现代化国家在社会建设中的价值诉求，是经济社会持续健康发展的重要保证。

自由、平等、公正、法治是社会层面的价值取向，回答了我们要建设什么样的社会的重大问题，它在社会主义核心价值观中居于中间层次，与国家治理体系和治理能力现代化的要求相契合，反映了中国特色社会主义的基本属性。其中，自由是人类向往和追求的一种美好状态，是马克思主义最高的社会价值目标，在哲学上是指对必然的认识和对客观世界的改造，在法律上是指一种能做法律许可的任何事的权利。平等反映了人与人相互对比时地位的同等、权利的同等，是处理人与人之间关系最基本的准则，是社会主义的本质要求。公正即公平正义，是衡量社会发展的价值准绳，集中体现着社会主义的制度优越性和道义感召力。法治即依法治理，是党领导人民治国理政的基本方式，是维护公民基本权利，实现自由平等、公平正义的制度保证。

爱国、敬业、诚信、友善是公民个人层面的价值准则，回答了我们要培育什么样的公民的重大问题，它在社会主义核心价值观中居于基础层次，覆盖了社会道德生活的各个领域，是每一个公民必须恪守的基本道德规范。其中，爱国体现了公民对自己祖国的深厚情感，是调节个人与祖国之间关系的行为准则，在当代中国集中表现为爱社会主义新中国。敬业反映的是从业人员对待自己职业的态度，要求勤奋努力、恪尽职守，是社会主义职业精神的具体体现。诚信即诚实守信，是中华民族的传统美德，也是我国公民道德建设的重点。友善是社会主义新型人际关系的基本特征，强调人与人之间互相关心、互相帮助、和睦相处、以善相待。

坚持社会主义核心价值体系，是新时代坚持和发展中国特色社会主义的基本方略之一。而培育和践行社会主义核心价值观，又是坚持社会主义核心价值体系的重要内容之一，这对于推动国家发展、社会进步和时代新人的成长成才，都具有重要而深远的意义。

对于国家来说，社会主义核心价值观为坚持和发展中国特色社会主义提供了最基本的价值遵循。中国特色社会主义是全面发展、全面进步的社会主义。它既需要不断完善经济、政治、文化、社会、生态文明等各方面的制度，也需要不断探索社会主义在精神和价值层面的本质规定；既需要为人们描绘未来社会物质生活方面的目标，也需要为人们指出未来社会精神生活方面的归宿。在全社会大力弘扬社会主义核心价值观，是中国特色社会主义的"铸魂工程"，可以从价值层面明确中国特色社会主义到底追求什么、反对什么，要朝着哪个方向走、不能朝着哪个方向走，从而为党和国家事业的长远发展提供根本价值遵循，为制度设计、政策制定、法律运行提供最终价值依托，使中国特色社会主义始终沿着正确方向健康发展。

对于社会来说，社会主义核心价值观为凝聚社会共识、实现社会团结、促进社会和谐提供了"最大公约数"。任何一个社会都存在多种多样的价值观念和价值取向，要把全社会的意志和力量凝聚起来，必须有一套与经济基础和政治制度相适应并能形成广泛社会共识的核心价值观。当前，我国正处在大发展大变革大调整时期，思想领域日趋多元多样多变，各种思潮此起彼伏，各种观念交错杂陈。所有这些，表现出来的是具体利益、思想观点之争，但折射出来的是价值观分歧。社会主义核心价值观是全国各族人民共同认可的价值观"最大公约数"，是改革发展的稳定器。培育和践行社会主义核心价值观，能够使全体社会成员在具体利益矛盾、各种思想差异之上形成最广泛的价值共识，有效引领整合纷繁复杂的社会意识，有效避免利益格局调整带来的思想混乱，形成团结奋斗的强大精神力量。

对于时代新人来说，社会主义核心价值观是其进德修业、成长成才的根本指针。青年的价值取向决定了未来整个社会的价值取向，而青年又处在价值观形成和确立的时期，抓好这一时期的价值观养成十分重要。这就像穿衣服扣扣子一样，如果第一粒扣子扣错了，剩余的扣子都会扣错。人生的扣子从一开始就要扣好。这就需要从自身做起，从现在做起，从点滴做起，努力把社会主义核心价值观的要求变成日常的行为准则，形成自觉奉行的信念，在落细、落小、落实上下功夫，使自己在实践中成长为德智体美全面发展的社会主义建设者和接班人。

三 提高思想道德素质和法治素养

人生需要道德，也需要法律。二者如同车之两轮、鸟之两翼，相互结合，相互补充，协同发挥作用。在我国社会主义社会，一方面，法律是对人们进行道德教育的有力保证和依靠。法律的许多规范直接表现了道德的规范和要求。另一方面，道德是执行法律的基础。法律规范人们的行为，可以强制性地惩罚违法行为，但是不能代替解决人们思想道德的问题。人们思想道德的问题，要通过深入细致的思想教育、道德教育和文化教育来解决。如果人人都能自觉进行道德约束，违法的事情就会大大减少，遵守法律也就会有更深厚的基础；如果人们的思想道德素质差，再好的法律法规制定出来，也会因为得不到正确的执行和遵守而变成发挥不了作用的一纸空文。所以，我国历来就有德刑相辅、儒法并用的思想。法是他律，德是自律，需要二者并用。

这样，思想道德素质和法治素养都应该成为时代新人必须具备的基本素质，二者共同体现着人们在协调各种关系、处理各种问题时所表现出来的是非善恶判断能力和行为选择能力，是政治素养、道德品格和法律意识的综合体，决定着人们在日常生活中的行动目的和方向。其中，思想道德素质是人们的思想观念、政治立场、价值取向、道德情操、行为习惯等方面品质和能力的综合体现，反映着一个人的思想境界和道德风貌，是促进个体健康成长、社会发展进步的重要保障。法治素养是指人们掌握和运用法律的素质、修养与能力，包括学习法律知识、理解法律本质、运用法治思维、依法维护权利与依法履行义务等基本要素，对于保证人们尊崇法治、遵守法律具有重要意义。

四 学好"思想道德修养与法律基础"课

第一，认真学习理论知识。学习本课程，首先是要掌握基本知识，明白基本道理，这就需要认真读书。一是以教材为基础和线索，广泛阅读有关思想道德和法律方面的书籍，与书为友。对于教材，可在了解基本结构和框架的基础上，分章学习，以掌握基本概念和基本理论；继而根据各章涉及的内容，寻觅相关书籍，扩大阅读范围，以增加信息量、加深对知识点的理解和掌握。

第二，理论联系实际，学以致用。学习本课程，如果只是停留在掌握基本理论上，而不应用理论去分析现实、指导实践，就不可能达到提高认识、塑造思想的目的。所以，在学习过程中，一定要紧密联系我国改革开放和社会主义现代化建设的实际，紧密联系中国特色社会主义新时代思想道德建设、法治建设的实际，紧密联系自身的学习和生活实际，真正领会和掌握课程的主要内容和精神实质。

第三，身体力行，切实践履。学习本课程，目的不能是死记硬背某些现成的结论，然后通过考试，而更应该提高自己的思想道德素质和法治素养，使自己成为担当民族复兴大任的时代新人。阅读教材只是让学习者知道应该怎样做、为什么要这样做的道理，最终还是要学习者根据这些道理去实践、去履行。这就要求学习者能够从自身做起，从现在做起，从一点一滴做起；边学习，边实践，在实践中加深对理论的理解，提升思想道德和法律的认识水平、修养水平。

要点荟萃

绪论

一 成就担当民族复兴大任的时代新人

（1）新时代对大学生提出了新使命、新要求。

在过去长期努力的基础上，中国特色社会主义进入了新时代，这是我国发展新的历史方位。进入这个新时代，意味着近代以来久经磨难的中华民族迎来了从站起来、富起来到强起来的伟大飞跃，迎来了实现中华民族伟大复兴的光明前景。

这个新时代，是承前启后、继往开来、在新的历史条件下继续夺取中国特色社会主义伟大胜利的时代。新时代新使命对时代新人提出了更高标准和更严格要求。

（2）时代新人应有坚定的理想信念、高强的本领才干、为国为民的担当精神。

坚定的理想信念：理想决定人生方向，信念决定事业成败。坚定的理想信念，指引着人生奋斗的目标，提供了人生前进的动力。

高强的本领才干：社会主义是干出来的，新时代也是干出来的。时代新人要有本领不够、才干不足的紧迫感，并为此而求真学问、练真本领。

为国为民的担当精神：新时代的青年既生逢其时，也重任在肩；既是追梦者，也是圆梦人。追梦需要激情和理想，圆梦需要奋斗和奉献。有责任、有担当、有奋斗、有奉献的人生，才是有意义的人生。

二 践行社会主义核心价值观

1. 价值观

所谓价值观，是指人们对于什么是价值、怎样评判价值、如何创造价值等问题的根本认识和观点。

2. 社会主义核心价值观的基本内涵、重要意义

富强、民主、文明、和谐是我国社会主义现代化国家的建设目标，也是从国家层面对社会主义核心价值观基本理念的凝练，在社会主义核心价值观中居于最高层次，对其他层次的价值理念具有统领作用。

自由、平等、公正、法治是对美好社会的生动表述，也是从社会层面对社会主义核心价值观基本理念的凝练。它反映了中国特色社会主义的基本属性，是党矢志不渝、长期实践的核心价值理念。

爱国、敬业、诚信、友善是公民基本道德规范，是从公民个人层面对社会主义核心价值观基本理念的凝练。它覆盖了社会道德生活的各个领域，是公民必须恪守的基本道德规范，也是评价公民道德行为选择的基本价值标准。

3. 社会主义核心价值体系的基本内容及重要意义

社会主义核心价值体系的基本内容包括四个方面：马克思主义指导思想、中国特色社会主义共同理想、以爱国主义为核心的民族精神和以改革创新为核心的时代精神、社会主义荣辱观。

正确理解社会主义核心价值观的内涵，深刻把握积极培育和践行社会主义核心价值观的重要性，对于推进社会主义核心价值体系建设，用社会主义核心价值体系引领社会思潮、凝聚社会共识，具有重要的理论意义和实践意义。

对于国家来说，社会主义核心价值观为坚持和发展中国特色社会主义提供了最基本的价值遵循。

对于社会来说，社会主义核心价值观为凝聚社会共识、实现社会团结、促进社会和谐提供了"最大公约数"。

对于时代新人来说，社会主义核心价值观是其进德修业、成长成才的根本指针。

三 提高思想道德素质和法治素养

1. 思想道德素质的含义

思想道德素质是人们的思想观念、政治立场、价值取向、道德情操、行为习惯等方面品质和能力的综合体现，反映着一个人的思想境界和道德风貌，是促进个体健康成长、社会发展进步的重要保障。

2. 法治素养的含义

法治素养是指人们掌握和运用法律的素质、修养与能力，包括学习法律知识、理解法律本质、运用法治思维、依法维护权利与依法履行义务等基本要素，对于保证人们尊崇法治、遵守法律具有重要意义。

3. 法律和道德的不同作用及相互关系

一方面，法律是对人们进行道德教育的有力保证和依靠。法律的许多规范直接表现了道德的规范和要求。

另一方面，道德是执行法律的基础。法律规范人们的行为，可以强制性地惩罚违法行为，但是不能代替解决人们思想道德的问题。

四 学好"思想道德修养与法律基础"课

1. "思想道德修养与法律基础"课的性质和任务

"思想道德修养与法律基础"课是全国高等教育自学考试各个专业的公共必考课，是高等教育思想政治理论课程体系的重要组成部分，是帮助自学应考的大学生提高思想道德素质和法治素养的重要课程，是一门融思想性、政治性、科学性、理论性、实践性于一体的思想政治理论课。思想道德修养与法律基础课程设置的目的是对参加高等教育自学应考的大学生进行理想信念、爱国主义、人生价值、道德修养、法律基础等方面的教育，使大学生认识立志、树德和做人的道理，选择正确的成才之路，掌握丰富的思想道德和法律知识，提高思想道德素质和法治素养，成为德智体美全面发展的社会主义建设者和可靠接班人。

2. 学好"思想道德与法律基础"课的方法

第一，认真学习理论知识。

第二，理论联系实际，学以致用。

第三，身体力行，切实践履。

能力检测

一、单项选择题

1. 不同时代的青年，面对不同的历史课题，担当着不同的历史使命。对新时代的青年来说，应该担当的历史使命是（　　）。

   A. 谋求民族解放　　　　　　　　B. 争取国家独立
   C. 实现中华民族伟大复兴　　　　D. 确立社会主义制度

2. 人的历史使命是由（　　）决定的。

   A. 自身经济地位　　　　　　　　B. 社会历史条件
   C. 社会发展阶段　　　　　　　　D. 阶级矛盾

3. （　　）是人们的思想观念、政治立场、价值取向、道德情操、行为习惯等方面品质和能力的综合体现，反映着一个人的思想境界和道德风貌。

   A. 思想政治素质　　　　　　　　B. 道德素质
   C. 法治素养　　　　　　　　　　D. 思想道德素质

4. 当今时代，继往开来，建设中国特色社会主义；勇于创新，实现中华民族伟大复兴；积极努力，为世界和平发展、人类社会进步事业做贡献。这是当代大学生的（　　）。

   A. 学习任务　　　　　　　　　　B. 生活目标
   C. 职业理想　　　　　　　　　　D. 历史使命

5. 法律素质是指人们学法、尊法、守法、用法的素养和能力。其基本要素不包括( )。

A. 基本的政治素养　　　　　　B. 必备的法律知识
C. 必需的法律观念　　　　　　D. 必要的用法、护法能力

6. 富强、民主、文明、和谐，自由、平等、公正、法治，爱国、敬业、诚信、友善，这二十四个字是社会主义核心价值观的基本内容。其中，富强、民主、文明、和谐是( )。

A. 生态层面的价值要求，回答了我们要培育什么样的生态的重大问题
B. 公民层面的价值准则，回答了我们要培育什么样的公民的重大问题
C. 社会层面的价值取向，回答了我们要建设什么样的社会的重大问题
D. 国家层面的价值目标，回答了我们要建设什么样的国家的重大问题

7. 富强、民主、文明、和谐，自由、平等、公正、法治，爱国、敬业、诚信、友善，这二十四个字是社会主义核心价值观的基本内容。其中，自由、平等、公正、法治是( )。

A. 生态层面的价值要求，回答了我们要培育什么样的生态的重大问题
B. 公民层面的价值准则，回答了我们要培育什么样的公民的重大问题
C. 社会层面的价值取向，回答了我们要建设什么样的社会的重大问题
D. 国家层面的价值目标，回答了我们要建设什么样的国家的重大问题

8. 富强、民主、文明、和谐，自由、平等、公正、法治，爱国、敬业、诚信、友善，这二十四个字是社会主义核心价值观的基本内容。其中，爱国、敬业、诚信、友善是( )。

A. 生态层面的价值要求，回答了我们要培育什么样的生态的重大问题
B. 公民层面的价值准则，回答了我们要培育什么样的公民的重大问题
C. 社会层面的价值取向，回答了我们要建设什么样的社会的重大问题
D. 国家层面的价值目标，回答了我们要建设什么样的国家的重大问题

9. 马克思主义指导思想、中国特色社会主义共同理想、以爱国主义为核心的民族精神和以改革创新为核心的时代精神、社会主义荣辱观，构成社会主义核心价值体系的基本内容。在这四个方面的基本内容中，作为社会主义核心价值体系的灵魂，解决举什么旗帜问题的是( )。

A. 社会主义荣辱观
B. 马克思主义指导思想
C. 中国特色社会主义共同理想
D. 以爱国主义为核心的民族精神和以改革创新为核心的时代精神

10. ( )在多元多样中立主导，在交流交融中谋共识，在变化变动中一以贯之，既肯定主流又正视支流，有利于形成既有国家统一意志，又有个人心情舒畅；既包容多样，又有力抵制各种错误思潮和腐朽思想；既坚守基本的社会思想道德，又向着更高目

标前进的生动局面。

　　A. 坚持社会思想道德　　　　　　B. 加强党的理论建设
　　C. 建设社会主义核心价值体系　　D. 增强社会主义国家的综合国力

11. 对社会来说，社会主义核心价值观为凝聚社会共识、实现社会团结、促进社会和谐提供了(　　)。

　　A. "最大公约数"　　　　　　　　B. 价值准则
　　C. 行为指南　　　　　　　　　　D. 目标方向

12. 对一个民族、一个国家来说，最持久、最深层的力量是全社会共同认可的(　　)。

　　A. 民族精神　　　　　　　　　　B. 理想
　　C. 精神　　　　　　　　　　　　D. 核心价值观

13. 中国特色社会主义进入新时代，意味着(　　)在21世纪的中国焕发出强大生机活力，在世界上高高举起了中国特色社会主义伟大旗帜。

　　A. 共产主义思想　　　　　　　　B. 科学社会主义
　　C. 民族主义思想　　　　　　　　D. 社会主义思想

14. (　　)是社会主义核心价值体系的内核，是社会主义核心价值体系的高度凝练和集中表达。

　　A. 爱国主义　　　　　　　　　　B. 八荣八耻
　　C. 科学发展观　　　　　　　　　D. 社会主义核心价值观

15. 中国特色社会主义共同理想作为社会主义核心价值体系和社会主义核心价值观的主题，解决的是(　　)的问题。

　　A. 走什么道路、实现什么样目标
　　B. 举什么旗帜
　　C. 应当具备什么样的精神状态和精神风貌
　　D. 在社会主义社会里什么是光荣的，什么是耻辱

16. 提高(　　)要努力传播当代中国价值观念。这个价值观就是中国特色社会主义价值观念，我们要把它贯穿于国际交流和传播方面，推动中华文化走出去，扩大我国的国际影响力。

　　A. 文化软实力　　　　　　　　　B. 核心价值观的主导地位
　　C. 核心价值观的感召力　　　　　D. 国家和平发展实力

17. "三个倡导"，明确了在多元中立主导，在多样中谋共识，在多变中定方向，有利于进一步深入揭示(　　)的精神内核和根本理念。

　　A. 社会主义思想道德建设　　　　B. 社会主义先进文化建设
　　C. 社会主义精神文明建设　　　　D. 社会主义核心价值体系

18. 人民有信仰，国家才有力量。将社会主义核心价值观的教育宣传活动融入国民教育和(　　)建设全过程，同改革开放的实践经验和伟大成就联系起来，我们就能不断

形成更加广泛的价值认同,不仅为国家发展助力,更为民族进步铸魂。

A. 物质文明　　　　　　　　　B. 政治文明
C. 精神文明　　　　　　　　　D. 生态文明

19. (　　)是指一个社会的价值体系中最重要的组成部分,处于价值体系的统摄和支配地位,是一个社会主导的价值体系,引领一个社会各种不同的价值取向、价值追求、价值尺度和价值原则沿着一定的方向发展。

A. 价值观　　　　　　　　　　B. 核心价值观
C. 价值体系　　　　　　　　　D. 核心价值体系

20. (　　)是践行社会主义核心价值体系的主体。

A. 党员干部　　　　　　　　　B. 青少年
C. 人民群众　　　　　　　　　D. 工人阶级

21. 党的(　　)提出,要倡导富强、民主、文明、和谐,倡导自由、平等、公正、法治,倡导爱国、敬业、诚信、友善,积极培育和践行社会主义核心价值观。

A. 十七大　　　　　　　　　　B. 十八大
C. 十九大　　　　　　　　　　D. 二十大

22. 我国加大在海外创办(　　)学院、文化交流中心的力度,充分发挥文艺演出、艺术活动等在对外文化交往中有效地传播社会主义核心价值观的重要作用。

A. 马列　　　B. 孔子　　　C. 英语　　　D. 汉语

23. 下列关于积极培育与践行社会主义核心价值观对于国家治理体系现代化的推进作用的表述中,不正确的是(　　)。

A. 从制度取向上看,社会主义核心价值观对国家治理体系现代化具有定向导航作用

B. 从制度整合上看,社会主义核心价值观对国家治理体系现代化具有决定走向的功能

C. 从制度评价上看,社会主义核心价值观对国家治理体系现代化具有评价判断功效

D. 从制度修正上看,社会主义核心价值观对国家治理体系现代化具有调节规范效果

24. 在国家层面的核心价值观"富强、民主、文明、和谐"的现实目标中,文明主要指现代化的文化状态,即(　　)体现的社会主义文化建设的根本价值取向。

A. 中国特色社会主义文化　　　B. 社会主义核心价值观
C. 社会主义价值观　　　　　　D. 社会主义先进文化

25. 中国梦的提出,是新时期我国关于发展的神圣宣示,也是价值观念的自信和自觉。提出中国梦,就是要在全社会牢牢铸起坚实的精神支柱,是社会的精神文化建设、价值建设的自觉追求,只有(　　)才能将全社会的发展诉求凝聚成中国梦。

A. 社会主义精神文明　　　　　B. 社会主义思想道德建设
C. 社会主义核心价值观　　　　D. 马克思主义中国化

二、简答题
1. 如何理解中国特色社会主义进入了新时代？
2. 社会主义核心价值观的基本内容及重要意义是什么？
3. 大学生怎样才能做有理想、有本领、有担当的时代新人？

三、论述题
论述学习"思想道德修养与法律基础"课的重要意义。

第一章 把握人生的方向和道路

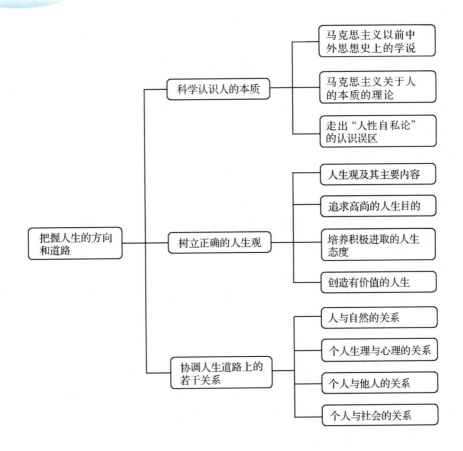

内容精要

第一节 科学认识人的本质

把握人生的方向和道路，首先需要对"人是什么"或"人的本质是什么"这一问题有科学解答。

一 马克思主义产生以前中外思想史上关于人的学说

在中国思想史上，《列子·黄帝》中写道："有七尺之骸，手足之异，戴发含齿，倚而趣者，谓之人。"这时，人们只能从人的身高、手足分工、头发牙齿、行走姿势等外在的自然属性上说明人与动物的区别，这当然是十分朴素的。

春秋战国时期，对"人是什么"的认识进入一个新的阶段，其间的争论主要围绕人性与兽性的区别而展开。孔子最早提出了"性相近，习相远"的看法，告子第一个对人性做出界说："生之谓性，食色，性也。"孟子提出"人之所以异于禽兽者"的说法，认为"恻隐之心，仁之端也；羞恶之心，义之端也；辞让之心，礼之端也；是非之心，智之端也"。荀子主张性恶说，认为"人之性恶，其善者伪也"。除了上述观点外，中国古代关于人的学说还有人性有善有恶论、人性善恶混杂论、人性三品论等代表性观点。这些观点陷入了唯心主义和形而上学的泥潭，因而从根本上说都是错误的。

在西方思想史上，最早力图把人和动物区别开来的是古希腊的苏格拉底，他认为人是理性动物。亚里士多德进一步说，人是"政治动物"。他们这样的定义，尽管也指出了人相对于动物的特殊性，但仍然把人看作动物王国中的一类，并没有把人和动物真正区分开来。

霍布斯认为，人的本性是恶的、自私的，"人对人就像狼一样"。霍尔巴赫指出，人的本性是爱自己，爱别人只是爱自己、使自己得到幸福的手段。卢梭认为，天所赋予人的权利就是自利自爱，这个权利是不可侵犯、不可放弃的。黑格尔的人性论把人看作"绝对精神的外化"，这同他的哲学体系一样都是唯心主义的。费尔巴哈站在唯物主义的立场上，建立了他的人本主义哲学，揭示了现实的、肉体的人的本性，但历史观上的唯心主义使他离开人的社会性抽象地确定人的本质，因此也不可能是彻底的唯物主义。

二 马克思主义关于人的本质的理论

马克思和恩格斯吸取了人类思想史上一切优秀文化成果，明确提出人的本质不是单个人所固有的抽象物，在其现实性上，它是一切社会关系的总和。这一论断，使人的本质问题在人类历史上第一次得到了科学的说明。对此，可以从三个层面来理解。

（一）社会属性是人的根本属性

人性和人的本质是两个既有联系又有区别的不同概念。人性是人的各种属性的总称，人的本质是人和动物相区别的根本属性。认识人的本质，首先要从把握人的属性开始。人作为一种现实存在物，具有多重属性，其中最主要的就是自然属性和社会属性。

人的自然属性，是指人作为自然生物所具有的形态和特征，主要表现为人的基于本能的食欲、性欲、自我保存等。人的社会属性，是指人作为社会成员所具有的性质和特点，主要表现为人的劳动和社会关系、意识、思维、语言等。自然属性和社会属性都是人的属性，但只有社会属性才是人的根本属性。

（二）人的本质是一切社会关系的总和

一般来说，人的本质问题包括两个层面：一是人与动物的区别，二是人与人的区别。人与动物的区别从根本上说在于人的社会属性，在于人的生产劳动。正是在生产劳动的基础上，人与人之间发生了多层次、多方面的社会关系，既有物质的社会关系，即生产关系或经济关系；也有思想的社会关系，包括政治关系、法律关系、道德关系等。这两类社会关系盘根错节、交叉纠缠、互相影响、互相渗透。每一个人从来到人世的那天起，就置身于一定的社会关系中。正是在这个意义上，马克思主义认为人的本质是一切社会关系的总和。这一界定不仅可以从根本上把人与动物区别开来，而且可以把千差万别、各具特点的个人区别开来。在现实社会中，任何个人都不是孤立的、抽象的存在，都生活在一定的社会关系中，是极其复杂的社会关系之网上的一个纽结。个人的本质，总是要受到个人所属的一切社会关系的总和的制约。

（三）人的本质是现实的、具体的、历史的、发展的

人的本质是由以生产劳动为基础的"一切社会关系的总和"规定的，由于生产劳动总是在一定的时代条件下进行并不断发展着的，人们在生产过程中结成的各种社会关系也必然是具体的，这就决定了人的本质是现实的、具体的、历史的、发展的。

在原始社会，物质生产劳动停留在极其低下的水平上，简单的生产资料归氏族成员共同占有，人们平等协作、共同劳动，由此形成了简单、朴素的社会关系，从而确立了原始人"为公"的本质。

在阶级社会中，人总是归属于一定的阶级，人的本质也主要由阶级关系和阶级利益所决定。不同阶级的人具有不同的本质。这种不同不仅表现为物质利益和生活方式的不同，甚至还表现为心理、思想、感情、作风等的差异。随着生产力的高度发展，私有制终将被新型的公有制取代，阶级对立和阶级差别将被消灭，人的本质所具有的阶级性也将随之消失。在未来的共产主义社会，人们共同劳动、共同享受创造出来的财富，全体社会成员的才能都将得到自由而全面的发展，人的本质也将发展到一个崭新阶段。

三 走出"人性自私论"的认识误区

运用马克思主义关于人的本质的理论进行分析,可以发现"人性自私论"主要陷入以下认识误区。

第一,把人的自然属性等同于人的根本属性。自私不是人的自然属性,更不是人的本性。把自私当作人的本性,就是把自然属性当作人的根本属性,混淆了人和动物的根本区别。

第二,把历史的、具体的人的自私等同于永恒的、抽象的人性自私。自私是一种社会意识,而任何社会意识都是对社会存在的反映。在漫长的原始社会,私有制还没有产生,人们头脑中自然也没有反映这种社会存在的私有意识。随着私有制的产生,人们头脑中开始有了私有意识、自私观念。未来随着私有制的灭亡,自私观念也将逐渐退出人们的头脑。

第三,把个人的正当利益等同于自私自利。如果一个人在不损害他人和社会利益,甚至增进他人和社会利益的过程中,实现了个人利益,包括物质利益和精神利益,这都是个人的正当利益,马克思主义坚决维护。"人性自私"论者脱离人与人之间的社会关系,把任何个人利益的实现都说成是自私,这就混淆了概念,误导了思想。

第四,以"合理"二字掩盖利己主义的实质。"合理利己主义"仍然没有抽掉"人性自私"的逻辑前提,仍然坚持为自己是目的,为别人只是实现自己目的的手段。试想,如果一个人不想或不能实现自己的目的了,还需要别人作为手段吗?还会给别人一些好处吗?

第二节 树立正确的人生观

一 人生观及其主要内容

人生观是人们在实践中形成的对于人生目的、人生态度、人生价值等问题的总看法和总观点。世界观是人们对生活在其中的世界及人与世界的关系的总体看法和根本观点。

人生观与世界观有着密切关系。人生观是世界观的一部分,用世界观去观察和对待人生问题,就形成了人生观。世界观决定人生观,有什么样的世界观,就有什么样的人生观。同时,人生观又对世界观的巩固、发展和变化起着重要作用。

人生观决定着人生道路的方向,也决定着人们对待生活的态度和行为选择的价值取向。每个人都会对"做什么样的人"和"怎样做人"的问题形成一定的认识,并在这种认识的影响下实践自己的人生。

人生观主要通过人生目的、人生态度、人生价值三个方面体现出来。人生目的回答人为什么活着，人生态度表明人应当怎样对待生活，人生价值判断什么样的人生才有意义。这三个方面互相联系、相辅相成，构成一个有机整体。其中，人生目的是核心，决定着其他两个方面，有什么样的人生目的，就会有什么样的人生态度，追求什么样的人生价值。

二 追求高尚的人生目的

（一）人生目的及其作用

人生目的决定走什么样的人生道路。一方面，人生目的规定了人生活动的大方向，对人们所从事的具体活动起着定向作用。另一方面，人生目的又是人生行动的动力源泉，当人们意识到为什么活着的时候，就会产生一种强大的力量，激励着人们为了既定的目标而奋发进取、努力拼搏。

人生目的决定持什么样的人生态度。人生道路崎岖不平，面对各种各样的矛盾和斗争，不同的人生目的会使人采取不同的人生态度。一个人的人生目的越明确、越高尚，内心所激发的驱动力就越强大、越持久，在困难和挫折面前就越不气馁；相反，错误的人生目的容易使人走入歧途，或是悲观消沉，或是投机钻营、铤而走险、违法犯罪。

人生目的决定选择什么样的人生价值标准。只有确立了正确的人生目的，才能懂得人活着不能只是为了自己或少数人，而是应当为大多数人、为社会尽到自己的责任、做出自己的贡献，把责任和贡献当作人生最大的快乐和价值所在。

（二）确立为人民服务的人生目的

确立为人民服务的人生目的，是党和人民对新时代大学生的要求与期待。新时代的大学生只有自觉树立为人民服务的人生目的，才能坚定人民立场、坚持以人民为中心，在服务人民、奉献社会中实现自身价值，践履建设中国特色社会主义、实现中华民族伟大复兴的历史使命。

确立为人民服务的人生目的，是新时代大学生成长成才的内在要求。新时代的大学生只有将为人民服务确立为人生目的，才能使自己在为他人、为社会做贡献的同时，从他人、从社会那里获得物质上的收益、才智上的锻炼、精神上的提升。

确立为人民服务的人生目的是抵制各种错误人生观影响的有力武器。新时代的大学生应当在科学理论指导下，认清这些错误人生观的实质，选择并追求高尚的人生目的，在服务人民、奉献社会的人生实践中完善自我、创造人生的美好价值，做"一个高尚的人，一个纯粹的人，一个有道德的人，一个脱离了低级趣味的人，一个有益于人民的人"。

三 培养积极进取的人生态度

（一）人生态度及其类型

人生态度是指人们通过生活实践形成的对人生问题的一种稳定的心理倾向和精神状态。

人们对待人生的态度无外乎两种：一种是积极进取的人生态度，另一种是消极无为的人生态度。积极进取的人生态度，肯定人的主观能动性，能够用乐观的心态看待世界，对生活充满信心，勇于开拓、经得起风险和困难的考验。消极无为的人生态度，否定人的积极能动作用，必然对生活丧失信心，对社会缺乏责任感，在生活中一味退缩，悲观唯诺。

（二）积极进取的人生态度对人生的重要意义

积极进取的人生态度有助于人生目的的达到。在实现人生目的的过程中，如何正确地面对现实，战胜暂时的困难和挫折，则是由人生态度决定的。

积极进取的人生态度有助于人生价值的实现。抱有积极进取人生态度的人，一般都热爱生活、珍视生命。较高的人生价值目标一旦确立，就需要发扬自强不息的精神，这里仰赖的同样是积极进取的人生态度。

积极进取的人生态度有助于调整人生道路的方向。积极进取的人生态度能保证人们将远大的理想寓于具体的行动中，不好高骛远，而是脚踏实地、一步一个脚印地去实现人生目标。

（三）科学对待人生境遇

以积极进取的人生态度走好人生道路，必须科学地对待人生环境，树立正确的顺逆观。

对于顺境，不能麻痹大意、得意忘形，而应居安思危、自制自励，使自身的活动保持良好的度。身处顺境，并不等于一切顺利，一定要对可能出现的困难和挫折做好充分的思想准备，始终保持清醒的头脑、乐观的态度和严谨的作风。

对于逆境，不能怨天尤人、自暴自弃，而应大胆正视，积极应对，努力创造条件，变不利因素为有利因素，待时机成熟，顺势利导，使之成为人生旅程上的转折点。古往今来，大凡志士仁人，很少是在风平浪静中闯出一番伟业的，他们大多百折不挠，在筚路蓝缕、手胼足胝的艰苦奋斗中，走上了人生的顶峰。

四 创造有价值的人生

人的生命是有限的，但生命的意义和价值却不尽相同，有的重如泰山，有的轻如鸿毛。到底什么是人生价值？

（一）人生价值及其基本内容

所谓人生价值，是指人的生命及其实践活动对于社会和个人所具有的作用与意义。人生价值内在地包含了人生的自我价值和人生的社会价值两个方面的内容。

人生的自我价值是指个体的人生活动对自己的生存和发展所具有的价值，主要表现为对自身物质和精神需要的满足程度。

人生的社会价值是指个体的人生活动对他人和社会所具有的价值，主要表现为个体为他人和社会所做的贡献。一个人对他人和社会所做的贡献，不仅可以是物质方面的，也可以是精神方面的。在精神方面做出贡献，同样也是实现社会价值。

人生的自我价值和社会价值，既互相区别，又密切联系，共同构成人生价值的矛盾统一体。一方面，人生自我价值的实现是个体为社会创造更大价值的前提；另一方面，人生的社会价值是实现人生的自我价值的基础。

（二）在创造社会价值中实现自我价值

社会价值的创造过程与自我价值的实现过程是统一的。只有当一个人凭着自己的品德、知识、能力、体魄等素质，为社会做出了有益的贡献，创造了社会价值，满足了社会需要，才能从社会得到满足和尊重。人生的自我价值必须与社会价值相结合，并通过社会价值表现出来。创造社会价值是因，实现自我价值是果，不创造社会价值，就无从实现自我价值。新时代的大学生只有把实现自我价值与服务人民、奉献祖国统一起来，以自己的劳动和聪明才智为中国特色社会主义真诚奉献，为人民群众尽心尽力服务，才是实现人生价值的唯一正确的方向和道路。

（三）实现人生价值的条件和方法

选择与社会主义核心价值观相一致的人生价值目标，这是追求人生价值的基本前提。在现实社会中，由于受多样化的人生价值观的影响，存在着各种不同的人生价值目标，只有选择与社会主义核心价值观相一致的人生价值目标，才能对个人发展起到定向和导航作用，使自己在复杂的社会环境中坚定信念、明辨是非，焕发出强大的精神驱动力，以对社会较大的贡献来提升自己的人生价值。

提高自身素质和能力，这是实现人生价值的重要的主观条件。确立正确的人生价值，在重视自我价值和个性发展的同时，强化全局观念，时刻用集体主义的价值取向引领自己。加强自身各方面素质和能力的培养，包括思想素质、文化素质、身心素质、学习能力、实践能力、交往能力等。继承和弘扬自强不息的精神品质，善于在逆境中奋起，即使自身条件有所欠缺，也能尽心尽力、勇往直前。

进行创造性的实践活动，这是实现人生价值的根本途径。社会实践是人生价值的源头活水，是实现人生价值的必由之路。在当代中国，最重要的社会实践就是建设中国特色社会主义，实现中华民族伟大复兴的中国梦。

第三节　协调人生道路上的若干关系

一　人与自然的关系

科学把握人与自然的关系的实质。人是自然界的一部分，人和其他动物一样，都要从自然界获取维持自身生存的物质资料。但人又和其他动物不同，人不是消极地依赖自然界生活，而是根据自己的需要有目的、有意识地利用自然、改造自然。历史已经证明并将继续证明，人与人的关系处理不好，会带来社会动荡、国家衰败；人与自然的关系处理不好，同样会带来社会崩溃、文明衰退。

牢固树立绿色发展理念。绿色发展，就是要解决好人与自然和谐共生的问题。把利用自然与尊重自然、改造自然与顺应自然、索取自然与回馈自然统一起来，大力推进生态文明建设，才能真正建立人与自然和谐共生的新格局。

大力推进生态文明建设。生态文明是人类社会进步的重大成果，是实现人与自然和谐发展的新要求。生态文明建设关系人民福祉，关系民族未来，是中国特色社会主义总体布局的重要构成。大力推进生态文明建设，不仅需要从国家层面转变经济发展方式，从社会层面加大环境保护力度，而且需要从公民个人层面强化环境意识，更加主动地学习绿色发展理念。

二　个人生理与心理的关系

身心健康是一个人正常学习、工作和生活的必备条件。协调好自我生理与心理的关系，保持身心健康，是科学把握人生道路、创造有价值人生的基本前提。在生活实践中，保持身心健康的途径和方法主要有以下四点。

第一，树立正确的人生观，养成积极乐观的人生态度。正确的人生观，能够使人正确认识人生发展规律，认识自己肩负的社会责任，从而为提高身心素质、保持身心健康提供精神动力和目标导向。同时，正确的人生观本身就内在地包含着积极乐观的人生态度，使人在困难的时候能够看到成绩、看到光明，转逆境为顺境，化阻力为动力。

第二，加强体育锻炼，提高身体素质和心理品质。生命在于运动，体育锻炼是增进身体健康的基本途径。尤其是对于从事紧张学习等脑力劳动的人来说，更应该注意加强体育锻炼。此外，体育锻炼还可以对人的心理产生积极影响，有助于消除疲劳，缓解精神压力，形成乐观开朗的性格，培养坚忍不拔、吃苦耐劳的顽强意志和勇于拼搏、不懈追求的奋斗精神。

第三，学习心理健康知识，掌握心理调适方法。在现实社会中生活的人，不可避免地会遇到这样或那样的心理困惑和问题。这就需要自觉、主动地学习一些心理健康知识，了解自身心理活动的特点和规律，掌握心理调适的方法，将不良情绪及时合理地宣泄或转移出去，始终保持健康的心理状态。

第四，注重与人交往，建立良好的人际关系。交往是人的一项基本需求。通过交往建立良好的人际关系，一方面能够满足人的安全和归属需求，给人营造宽松和谐的生活氛围，使人在积极乐观的生活中，培养良好心境，维持身心健康；另一方面，能够为人搭建一个社会支持系统，当遇到一时解决不了的心理困惑或障碍时，可以及时向外求助，最大限度地减少心理危机的发生。

三 个人与他人的关系

在社会生活中，每个人都要与他人进行交往，形成个人与他人之间的关系。这种关系是人们共同学习生活、成长发展的基础。为了能在充满竞争的现代社会更好地立身处世，每个人都应学习和了解正确处理个人与他人关系的基本理论，学会与人交往，为人生价值的实现创造良好的人际环境。

首先，遵循成功交往的基本原则。为了使个人的交往行为能够引起他人的良好反映，保证交往成功，在交往中应遵循如下原则。

第一，平等原则。平等待人、互相尊重是协调个人与他人关系的前提。平等是尊重的基础，尊重是平等的表现。尽管由于主客观因素的影响，不同的人在气质、性格、能力、知识等方面存在差异，但在人格上是平等的。

第二，诚信原则。诚信是一种美德，也是个人与他人关系得以延续的基本保证。其中，"诚"即诚实，就是实事求是，做老实人、说老实话；"信"即守信，就是恪守信用，言必行、行必果。

第三，宽容原则。海纳百川，有容乃大。宽容是协调个人与他人关系必不可少的条件。在人际交往中，由于性格、经历、文化、修养等存在差异，产生矛盾是难以避免的。这就要求遵循宽容原则，严以律己、宽以待人、求同存异、互相包容。当然，宽容不等于怯懦，更不等于无原则的迁就，也不意味着对坏人坏事姑息包庇。

第四，互助原则。互助是协调个人与他人关系的必然要求。在社会生活中，每个人对他人都有一定的需要，同时也能满足他人的需要。如果能够互相关心、互相帮助，则既满足了各自的需要，又加深了彼此的感情。

其次，掌握成功交往的方法和艺术。只有在遵循交往原则的基础上，灵活运用交往的方法和艺术，才能获得交往的成功。

第一，培养良好的心理品质。心理品质是一个人的志向、意志、情绪、兴趣、气质、性格等心理特征的总和。具备良好心理品质的人，在人际交往中一般具有较强的吸引力，更容易协调好与他人的关系，培育和发展真挚的友谊。

第二，注意交往的第一印象。个人与他人的交往总是从第一印象开始。第一印象常常鲜明、强烈，影响深远，能够在以后的交往中起到心理定式的作用。

第三，运用适当的沟通方法。沟通是人际交往的基本方式，一般可分为语言沟通和非语言沟通。其中，语言沟通的运用最为广泛。精练而准确的表达、热情而真诚的话语，不仅能使语言信息得到完整传递，而且能树立文明优美的形象，为人际交往创造和谐融洽的氛围。在非语言沟通中，借助语气、眼神、手势、表情、空间距离、身体姿态等来传递感情、交流信息，也能给人留下深刻印象，达到"无声胜有声"的效果。

四 个人与社会的关系

只有协调好个人与社会的关系，把握个人与社会的对立统一，才能更加稳妥地走好人生路，创造有价值的人生。

科学把握个人与社会关系的实质。个人与社会之间的关系，实际上是相互依存、相互制约的对立统一关系。一方面，特定的社会条件决定着个人的生存和发展；另一方面，个人并不是完全被动地由社会决定，而是对社会具有能动性。

在社会发展中认识、调整和充实自我。人是社会的人，都存在于一定的社会关系中。自觉地意识到这一点，就可以掌握自我调节的主动性，使个人与社会的联系总是处在积极的状态中，从而获得自我发展的基本优势。

在个人发展中承担社会责任，履行社会义务。人是社会的人，社会是人的社会，个人的生存和发展不可能离开社会，而社会的进步又必须依赖个人的劳动和创造。承担社会责任，履行社会义务，以自己的劳动和创造为社会做贡献，是社会存在和发展必不可少的前提。只有人人都承担起自己应尽的责任和义务，为社会多做贡献，社会的财富才能不断增加，才能为人们享有更多的权利、更广泛的自由奠定坚实的基础。

要点荟萃

第一节 科学认识人的本质

一 马克思主义产生以前中外思想史上关于人的学说

在中国思想史上，春秋战国时期，对"人是什么"的认识进入一个新的阶段，其间的争论主要围绕人性与兽性的区别而展开。在西方思想史上，最早力图把人和动物区别开来的是古希腊的苏格拉底，他认为人是理性动物。

二 马克思主义关于人的本质的理论

（1）社会属性是人的根本属性。

（2）人的本质是一切社会关系的总和。
（3）人的本质是现实的、具体的、历史的、发展的。

三 走出"人性自私论"的认识误区

"人性自私论"主要陷入了以下认知误区。
（1）把人的自然属性等同于人的根本属性。
（2）把历史的、具体的人的自私等同于永恒的、抽象的人性自私。
（3）把个人的正当利益等同于自私自利，混淆了个人的正当利益和自私自利。
（4）以"合理"二字掩盖利己主义的实质。"合理利己主义"仍然没有抽掉"人性自私"的逻辑前提。

第二节 树立正确的人生观

一 人生观及其主要内容

人生观是人们在实践中形成的对于人生目的、人生态度、人生价值等问题的总看法和总观点。

人生观主要通过人生目的、人生态度、人生价值三个方面体现出来。人生目的回答人为什么活着；人生态度表明人应当怎样对待生活；人生价值判断什么样的人生才有意义。

二 追求高尚的人生目的

（一）人生目的及其作用

人生目的指的是人生实践活动的总目标，是对"人为什么活着"这一人生根本问题的认识和回答，是人生观的核心，在人生实践中具有重要的作用。
（1）人生目的决定走什么样的人生道路。
（2）人生目的决定持什么样的人生态度。
（3）人生目的决定选择什么样的人生价值标准。

（二）确立为人民服务的人生目的

（1）确立为人民服务的人生目的，是党和人民对新时代大学生的要求和期待。
（2）确立为人民服务的人生目的，是新时代大学生成长成才的内在要求。
（3）确立为人民服务的人生目的，是抵制各种错误人生观影响的有力武器。

三 培养积极进取的人生态度

（一）人生态度及其类型

人生态度是指人们通过生活实践形成的对人生问题的一种稳定的心理倾向和精神状态。

人生态度类型：一种是积极进取的人生态度，另一种是消极无为的人生态度。积极进取的人生态度，肯定人的主观能动性，能够用乐观的心态看待世界，对生活充满信心，勇于开拓、经得起风险和困难的考验。消极无为的人生态度，否定人的积极能动作用，对生活丧失信心，对社会缺乏责任感，一味退缩，悲观唯诺。

（二）积极进取的人生态度对人生的重要意义

（1）积极进取的人生态度有助于人生目的的达到。
（2）积极进取的人生态度有助于人生价值的实现。
（3）积极进取的人生态度有助于调整人生道路的方向。

（三）科学对待人生境遇

现实生活中，顺境和逆境对人的影响都有两重性，对此要正确认识和对待。

对于顺境，不能麻痹大意、得意忘形，而应居安思危、自制自励，使自身的活动保持良好的度。

对于逆境，不能怨天尤人、自暴自弃，而应大胆正视，积极应对，努力创造条件，变不利因素为有利因素，待时机成熟，顺势利导，使之成为人生旅程上的转折点。

四 创造有价值的人生

（一）人生价值及其基本内容

所谓人生价值，是指人的生命及其实践活动对于社会和个人所具有的作用与意义。人生价值内在地包含了人生的自我价值和人生的社会价值两个方面的内容。

人生的自我价值是指个体的人生活动对自己的生存和发展所具有的价值，主要表现为对自身物质和精神需要的满足程度。

人生的社会价值是指个体的人生活动对他人和社会所具有的价值，主要表现为个体为他人和社会所做的贡献。

人生的自我价值和社会价值，既互相区别，又密切联系，共同构成人生价值的矛盾统一体。一方面，人生自我价值的实现是个体为社会创造更大价值的前提；另一方面，人生的社会价值是实现人生的自我价值的基础。

（二）在创造社会价值中实现自我价值

社会价值的创造过程与自我价值的实现过程是统一的。人生的自我价值必须与社会价值相结合，并通过社会价值表现出来。创造社会价值是因，实现自我价值是果，不创造社会价值，就无从实现自我价值。

（三）实现人生价值的条件和方法

（1）选择与社会主义核心价值观相一致的人生价值目标，这是追求人生价值的基本前提。

（2）提高自身素质和能力，这是实现人生价值的重要的主观条件。

（3）进行创造性的实践活动，这是实现人生价值的根本途径。

第三节 协调人生道路上的若干关系

一 人与自然的关系

（1）科学把握人与自然的关系的实质。历史已经证明并将继续证明，人与自然的关系的处理，将直接关系社会发展和国家兴衰。

（2）牢固树立绿色发展理念。绿色发展，就是要解决好人与自然和谐共生的问题。

（3）大力推进生态文明建设。生态文明是人类社会进步的重大成果，是实现人与自然和谐发展的新要求。

二 个人生理与心理的关系

在生活实践中，保持身心健康的途径和方法主要有以下几点。

（1）树立正确的人生观，养成积极乐观的人生态度。

（2）加强体育锻炼，提高身体素质和心理品质。

（3）学习心理健康知识，掌握心理调适方法。

（4）注重与人交往，建立良好的人际关系。

三 个人与他人的关系

（1）遵循成功交往的基本原则。在交往中应遵循如下原则：第一，平等原则。平等待人、互相尊重是协调个人与他人关系的前提。第二，诚信原则。诚信是一种美德，也是个人与他人关系得以延续的基本保证。第三，宽容原则。宽容是协调个人与他人关系必不可少的条件。第四，互助原则。互助是协调个人与他人关系的必然要求。

（2）掌握成功交往的方法和艺术。第一，培养良好的心理品质。第二，注意交往的第一印象。第三，运用恰当的沟通技巧。

四 个人与社会的关系

（1）科学把握个人与社会关系的实质。个人与社会之间的关系，实际上是相互依存、相互制约的对立统一关系。一方面，特定的社会条件决定着个人的生存和发展；另一方面，个人并不是完全被动地由社会决定，而是对社会具有能动性。

（2）在社会发展中认识、调整和充实自我。

（3）在个人发展中承担社会责任，履行社会义务。

能力检测

一、单项选择题

1. 人类思想史上，许多思想家从不同角度提出了对于人的本质的见解，但只有马克思主义对这一问题做了科学说明。下列选项中，正确表达了马克思主义对于人的本质理解的是(　　)。

　　A. 人之初，性本善

　　B. 人之性恶，其善者伪也

　　C. 人是能够对理性问题给予理性回答的存在物

　　D. 人的本质在其现实性上是一切社会关系的总和

2. 人生观是人们对人生目的和意义的根本看法与态度，主要通过人生目的、人生态度、人生价值体现出来。其中，人生态度主要回答(　　)。

　　A. 人为什么活着　　　　　　　　B. 人应该怎样对待生活

　　C. 什么样的人生才有意义　　　　D. 如何协调人与自然的关系

3. 不同的人由于生活经历、人生境遇、认识水平等的不同，会形成不同的甚至对立的人生目的。当代大学生应该确立的高尚的人生目的是(　　)。

　　A. 为人民服务　　　　　　　　　B. 为家庭求温饱

　　C. 为个人谋财富　　　　　　　　D. 为朋友两肋插刀

4. 积极进取的人生态度有利于人生目的的达到、人生价值的实现，能够帮助人们调整人生道路的方向。下列选项中，体现了积极进取的人生态度的是(　　)。

　　A. 逆来顺受，得过且过　　　　　B. 听天由命，顺其自然

　　C. 自强不息，奋发有为　　　　　D. 安贫乐道，知足常乐

5. 协调好自我生理与心理的关系，保持身心健康，是科学把握人生道路、创造有价值人生的基本前提。下列选项中，属于身心健康中心理健康的是(　　)。

　　A. 能够适应自然环境的变化

　　B. 能够抵御一般传染性疾病的侵袭

　　C. 能够生活在社会群体之外，离群索居

D. 能够经常保持愉快的心境，适应能力强

6. 人生观是人们在实践中形成的对于人生目的、人生态度、人生价值等问题的总看法和总观点。其中，对"人为什么活着"这一人生根本问题的认识和回答，是人生观中（　　）的重要内容。

　　A. 人生态度　　　　　　　　　　B. 人生价值
　　C. 人生目的　　　　　　　　　　D. 人生理想

7. 司马迁写道："盖文王拘而演《周易》；仲尼厄而作《春秋》；屈原放逐，乃赋《离骚》；左丘失明，厥有《国语》；孙子膑脚，《兵法》修列；不韦迁蜀，世传《吕览》；韩非囚秦，《说难》《孤愤》；《诗》三百篇，大抵圣贤发愤之所作为也。"当今社会，也有成千上万的英模人物，面对人生道路上的艰难曲折，以坚定的信心在逆境中奋起，最后赢得了成功，成为新时期学习的榜样。这启示我们，对于人生旅途中的逆境，应当采取的正确态度是（　　）。

　　A. 大胆正视，积极应对　　　　　B. 居安思危，自制自励
　　C. 怨天尤人，自暴自弃　　　　　D. 谦虚谨慎，戒骄戒躁

8. 人生价值内在地包含着自我价值和社会价值两方面的内容。下列关于自我价值与社会价值的关系的说法中，正确的是（　　）。

　　A. 实现自我价值是因，创造社会价值是果
　　B. 一个人实现的自我价值越大，他创造的社会价值也就越大
　　C. 人生的自我价值必须与社会价值相结合，并通过社会价值表现出来
　　D. 社会价值的创造过程与自我价值的实现过程是彼此隔绝、互不相干的

9. 人来源于自然又依存于自然，人永远是自然的有机组成部分。协调好人与自然的关系，应当持有的正确态度是（　　）。

　　A. 人独立于自然　　　　　　　　B. 人消极地依赖自然
　　C. 人有意识地掠夺自然　　　　　D. 人有目的地利用和保护自然

10. 孟子说："爱人者，人恒爱之；敬人者，人恒敬之。"一个自恃清高、看不起别人、不尊重别人的人，是很难获得别人的尊重的。这启示我们，人际交往中应该遵循（　　）。

　　A. 平等原则　　　　　　　　　　B. 诚信原则
　　C. 宽容原则　　　　　　　　　　D. 互助原则

11. 马克思说："在选择职业时，我们应该遵循的主要指针是人类的幸福和我们自身的完美。"马克思在这里所说的"我们自身的完美"，就是追求我们自身的人格高尚、才智发展、生活幸福，也就是（　　）。

　　A. 改善人生的现实境遇　　　　　B. 实现人生的自我价值
　　C. 改变人生的存在状态　　　　　D. 实现人生的社会价值

12. 在人际交往中，由于性格、经历、文化修养等存在差异，难免会产生矛盾，这

就要求人与人互相理解，求同存异，不在非原则的问题上面斤斤计较。这是人际交往中应遵循的（　　）要求。

A．诚信原则　　　　　　　　B．宽容原则

C．平等原则　　　　　　　　D．互助原则

13．人在现实中生活不可避免地会遇到各种各样的问题，引发对人生的思考，这种思考最后集中到"人为什么活着""人应该怎样活着"等根本问题。对这些根本问题的回答，体现了一个人的（　　）。

A．道德观　　　　　　　　　B．世界观

C．人生观　　　　　　　　　D．价值观

14．现实生活中，人们对待人生的态度千差万别、多种多样，但归纳起来无外乎两种：积极进取的人生态度和消极无为的人生态度。下列选项中，表现了积极进取的人生态度的是（　　）。

A．玩世不恭　　　　　　　　B．听天由命

C．勇于开拓　　　　　　　　D．得过且过

15．爱因斯坦曾说："一个人对社会的价值，首先取决于他的感情、思想和行动对增进人类利益有多大作用，而不应看他取得什么。"这意味着在人生价值中（　　）。

A．个人价值就是社会价值　　B．社会价值就是个人价值

C．个人对社会的责任和贡献是第一位的　　D．社会对个人的尊重和满足是第一位的

16．尽管在历史上和现实生活中涌现过的人生目的五花八门、形形色色，但对于当代大学生来说，值得终身践行的科学而高尚的人生目的是（　　）。

A．享乐主义的人生目的　　　B．个人主义的人生目的

C．拜金主义的人生目的　　　D．为人民服务的人生目的

17．马克思说："人们只有为同时代人的完美、为他们的幸福而工作，才能使自己也达到完美。如果一个人只为自己劳动，他也许能成为著名学者、大哲人、卓越诗人，然而他永远不能成为完美无疵的伟大人物。"这句话表达的意思是（　　）。

A．人生的自我价值和社会价值是矛盾的、对立的

B．人生的自我价值是个体生存和发展的必要条件

C．人生的社会价值是实现人生的自我价值的基础

D．自觉提高自我的主体素质和能力是实现人生价值的根本途径

18．实现人生价值的根本途径是（　　）。

A．培养积极进取的人生态度

B．自觉提高自我的主体素质和能力

C．进行有意识、有目的的创造性实践活动

D．选择与社会主导价值观相一致的人生价值目标

19．一个充满希望的中国，必然是人与自然和谐相处的美丽中国。为了让我们每一

个人拥有湛蓝的天空、清澈的河流、茂密的森林，在发展经济的同时，我们必须加强生态文明建设，协调人与自然的关系，必须（　　）。

    A. 消极地依赖自然生活

    B. 牢固树立绿色发展理念

    C. 继续扩大人类干涉自然的范围和程度

    D. 走先污染后治理、先开发后保护的道路

20. 在人生道路上，任何人都要面对并处理人与自然的关系问题。下列有关人与自然的关系的说法中，正确的是（　　）。

    A. 人必须消极地依赖自然

    B. 人来源于自然，但又凌驾于自然之上

    C. 人必须尊重自然、顺应自然、保护自然

    D. 随着人类社会的发展，人类干涉自然的范围在逐步缩小

21. 一个健康的人，不仅要有健康的生理，而且要有良好的心理，即所谓"身心健康"。下列选项中，反映心理健康状况的是（　　）。

    A. 身体发育匀称   B. 生理功能状态良好

    C. 有强壮的体力和体魄   D. 经常保持愉快的心境

22. 与人交往时，应该"言必行，行必果"。这是社会生活中人与人之间成功交往应遵循的（　　）的要求。

    A. 平等原则   B. 诚信原则

    C. 宽容原则   D. 互助原则

23. 现在青春是用来奋斗的，将来青春是用来回忆的。只有为人民做出了奉献的青春，才会留下充实、温暖、持久、无悔的青春回忆。这说明人生的价值在于（　　）。

    A. 个人的生存和发展   B. 个人心理中的心态良好

    C. 个人的物质、精神需求的满足   D. 个人对他人、社会所做的贡献

24. 个人与社会的关系是人生道路上的基础关系。下列选项中，对这一关系表述正确的是（　　）。

    A. 个人只能为社会所决定

    B. 社会的存在不依赖于个人

    C. 个人可以不依赖于社会而存在

    D. 特定的社会条件决定个人的生存和发展

25. 为了使个人的交往行为能够引起他人的良好反应，我们应该正确运用人际交往的方法和艺术。下列选项中，体现了这种方法和艺术的是（　　）。

    A. 时刻提防，猜疑他人   B. 孤傲冷漠，不苟言笑

    C. 宽容友善，诙谐幽默   D. 无限拉近人际空间距离

二、简答题

1. 简述积极进取的人生态度对于人生的重要意义。
2. 简述人生目的的含义及其在人生观中的地位。
3. 简述人生的自我价值和社会价值的含义。
4. 简述人生价值实现的条件和方法。
5. 简述如何创造人生价值。
6. 简述在生活实践中保持身心健康的途径和方法。

三、论述题

1. 论述只有为人民服务的人生目的，才是科学、高尚的人生目的，才值得当代大学生终身尊奉和践行。
2. 论述用积极进取的人生态度对待人生境遇。

第二章 坚定理想信念

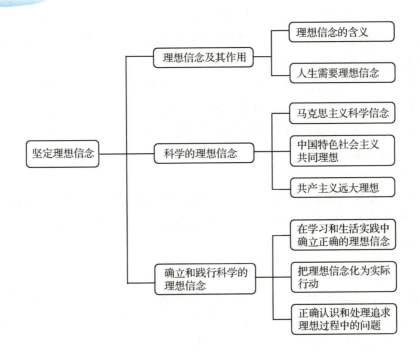

内容精要

第一节 理想信念及其作用

一 理想信念的含义

（一）什么是理想信念

理想是人们在实践中形成的具有实现可能性的对未来的向往和追求，是人们的世界观、人生观和价值观在奋斗目标上的集中体现。首先，理想作为对未来的向往和追求，是对现实生活的超越。其次，理想作为在实践中形成的具有实现可能性的想象和设想，与无法实现的臆想和空想有根本的区别。

信念是人们在一定的认识基础上确立的对某种思想或事物坚信不疑并身体力行的态度。信念是人的认识、情感、意志的统一体或"合金"。信念中包含有一定的认识，如果没有这些认识或观念，人们就没有所相信的对象，从而也就不会有信念。在信念的鼓舞下，人们的意志是坚强的，行为是坚决的，而且始终不渝。信念一旦形成，就不会轻易改变。

理想和信念是密切联系的，它们是同一种人类精神现象即信仰的两个侧面。任何信仰都包含着信念和理想两个基本方面，它们分别是信仰的基本信条和这些信条在奋斗目标上的具体体现。

（二）理想信念的基本特点

理想信念具有思想性与实践性。人们的理想信念存在于人的内心深处，属于一种精神现象。但是，它又不只是一种纯粹的主观现象和静止的精神状态，而是一种包含着行动意志的复合现象，是从精神向行动的转变过程。

理想信念具有时代性与阶级性。不同时代的人们会有不同的理想信念。人们对世界的认识和把握，对未来的设想和想象，都受时代条件的限制。

理想信念具有多样性与共同性。由于成长环境、性格等方面的不同，人们会形成不同的理想信念，从而使理想信念具有多样性。即使是同一个人，也会形成关于社会生活不同方面的许多理想信念。

（三）理想信念的基本类型

依据人的社会生活的领域，理想信念大体划分为四种类型。

第一，生活领域的理想信念。生活领域的理想信念首先体现在人们的物质生活方面。文明、健康、科学的生活方式日益成为人们追求的生活理想和信念。

第二,职业领域的理想信念。职业生涯是人们的社会生活中非常重要的方面。在这个领域,人们也有着自己的理想信念。它包括两个方面:一是希望自己选择一种理想的职业,找到理想的工作;二是希望自己在工作和职业活动中达到理想的境界,取得理想的成绩。

第三,道德领域的理想信念。道德是人们社会生活的重要方面,也是理想信念发挥作用的重要领域。追求高尚的理想人格,使自己富有人格魅力,成为一个为社会所需要、为他人所喜欢的人,既是事业成功的关键,又是生活幸福的根本。

第四,社会领域的理想信念。它是人们在社会公共生活方面所持的基本理念和对于理想社会制度的向往与追求。

二 人生需要理想信念

理想信念对于人生至关重要,在人生实践中起着不可替代的作用。

(一) 理想信念是人生的精神向导

理想信念是人生的定向机制,为人生指明奋斗的方向。理想信念的一个重要作用,就是能够为人生提供目的和意义,为人生指明追求的目标和前进的方向。它一旦确立,就可以使人精神振奋,永不迷失前进的方向。

(二) 理想信念是人生的精神动力

理想信念能给人生一种推进的力量,为人生实践提供动力和毅力,是人生的力量源泉。一个人有了自觉的理想信念,就会立场坚定、方向明确、意志坚强、精力旺盛,从而成就一番伟大的事业。

(三) 理想信念是人生的精神支柱

理想信念的支撑作用往往是在困难的时候、在严酷的考验中得到体现的,使人不为巨大的困难所压倒,而且使人在困难和逆境中振作起来,战胜艰难险阻。

第二节 科学的理想信念

一 马克思主义科学信念

马克思主义是科学性和价值性的统一,是科学的信念。它具有以下几个特点。

(一) 现实性

现实性理想信念是在现实世界中寻找价值,它与一切有神论要到现实世界之外的天国去寻找最高价值的信仰有着根本的区别。虽然现实世界总是存在着这样或那样的缺陷,但只有进行现实的斗争才能最终克服这些缺陷。

（二）科学性

马克思主义信念是以科学为基础的，与科学的发展相一致。马克思主义的产生有其自然科学的基础，但它不是一种自然科学，而是一种关于世界观的科学，是关于人类社会发展规律的科学。马克思主义是不断发展的，它并没有结束真理，而是在实践中不断地开辟认识真理的道路。

（三）崇高性

马克思主义信仰的精神境界和救世胸怀是崇高与博大的，它追求的不是单个人的解脱，而是所有人的解放，即人类解放。

二 中国特色社会主义共同理想

一个人的理想只有同国家的前途、民族的命运相结合才有价值。有共同理想，才有共同步调。在中国共产党领导下，坚持和发展中国特色社会主义，实现中华民族伟大复兴，必须树立中国特色社会主义共同理想。

（一）坚定实现中华民族伟大复兴的信心

为了实现中华民族伟大复兴的中国梦，无数仁人志士不屈不挠、前仆后继，进行了可歌可泣的斗争，进行了各式各样的尝试，但终究未能改变旧中国的社会性质和中国人民的悲惨命运。在马克思列宁主义同中国工人运动的结合过程中，1921年中国共产党应运而生。

中国共产党团结带领中国各族人民，经过新民主主义革命，完成了民族独立、人民解放的历史任务，为实现民族复兴奠定了最基本的政治前提。经过社会主义革命，确立起社会主义基本制度，开启了在社会主义道路上实现民族复兴的历史征程。党的十一届三中全会以来，通过改革开放，找到了一条中国特色社会主义道路，我国社会主义建设取得了举世瞩目的伟大成就，中华民族伟大复兴展现出灿烂辉煌的前景。

（二）坚定中国特色社会主义的信念

中国近现代历史表明，只有社会主义才能救中国，只有中国特色社会主义才能发展中国。中华民族的伟大复兴，只有在社会主义道路上才能实现。这样，民族复兴的理想与社会主义的理想结合在一起，为社会主义而奋斗与为实现民族复兴而奋斗，就成了同一个历史过程。

社会主义是庄严的信念和崇高的理想，在信念的鼓舞下成功实现这个理想，还需要探索适合本国国情的独特道路。树立中国特色社会主义共同理想，就是要高举中国特色社会主义伟大旗帜，确立中国特色社会主义道路自信、理论自信、制度自信、文化自信。其中，中国特色社会主义道路是实现社会主义现代化、创造人民美好生活的必由之路，中国特色社会主义理论体系是指导党和人民实现中华民族伟大复兴的正确理论。

（三）坚定对中国共产党领导的信任

在中国特色社会主义道路上实现中华民族伟大复兴的中国梦，必须有中国共产党的坚强领导。中国共产党是中国工人阶级的先锋队，同时也是中国人民和中华民族的先锋队，始终代表中国先进生产力的发展要求，代表中国先进文化的前进方向，代表中国最广大人民的根本利益，始终坚持以人民为中心的发展思想，坚持全心全意为人民服务的根本宗旨，除了人民的利益，没有自己的特殊利益。正因为这样，中国共产党赢得了人民的高度信任和热情拥戴。

党政军民学，东西南北中，党是领导一切的。中国共产党领导是中国特色社会主义最本质的特征，是中国特色社会主义制度的最大优势。离开了党的领导，中国就会是一盘散沙，不仅社会主义建设事业不能前进一步，我们统一的多民族的国家很可能就会走向分裂。

三　共产主义远大理想

（一）共产主义是人类最美好的社会制度

在人类历史上，对美好生活和理想社会的向往与追求源远流长。马克思和恩格斯揭示了人类社会发展的规律，科学地证明了人类社会最终走向共产主义的历史必然性，并展望了共产主义理想社会的基本特征，为无产阶级和追求进步的人们指明了前进方向。

共产党人的最高理想就是在全世界实现共产主义的社会制度。共产主义社会是社会生产力高度发展、物质产品极大丰富、人们精神境界极大提高的社会。那时，阶级和阶级剥削被消灭，工农之间、城乡之间及脑力劳动与体力劳动之间的实质差别被消除，劳动不再仅仅是人们谋生的手段，而是成为生活的第一需要，消费资料实行"各尽所能，按需分配"，每个人都得到自由而全面的发展，社会将真正和谐，世界将真正大同。

（二）共产主义远大理想与中国特色社会主义共同理想的关系

共产主义远大理想的最终实现是一个漫长、艰辛的历史过程，需要一代又一代人付出艰苦的努力。

民主革命时期，中国共产党的奋斗纲领是推翻帝国主义、官僚资本主义和封建主义的统治，实现中华民族的独立和解放。

现阶段，中国共产党的奋斗纲领是建设中国特色社会主义，实现中华民族伟大复兴。这是全国各族人民的共同理想。这一共同理想是迈向共产主义远大理想的一个阶段，建设中国特色社会主义是中华民族走向共产主义的必由之路。所以，中国特色社会主义共同理想与共产主义远大理想有着内在的联系，它们是阶段性理想与最终理想的关系。

现在，我们尚处于并将长期处于社会主义初级阶段，正为建设中国特色社会主义而奋斗。在这个过程中，新时代的大学生应该科学把握历史发展的规律，自觉做共产主义远大理想和中国特色社会主义共同理想的坚定信仰者与忠实实践者，从自我做起，从现在做起，在追求崇高理想的过程中实现自己的人生价值。

第三节 确立和践行科学的理想信念

一 在学习和生活实践中确立正确的理想信念

确立理想信念是人生各个阶段都可能遇到的问题，但青年时期是确立理想信念最集中和最突出的时期。进入青年时期，人生之路全面展开，个人将面临一系列人生课题。所有这些问题的解决，都需要有一个总的原则、总的目标。这个总的原则、总的目标，就是一个人的理想信念。

确立理想信念离不开读书学习。大学生处于专业学习阶段，各有各的专业，有许多需要学习的专业知识。理想信念的确立不单单是一个读书学习的过程，更是一个亲身实践的过程。人生的理想信念最终是在实际生活中形成的，它离不开人的生活体验，也离不开人的实际行动。

大学生在确立理想信念时，应该注意以下几个方面的问题。

第一，把崇高的理想与坚定的信念结合起来。失去信念的理想是虚幻的，失去理想的信念是空泛的。理想与信念相结合，就是美好的想象与深刻的认同相结合，就是明确的目标与执着的态度相结合。

第二，把个人的理想信念与社会的理想信念结合起来。个人总是存在于一定社会之中的，新时代的大学生在确立自己的理想信念时，不能脱离当代中国的社会现实。

第三，学会对不同的理想信念进行辨别和选择。新时代的大学生在确立自己的理想信念的时候，要掌握正确判别的标准，对不同的价值观念进行比较和鉴别，以马克思主义科学世界观为基础的社会主义理想信念就是最科学、最崇高的理想信念，就是新时代的大学生在理想信念上的正确选择。

二 把理想信念化为实际行动

（一）崇高的理想信念必须落实在实际行动上

理想信念不是一种封闭的精神状态，它总要表现在实际行动上。只有通过追求理想的实际行动，理想才能转化为现实。

（二）追求和实现理想是一个艰苦奋斗的过程

理想的追求和实现是一个长期艰苦奋斗的过程。只有经历了艰苦环境的磨难、在逆境中奋起的人，才知道理想的可贵，才能形成坚定的信念和坚强的意志。新时代的大学生应该把个人理想与社会理想统一起来，积极投身于中国特色社会主义建设，在不懈奋斗中把美好理想变成现实。

三 正确认识和处理追求理想过程中的问题

（一）充分认识理想实现过程的长期性、曲折性和艰巨性

理想的实现具有长期性。把理想变为现实需要一个过程。一般来说，理想目标越低，其实现所需要的时间和努力就越少；理想目标越高，其实现就越需要更长的时间、更多的奋斗。

理想的实现具有曲折性。通向理想的道路不是笔直的，而是充满了曲折。正由于曲折，道路才显得更加漫长。人们在实现理想的路途上，犯一些错误、走一些弯路是难免的，这本身就是道路曲折性的一种表现。事实上，追求理想的道路本来就是弯曲的。

理想的实现具有艰巨性。任何理想的实现都不是轻而易举的。这是因为，理想的超越性决定了它不是现实状态的简单延伸，而是要对自我和现实做出较大的改变才能实现。而这种改变必然会遇到各种阻碍和困难，其中既有客观方面的，也有主观方面的。

（二）正确看待理想与现实的矛盾

人们在确立理想和追求理想的过程中，总会感受到理想与现实的矛盾。这就需要正确看待理想与现实之间的矛盾。为此，需要走出两方面的认识误区。

一方面，走出"以理想来否定现实"的误区。有的人发现现实并不符合理想时，就对现实大失所望，甚至极为不满。这样发展下去，很可能会导致对现实的全盘否定、逃避或反对现实。

另一方面，走出"以现实来否定理想"的误区。有的人发现理想与现实矛盾时，常常不加分析地全盘认同当下的现实。对于现实中存在的一些丑恶和消极腐败现象，不愤怒、不斗争，甚至与之同流合污。

之所以会出现这些认识误区，从思想方法上讲，是由于没有辩证地看待理想与现实之间的矛盾。理想与现实本来就是一对矛盾，它们是对立统一关系。对立性表现在：理想是主观的，现实是客观的；理想是完美的，现实是有缺陷的；理想是未来的，现实是当下的。统一性表现在：现实中孕育着理想、形成着理想、包含着理想实现的条件和因素，而理想来源于现实，包含着现实的因素，并且将来会变成新的现实。只有这样，才能全面把握理想与现实之间的矛盾，不因为现实中遇到这一矛盾而走入认识上的误区。

要点荟萃

第一节 理想信念及其作用

一 理想信念的含义

（一）什么是理想信念

理想是人们在实践中形成的具有实现可能性的对未来的向往和追求，是人们的世界观、人生观和价值观在奋斗目标上的集中体现。

信念是人们在一定的认识基础上确立的对某种思想或事物坚信不疑并身体力行的态度。

（二）理想信念的基本特点

（1）理想信念具有思想性与实践性。

（2）理想信念具有时代性和阶级性。

（3）理想信念具有多样性与共同性。

（三）理想信念的基本类型

（1）生活领域的理想信念。文明、健康、科学的生活方式，日益成为人们追求的生活理想和信念。

（2）职业领域的理想信念。在这个领域，人们也有着自己的理想信念。它包括两个方面：一是希望自己选择一种理想的职业，找到理想的工作；二是希望自己在工作和职业活动中达到理想的境界，取得理想的成绩。

（3）道德领域的理想信念。追求高尚的理想人格，使自己富有人格魅力，成为一个为社会所需要、为他人所喜欢的人。

（4）社会领域的理想信念。它是人们在社会公共生活方面所持的基本理念和对于理想社会制度的向往与追求。

二 人生需要理想信念

（一）理想信念是人生的精神向导

理想信念是人生的定向机制，为人生指明奋斗的方向。它一旦确立，就可以使人精神振奋，永不迷失前进的方向。

（二）理想信念是人生的精神动力

一个人有了自觉的理想信念，就会立场坚定、方向明确、意志坚强、精力旺盛，从而成就一番伟大的事业。

（三）理想信念是人生的精神支柱

理想信念的支撑作用往往是在困难的时候、在严酷的考验中得到体现的，它不仅使人不为巨大的困难所压倒，而且能在困难和逆境中振作起来，战胜艰难险阻。

第二节　科学的理想信念

一　马克思主义科学信念

（一）现实性

现实性理想信念是在现实世界中寻找价值，虽然现实世界总是存在着这样或那样的缺陷，但只有进行现实的斗争才能最终克服这些缺陷。

（二）科学性

马克思主义的产生有其自然科学的基础，但它不是一种自然科学，而是一种世界观的科学，是关于人类社会发展规律的科学。马克思主义是不断发展的，它并没有结束真理，而是在实践中不断地开辟认识真理的道路。

（三）崇高性

马克思主义追求的不是单个人的解脱，而是所有人的解放，即人类解放。

二　中国特色社会主义共同理想

（一）坚定实现中华民族伟大复兴的信心

在中国共产党成立前，为了实现中华民族伟大复兴的中国梦，无数仁人志士不屈不挠、前仆后继，进行了可歌可泣的斗争，但终究未能改变旧中国的社会性质和中国人民的悲惨命运。

中国共产党成立后，团结带领中国各族人民，经过新民主主义革命，完成了民族独立、人民解放的历史任务，为实现民族复兴提供了最基本的政治前提。经过社会主义革命，确立起社会主义基本制度，开启了在社会主义道路上实现民族复兴的历史征程。党的十一届三中全会以来，通过改革开放，找到了一条中国特色社会主义道路，我国社会主义建设取得了举世瞩目的伟大成就，中华民族伟大复兴展现出灿烂辉煌的前景。

（二）坚定中国特色社会主义的信念

社会主义是庄严的信念和崇高的理想，在信念的鼓舞下成功实现这个理想，还需要探索适合本国国情的独特道路。树立中国特色社会主义共同理想，就是要高举中国特色社会主义伟大旗帜，确立中国特色社会主义道路自信、理论自信、制度自信、文化自信。

在中国特色社会主义道路上实现中华民族伟大复兴的中国梦，必须有中国共产党的坚强领导。

（三）坚定对中国共产党领导的信任

中国共产党领导是中国特色社会主义最本质的特征，是中国特色社会主义制度的最大优势。离开了党的领导，中国就会是一盘散沙，不仅社会主义建设事业不能前进一步，我们统一的多民族的国家很可能就会走向分裂。

三 共产主义远大理想

（一）共产主义是人类最美好的社会制度

在人类历史上，对美好生活和理想社会的向往与追求源远流长。马克思和恩格斯揭示了人类社会发展的规律，科学地证明了人类社会最终走向共产主义的历史必然性，并展望了共产主义理想社会的基本特征，为无产阶级和追求进步的人们指明了前进方向。

（二）共产主义远大理想与中国特色社会主义共同理想的关系

共产党人的最高理想就是在全世界实现共产主义的社会制度。共产主义社会是社会生产力高度发展、物质产品极大丰富、人们精神境界极大提高的社会。

共产主义远大理想的最终实现是一个漫长、艰辛的历史过程，需要一代又一代人付出艰苦的努力。

现阶段，中国共产党的奋斗纲领是建设中国特色社会主义，实现中华民族伟大复兴。这是全国各族人民的共同理想。这一共同理想是迈向共产主义远大理想的一个阶段，建设中国特色社会主义是中华民族走向共产主义的必由之路。

现在，我们尚处于并将长期处于社会主义初级阶段，正为建设中国特色社会主义而奋斗。在这个过程中，新时代的大学生应该科学把握历史发展的规律，自觉做共产主义远大理想和中国特色社会主义共同理想的坚定信仰者与忠实实践者。

第三节 确立和践行科学的理想信念

一 在学习和生活实践中确立正确的理想信念

（1）把崇高的理想与坚定的信念结合起来。失去信念的理想是虚幻的，失去理想的信念是空泛的。理想与信念相结合，就是美好的想象与深刻的认同相结合，就是明确的目标与执着的态度相结合。

（2）把个人的理想信念与社会的理想信念结合起来。个人总是存在于一定社会之中的，新时代的大学生在确立自己的理想信念时，不能脱离当代中国的社会现实。

（3）学会对不同的理想信念进行辨别和选择。新时代的大学生在确立自己的理想信念的时候,要掌握正确判别的标准,对不同的价值观念进行比较和鉴别,以马克思主义科学世界观为基础的社会主义理想信念就是最科学、最崇高的理想信念,就是新时代的大学生在理想信念上的正确选择。

二 把理想信念化为实际行动

(一) 崇高的理想信念必须落实在实际行动上

理想信念不是一种封闭的精神状态,它总要表现在实际行动上。只有通过追求理想的实际行动,理想才能转化为现实。

(二) 追求和实现理想是一个艰苦奋斗的过程

理想的追求和实现是一个长期艰苦奋斗的过程。只有经历了艰苦环境的磨难、在逆境中奋起的人,才知道理想的可贵,才能形成坚定的信念和坚强的意志。

三 正确认识和处理追求理想过程中的问题

(一) 充分认识理想实现过程的长期性、曲折性和艰巨性

理想的实现具有长期性。把理想变为现实需要一个过程。一般来说,理想目标越低,其实现所需要的时间和努力就越少;理想目标越高,其实现就越需要更长的时间、更多的奋斗。

(1) 理想的实现具有长期性。

(2) 理想的实现具有曲折性。

(3) 理想的实现具有艰巨性。

(二) 正确看待理想与现实的矛盾

人们在确立理想和追求理想的过程中,总会感受到理想与现实的矛盾。这就需要正确看待理想与现实之间的矛盾。为此,需要走出两方面的认识误区。

一方面,走出"以理想来否定现实"的误区;另一方面,走出"以现实来否定理想"的误区。

之所以会出现这些认识误区,从思想方法上讲,是由于没有辩证地看待理想与现实之间的矛盾。理想与现实本来就是一对矛盾,它们是对立统一关系。对立性表现在:理想是主观的,现实是客观的;理想是完美的,现实是有缺陷的;理想是未来的,现实是当下的。统一性表现在:现实中孕育着理想、形成着理想、包含着理想实现的条件和因素,而理想来源于现实,包含着现实的因素,并且将来会变成新的现实。

能力检测

一、单项选择题

1. 理想信念遍及社会生活的所有领域，贯穿人类活动的所有方面，呈现出许多不同的类型。希望找到一个理想的工作，并在工作中达到理想的境界、取得理想的成绩，这属于人们在（　　）的理想信念。

A. 道德领域　　　　　　　　　　B. 社会领域
C. 生活领域　　　　　　　　　　D. 职业领域

2. 人们在确立理想和追求理想的过程中经常会感受到理想与现实的矛盾。对待和处理这种矛盾的正确态度是（　　）。

A. 用理想来否定现实　　　　　　B. 用现实来否定理想
C. 在观念中化现实为理想　　　　D. 在实践中化理想为现实

3. "宝剑锋从磨砺出，梅花香自苦寒来。"人类的美好理想，不可能唾手而得，离不开筚路蓝缕、手胼足胝的艰苦奋斗。这说明（　　）。

A. 实现美好的理想必须付诸行动
B. 现实是完美的，理想是有缺陷的
C. 美好的理想是遥不可及的主观想象
D. 确立理想的过程是一个读书学习的过程

4. 理想指引人生方向，信念决定事业成败，理想信念是人生的定向机制，为人生指明奋斗方向。理想信念的这个重要作用直接关系着（　　）。

A. 人生所处的顺境和逆境　　　　B. 人生的认识深度和实践广度
C. 人生经历的时代和环境　　　　D. 人生目标的选择和价值实现

5. 现实是彼岸，理想是此岸，中间隔着湍急的河流，行动则是架在川上的桥梁。这说明（　　）。

A. 理想可以自发实现　　　　　　B. 理想是在实践中形成的
C. 理想终归是一种虚幻的现象　　D. 只有在实践中，理想才能变为现实

6. 一个人的理想只有和国家的前途、民族的命运相结合才有价值。国家好、民族好，大家才会好。这启示我们在确立自己的理想信念时，应当（　　）。

A. 着眼于个人的前途命运
B. 把理想和信念结合起来
C. 接受各种不同的理想信念
D. 把个人的理想信念与社会的理想信念结合起来

7. 理想是人们在实践中形成的具有实现可能性的对未来的向往和追求。经过人的努力和奋斗，理想可能变为现实，这是因为（　　）。

A. 理想总是指向未来的，是现实生活中尚未实现的东西

B. 理想深藏于人的内心深处，一般不轻易向外表现出来

C. 理想作为人们相信的对象，是认识、情感和意志的统一体

D. 理想本身包含着现实的因素，反映着现实发展的客观规律和趋势

8. 由于成长环境、性格等方面的不同，人们会形成不同的理想信念。即使同一个人，也会在社会生活的不同方面形成许多不同的理想信念。这说明理想信念具有（　　）。

　　A. 多样性　　　　B. 共同性　　　　C. 虚幻性　　　　D. 时代性

9. 个人总是存在于一定社会之中的，新时代的大学生在确立自己的理想信念时，不能脱离当代中国的社会现实。这说明在确立理想信念时，应该（　　）。

　　A. 超越人的生活体验和实际行动

　　B. 把个人的理想信念与社会的理想信念结合起来

　　C. 学会对不同的理想信念进行辨别和选择

　　D. 把崇高的理想与坚定的信念结合起来

10. 理想信念是理想和信念两个概念结合而成的，其中理想是指（　　）。

　　A. 人们在生活中应该遵循的行为规范的总和

　　B. 人们在实践中形成的对未来的向往和追求

　　C. 人们在实践中形成的对人生问题的一种稳定的心理倾向和精神状态

　　D. 人们在一定认识基础上的确立对某种思想坚定不移并身体力行的态度

11. 美好的理想若是停留在头脑中和口头上，那它只能是一种不结果实的花朵。这说明（　　）。

　　A. 理想只是一种思想认识

　　B. 崇高的理想必须落实到行动上

　　C. 理想是完美的，现实是有缺陷的

　　D. 只要有坚定的信念，理想就可以自动变为现实

12. 有共同理想，才有共同步调。在当代中国，全体人民应当树立的共同理想是（　　）。

　　A. 爱国主义　　　　　　　　　　B. 共产主义

　　C. 新民主主义　　　　　　　　　D. 中国特色社会主义

13. 人们的理想信念存在于人们的内心深处，属于一种精神理论。但它又不是一种纯粹的主观现象和静止的精神状态，而是一种包含行动态度的复合现象，是一种从精神到行动的转变过程。这体现的理想信念具有（　　）的特征。

　　A. 思想性和实践性　　　　　　　B. 时代性和阶级性

　　C. 多样性和共同性　　　　　　　D. 虚幻性和模糊性

14. 信念是人们在一定的认识基础上确立的对某种思想或事物坚信不疑并身体力行的态度。下列关于信念的说法中，错误的是（　　）。

　　A. 信念一旦形成就不会轻易改变

　　B. 坚定的信念往往伴随着炽热的感情

C. 信念是对自身未来发展的设计和想象
D. 信念是人的认识、情感和意志的统一体

15. 在当代中国，建设中国特色社会主义，实现中华民族伟大复兴是我们共同的理想信念。为这个共同理想信念而奋斗，必须（　　）。
    A. 实现天下大同　　　　　　　　　B. 消灭城乡差别
    C. 坚持中国共产党领导　　　　　　D. 与国际社会全面接轨

16. 马克思主义认为，除了人间社会之外并不存在什么神灵的世界或天堂地狱，因而人应该在这个唯一的现实世界中追求有意义的人生，而不是离开社会、离开世界去追求想象中的天堂幻景。因此，马克思主义所讲的共产主义远大理想是人类社会之中的一个未来目标，具有（　　）。
    A. 虚幻性　　　B. 抽象性　　　C. 现实性　　　D. 狭隘性

17. "失去信念的理想是虚幻的，失去理想的信念是空泛的。"这句话说明在确立理想信念时，应该（　　）。
    A. 超越人的生活体验和实际行动
    B. 把崇高的理想与坚定的信念结合起来
    C. 学会对不同的理想信念进行辨别和选择
    D. 把个人的理想信念与社会的理想信念结合起来

18. 现阶段我国各族人民的共同理想是（　　）。
    A. 实现共产主义　　　　　　　　　B. 脱贫致富奔小康
    C. 建设中国特色社会主义　　　　　D. 争取新民主主义革命的胜利

19. 当代中国，建设中国特色社会主义是我们共同的理想信念，它的基本内容是在中国共产党领导下，走中国特色社会主义道路，实现（　　）。
    A. 大同世界　　　　　　　　　　　B. 小康社会
    C. 和谐社会　　　　　　　　　　　D. 中华民族伟大复兴

20. 古今中外无数英雄豪杰之所以能在充满困难的条件下最终成就伟业，一个重要原因就在于他们胸怀崇高的理想信念，因而具有锲而不舍、披荆斩棘的精神。与此相反，一个人如果没有崇高的理想信念，就有可能浑浑噩噩、庸庸碌碌、虚度一生，甚至腐化堕落，走上邪路。这说明理想信念是（　　）。
    A. 人们的主观意志　　　　　　　　B. 人们的丰富想象
    C. 人生的现实境遇　　　　　　　　D. 人生的前进动力

21. 在人类历史上，对美好生活和理想社会的向往与追求源远流长，其中共产党员的远大理想集中反映了这种向往和追求，它的最终实现是历史发展的必然。这一远大理想是（　　）。
    A. 实现现代化　　　　　　　　　　B. 实现共产主义
    C. 实现民族解放和国家独立　　　　D. 实现人与自然的和谐发展

22. 邓小平指出，我们过去能在非常困难的情况下奋斗出来，战胜千难万险使革命胜利，就是因为我们有理想，有马克思主义信念，有共产主义信念。由此可见，理想信念是（　　）。

  A. 人们的主观意志   B. 人们的丰富想象
  C. 人生的现实境遇   D. 人生的精神支柱

23. 习近平总书记形象地指出，理想信念就是共产党人精神上的"钙"，没有理想信念，理想信念不坚定，精神上就会"缺钙"，就会得"软骨病"。中国共产党人的理想信念是（　　）。

  A. 平均地权，节制资本
  B. 参与经济全球化，与西方发达国家全面接轨
  C. 建设中国特色社会主义，最终实现共产主义
  D. 继承中华民族传统道德，复兴中华民族传统文化

24. 中国特色社会主义共同理想与共产主义远大理想有着内在的联系。它们是（　　）。

  A. 个人理想与社会理想的关系
  B. 科学理想与非科学理想的关系
  C. 阶段性理想与最终理想的关系
  D. 有实现可能性的理想与纯粹主观想象的关系

25. 共产党人的最高理想是实现共产主义，在不同历史阶段又有代表那个阶段最广大人民利益的奋斗纲领。我国现阶段的奋斗纲领是（　　）。

  A. 脱贫致富奔小康
  B. 建立社会主义制度
  C. 建设中国特色社会主义，实现中华民族伟大复兴
  D. 弘扬民族精神和时代精神

二、简答题

1. 简述理想、信念的含义及二者的密切联系。
2. 简述理想信念在人生中的重要作用。
3. 简述理想与现实的关系。
4. 简述当代我国各族人民共同的理想信念及其基本内容。

三、论述题

1. 联系实际论述如何正确认识并处理理想与现实的关系。
2. 论述在我国现阶段如何把个人理想融入对中国特色社会主义共同理想的追求之中。

第三章 倾注对祖国的忠诚与热爱

知识框架

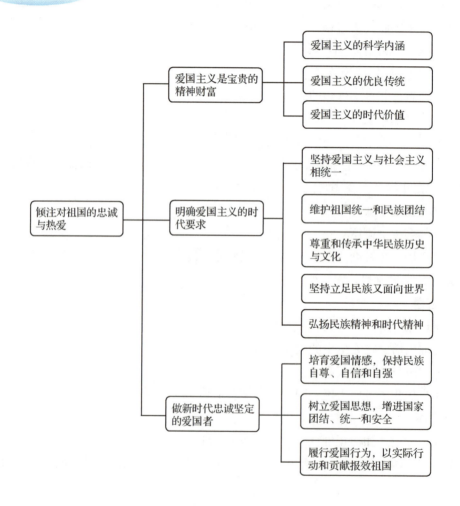

倾注对祖国的忠诚与热爱
- 爱国主义是宝贵的精神财富
  - 爱国主义的科学内涵
  - 爱国主义的优良传统
  - 爱国主义的时代价值
- 明确爱国主义的时代要求
  - 坚持爱国主义与社会主义相统一
  - 维护祖国统一和民族团结
  - 尊重和传承中华民族历史与文化
  - 坚持立足民族又面向世界
  - 弘扬民族精神和时代精神
- 做新时代忠诚坚定的爱国者
  - 培育爱国情感，保持民族自尊、自信和自强
  - 树立爱国思想，增进国家团结、统一和安全
  - 履行爱国行为，以实际行动和贡献报效祖国

内容精要

第一节　爱国主义是宝贵的精神财富

一　爱国主义的科学内涵

爱国主义是人们在历史上形成的热爱、忠诚和报效自己祖国的一种感情、思想与行为。它反映了个人对祖国的依存关系，是人们对自己的家园，以及民族和文化的归属感、认同感、尊严感与荣誉感的统一。它是调节个人与祖国之间关系的道德要求、政治原则和法律规范，也是推动历史发展的强大精神力量，是鼓舞和凝聚一个民族的精神支柱。

爱国主义最基本的内容是对祖国的忠诚与热爱。因此，爱国主义必然以爱故土山河、爱骨肉同胞、爱祖国的文化和爱自己的国家为基本内容。

热爱故土山河是爱国主义的首要表现。祖国从来不是一个抽象、空洞的概念，她首先是我们脚下世代生息繁衍的辽阔大地，是我们生于斯、长于斯的故土家园。我们对祖国的爱，首先源于对这片土地的最朴素、最真挚的爱。

热爱骨肉同胞是爱国主义的集中表现。我们的祖国之所以可爱，不仅因为她拥有辽阔的土地、壮丽的河山、丰富的物产，更因为她拥有世世代代生息繁衍在这片土地上的勤劳、勇敢、善良、智慧的亿万人民。对人民感情的深厚程度，是检验一个人对祖国忠诚、热爱程度的试金石。我国古代就有许多忧国忧民、"为民请命"的爱国者，以为人民服务为宗旨的社会主义爱国者，更应该培养起对人民群众的深厚感情，坚持人民立场，始终把人民放在心中最高位置，为人民群众的利益和幸福而努力工作。

热爱祖国光辉灿烂的文化是爱国主义的深层内容。文化是民族的血脉，是人们的精神家园。中华民族之所以历经磨难而生生不息，一个重要原因就是我们有深厚的文化传统，有共同的精神家园。人们在现实生活中，或许会背井离乡，或许会彼此隔绝，但对祖国灿烂文化和历史传统的认同会把整个民族的心连在一起。

热爱自己的国家是爱国主义的基本政治要求。我们每个人的发展都是同自己所在国家的发展进步紧密相连的。失去国家的庇佑和保护，个人将失去成长和发展最基本的屏障与最坚实的依托。爱祖国就要心系国家的前途和命运，把国家和人民的利益摆在首位，拥护国家的基本制度，遵守国家的宪法法律，维护国家的安全和统一，捍卫国家主权和利益，为国家的繁荣发展贡献自己的力量，这是爱国主义的必然政治要求。

爱国主义是一个历史范畴，在不同的历史时代和文化背景下具有不同的要求。在中国古代，爱国主义总是同反对分裂、反对民族压迫、反对统治阶级内部的昏庸腐朽联系在一起的。进入近代以后，爱国主义又增加了新的内容和特点，主要表现为对外反对帝国主义列强的侵略，捍卫民族独立和领土完整；对内反对同列强相勾结、出卖祖国利益的反动统治阶级，要求改变封建专制制度，实现人民的自由和解放。随着新中国的成立，中国的主要任务从反帝反封转变为建立、巩固和发展社会主义。在中国特色社会主义新时代，爱国主义主要表现为致力于社会主义现代化建设事业、拥护祖国统一、致力于中华民族伟大复兴。

二 爱国主义的优良传统

在中国特色社会主义新时代，爱国主义的优良传统必须进一步发扬光大。

维护祖国统一，促进民族团结。中国是中华各民族共同缔造的一个统一的多民族国家。正是在国家的统一和分裂不断交错、民族的融合和冲突不断发展的过程中，中华民族形成了维护祖国统一、促进民族团结的爱国主义传统。历史反复证明，凡是维护祖国统一、促进民族团结的，总能流芳千古，受到后世普遍敬仰；凡是搞军阀割据、分裂国家者，必定失败并遗臭万年。

抵御外来侵略，捍卫国家主权。中华民族爱好和平与自由，但决不容忍外来侵略和压迫。面对外来侵略，中华各族人民总是能够团结一致，同仇敌忾，奋起反抗。

开发祖国山河，创造中华文明。中华民族是一个勤劳、勇敢、智慧、善良、具有伟大创造力的民族。直到15世纪以前，中国的科学技术在世界上保持了千年的领先地位。中国人的这些思想学说、发明创造，既体现了人与自然协调发展、科学精神与道德理想相结合的理性光辉，又凝结着热爱和开发祖国山河，世代相继地发展物质文明和精神文明，为人类进步事业做出重大贡献的优良传统。

心系民生苦乐，推动历史进步。以天下为己任，无论身居何位都心忧天下，关心国家的命运和民生的苦乐，自觉地把个人的前途与国家的兴衰联系起来，把爱国的思想付诸行动，这是几千年来扎根在中华民族人民内心深处的家国情怀。

三 爱国主义的时代价值

在中华民族五千多年的历史发展中，爱国主义始终是一种巨大的精神力量。它不仅具有把我国各族人民紧紧团结在祖国大家庭的巨大凝聚力和向心力，而且是中华各民族历代优秀人物壮丽人生的巨大原动力。

（一）爱国主义是动员和鼓舞中国人民团结奋斗的一面旗帜

中国自古就是一个多民族的国家。我们的国家和民族具有悠久的爱国主义传统与高昂的爱国主义精神。这种传统和精神把中国疆域内众多的民族凝聚在一起，把亿万中华儿女牢牢地吸引在中国大地上，万众一心，众志成城，肝胆相照，荣辱与共，在长期的历史发展中铸就出伟大的民族精神，并成为动员和鼓舞中国人民团结奋斗的一面旗帜。在新的历史条件下，实现中华民族伟大复兴的中国梦，必须在爱国主义旗帜下，建立起最广泛的统一战线,集中整个民族的智慧和力量来谋求国家的发展与民族的振兴。

(二) 爱国主义是推动中国社会历史前进的巨大力量

社会历史的前进离不开人的主观能动性。在中国古代历史上,各族人民曾经不断进行轰轰烈烈的革命斗争,沉重打击了反动统治阶级及其反动统治,推动了历史的发展和进步。

近代以后,康有为、梁启超等资产阶级改良派的思想主张和爱国热情,有力促进了中华民族的觉醒。资产阶级革命的伟大先行者孙中山先生发动的辛亥革命,推翻了统治中国两千多年的封建专制制度,取得了中国人民近代爱国主义运动史上的一次巨大胜利。

中国共产党成立后,更是将爱国主义的优良传统发扬光大,赋予其新的时代内涵,经过新民主主义革命和社会主义革命,赢得了民族独立和人民解放,确立了社会主义基本制度。改革开放以来,在中国共产党领导下,中华民族实现了从站起来到富起来的伟大飞跃。进入新时代,中国共产党团结带领中国各族人民进行伟大斗争、建设伟大工程、推进伟大事业、实现伟大梦想,中华民族迎来了从富起来到强起来的伟大飞跃。

(三) 爱国主义是谱写壮丽人生的力量源泉

古往今来,无论是那些对历史发展做出过较大贡献的政治家、思想家、科学家、军事家、文学艺术家,还是那些在历史发展中起着决定作用的千千万万普通劳动群众,启迪、指引他们壮丽人生的一个共同思想因素就是爱国主义。

爱国主义体现了每一个中华儿女对祖国的责任。一个人只有确立了与祖国同呼吸、共命运的爱国主义思想,才能产生维护祖国独立与尊严的坚强意志,才能形成为祖国的繁荣富强而奋斗不息的崇高信念。爱国,不能停留在口号上,而是要把自己的理想同祖国的前途、把自己的人生同民族的命运紧密联系在一起,扎根人民,奉献国家。

第二节 明确爱国主义的时代要求

一 坚持爱国主义与社会主义相统一

在当代中国,爱国主义首先体现在对社会主义中国的热爱上,这是中华人民共和国每一个公民必须坚持的基本政治立场和态度。

中国近现代的历史和现实充分证明,只有社会主义才能救中国,只有中国特色社会主义才能发展中国,只有坚持和发展中国特色社会主义才能实现中华民族伟大复兴的中国梦。

走中国特色社会主义道路,建设和发展中国特色社会主义,必须坚持中国共产党领导。

实践一再证明：我们人民的团结、社会的安定、民主的发展、国家的统一，都要靠共产党的领导。在这样一个大国，没有共产党的领导，中国必然四分五裂，一事无成，爱国主义所渴求的中华民族伟大复兴的中国梦就根本不可能实现。爱国主义与拥护中国共产党的领导、坚定不移走中国特色社会主义道路，具有深刻的内在一致性。

二 维护祖国统一和民族团结

在新的时代条件下弘扬爱国主义精神，必须把维护祖国统一和民族团结作为重要的着力点与落脚点。新中国成立七十多年来，中国共产党和中国政府一直致力于完成祖国统一大业。

但由于历史和现实的原因，台湾问题至今仍未解决。对于港澳、台湾和海外的中华儿女，不要求他们都赞成祖国大陆实行社会主义制度，但至少不能损害祖国的利益，不能反对祖国统一。在台湾问题上，只要承认世界上只有一个中国，台湾是中国领土不可分割的一部分，就能够求祖国统一之同、存社会制度之异，就可以成为新时期爱国统一战线的对象，在爱国主义旗帜下团结起来，共同为完成祖国统一大业、实现中华民族伟大复兴而奋斗。

多民族是我国的一大特色。各民族共同开发了祖国的锦绣河山、广袤疆域，共同创造了悠久的中国历史、灿烂的中华文化。

在新时代弘扬爱国主义精神，就需要全国各族人民像爱护自己的眼睛一样珍惜民族团结，像石榴籽一样紧紧抱在一起，共同维护全国各族人民大团结的政治局面，不断增强对伟大祖国、中华民族、中华文化、中国共产党、中国特色社会主义的认同，坚决捍卫国家主权、安全、发展利益，旗帜鲜明地反对分裂国家图谋、破坏民族团结的言行，筑牢国家统一、民族团结、社会稳定的铜墙铁壁。

三 尊重和传承中华民族历史与文化

对祖国悠久历史、深厚文化的理解和接受，是人们培育和发展爱国主义情感的重要条件。中国是一个历史悠久的文明古国。五千多年的文明发展史中，中华民族为人类文明做出了不可磨灭的贡献。中国共产党成立后，团结带领各族人民前仆后继、顽强奋斗，把贫穷落后的旧中国变成日益走向繁荣富强的新中国，中华民族伟大复兴展现出前所未有的光明前景。

作为中华民族的"根"和"魂"，中华优秀传统文化是中国最深厚的文化软实力，是中国特色社会主义植根的沃土，是我们在世界文化激荡中站稳脚跟的根基。新时代弘扬爱国主义精神，要以时代精神激活中华优秀传统文化的生命力，汲取其营养和智慧，延续其文化基因，萃取其思想精华，把传承和弘扬中华优秀传统文化同培育与践行社主义核心价值观统一起来，自觉树立和坚持正确的历史观、民族观、国家观、文化观，不断增强中华民族的归属感、认同感、尊严感、荣誉感。

作为新时代的爱国者，尊重和传承中华民族历史与文化，应该注意防止两种错误思潮：一是历史虚无主义思潮。这种思潮，表面上看是"考证"某个历史事实、"探究"某个历史细节，实际上是要混淆视听、扰乱人心，从根本上否定马克思主义的指导地位和中国走向社会主义的历史必然性，否定中国共产党领导。二是文化保守主义思潮。这种思潮对传统文化的态度走向了另一个极端，实际上也是要挑战马克思主义在意识形态领域的指导地位。

四 坚持立足民族又面向世界

随着中国特色社会主义进入新时代，中国日益走近世界舞台中央。新时代弘扬爱国主义精神，必须与扩大对外开放结合起来，立足民族又面向世界。

立足民族，就是要尊重中国的历史特点、文化传统，尊重中国人民选择的发展道路，善于从不同文明中寻求智慧、汲取营养，增强中华文明的生机活力。

在经济全球化的条件下，国家仍然是民族存在的最高组织形式，是国际社会活动中的独立主体。为了趋利避害，发展中国家必须坚定地捍卫自己国家的利益，始终把国家的主权和安全放在第一位。这就需要大力弘扬爱国主义精神。只有在爱国主义旗帜下形成强大的民族凝聚力，才能使广大发展中国家在不断提高对外开放水平、最大限度地享受全球化益处的同时，降低风险，赢得主动，按照本国国情发展自己的政治制度和民族文化；维护本国、本民族的根本利益。

面向世界，就是要积极倡导求同存异、交流互鉴，促进不同国度、不同文明相互借鉴、共同进步，共同推动人类文明发展进步。新时代弘扬爱国主义精神，既要致力于实现国家富强、民族复兴、人民幸福的中国梦，也要致力于实现持久和平、共同繁荣的世界梦。中国梦同世界梦是相通的，实现中国梦离不开和平的国际环境和稳定的国际秩序。这就意味着我们要有更加宽广的世界胸怀和全球视野，为维护人类共同利益、推动人类文明发展进步，提供中国智慧和中国方案；始终做世界和平的建设者、全球发展的贡献者、国际秩序的维护者。

五 弘扬民族精神和时代精神

人无精神则不立，国无精神则不强。中华民族能够在五千多年的历史长河中生生不息、薪火相传，很重要的一个原因就是孕育并涵养了伟大的中国精神。中国精神是兴国强国之魂，是实现中华民族伟大复兴不可或缺的精神支撑和精神动力。对于新时代的爱国者来说，实现中国梦，必须弘扬中国精神，这就是以爱国主义为核心的民族精神和以改革创新为核心的时代精神。

民族精神是一个民族在长期共同生活和社会实践中形成的,为本民族大多数成员所认同的价值取向、思维方式、道德规范、精神气质的总和。民族精神集中体现了一个民族在一定自然环境和社会历史条件下生存与发展的独特方式,反映了一个民族的心理特征、文化传统、精神风貌,是一个民族生命力、创造力和凝聚力的集中体现。

一是伟大创造精神。在几千年历史长河中,我国产生了老子、孔子、庄子、孟子等闻名于世的思想巨匠,四大发明等深刻影响人类文明进程的重大科技成果,创作了伟大文艺作品,建设了气势恢宏的宏大工程。

二是伟大奋斗精神。在几千年历史长河中,中国人民始终革故鼎新、自强不息,开发和建设了祖国辽阔秀丽的大好河山,开拓了波涛万顷的辽阔海疆,开垦了物产丰富的广袤粮田,治理了桀骜不驯的千百条大江大河,战胜了数不清的自然灾害,建设了星罗棋布的城镇乡村,发展了门类齐全的产业,形成了多姿多彩的生活。

三是伟大团结精神。在几千年历史长河中,中国人民始终团结一心、同舟共济,建立了统一的多民族国家,形成了守望相助的中华民族大家庭。今天,中国取得的令世人瞩目的发展成就,更是全国各族人民同心同德努力奋斗的结果。

四是伟大梦想精神。在几千年历史长河中,中国人民始终心怀梦想、不懈追求,不仅形成了小康生活的理念,而且秉持有天下为公的情怀。近代以来,实现中华民族伟大复兴成为中华民族最伟大的梦想,中国人民为此进行了180多年的持续奋斗。今天,中国人民比历史上任何时期都更接近、更有信心和能力实现这个梦想。只要14亿中国人民始终发扬这种伟大梦想精神,我们就一定能够实现中华民族伟大复兴的中国梦!

时代精神是一个国家和民族在新的历史条件下形成与发展的,体现民族特质并顺应时代潮流的思想观念、行为方式、价值取向、精神风貌和社会风尚的总和。

今天我们所处的时代,是一个综合国力竞争日趋激烈、国际交往愈益频繁、国与国之间联系和互动越来越密切的时代,是一个新情况、新矛盾、新问题、新经验、新事物层出不穷的时代,也是一个以改革创新为显著特征的时代。

改革是破除社会发展障碍、激发社会发展活力的引擎。

创新是民族进步的灵魂,是国家兴旺发达的不竭源泉,也是中华民族最深沉的民族禀赋。只有在实践的基础上,继续大力推进理论创新、制度创新、科技创新、文化创新和其他各方面的创新,我们才能从主观主义和形而上学的束缚中解放出来,不断有所发现、有所创造、有所前进,才能持续完善各项基本制度和具体体制机制,使中国特色社会主义始终充满生机和活力,才能有效应对新一轮科技革命和产业变革的挑战。

民族精神和时代精神紧密相连,共同构成了当今时代的中国精神。其中,民族精神是时代精神的重要基础和依托。弘扬和培育时代精神,必须立足民族精神的根基、接续民族精神的血脉、承接民族精神的基因,使得时代精神既面向未来,又不忘本来,始终具有引领民族前行的强大吸引力和感召力。时代精神是民族精神的现实体现。弘扬和培育民族精神,必须自觉回应时代的要求,推动民族精神的不断革新,促进民族精神的创新性发展和创造性转化，从而为当下的实践提供精神力量。

第三节　做新时代忠诚坚定的爱国者

爱国主义不仅表现为人们对祖国的深厚感情和理性认识，更表现为人们身体力行、报效祖国的实际行动。爱国主义包含着爱国情感、爱国思想和爱国行为三个基本方面。其中，爱国情感是基础，爱国思想是灵魂，爱国行为是体现。只有做到爱国情感、爱国思想和爱国行为相一致的人，才是真正的爱国者。

一　培育爱国情感，保持民族自尊、自信和自强

爱国情感是人们对祖国的一种直接感受和情绪体验。一方面，祖国把所有可能利用的自然资源和社会资源提供给生存发展于其中的人们；另一方面，人们利用祖国所提供的资源来维系、完善和发展自己。

爱国情感是长期形成的，但又不是自发产生的，需要在实践中一点点地培育。培育爱国情感，首先要在直觉上增强爱国情感的体验。其次，要在理论上增强爱国情感的体验。再次，要在实践中增强爱国情感的体验。

爱国情感可以而且应该在实践中表达出来，但一定要与爱国操守相融合，即讲原则、讲法律，以合法合理的方式来表达。

民族自尊是指一个民族坚决维护本民族荣誉和尊严的强烈情感。真正的爱国者，一定会把民族自尊作为爱国情感的重要内容之一。

民族自信是指一个民族对于自己自立于世界民族之林的能力及其发展前途的坚定信念。今天，只要我们齐心协力，坚持中国道路，弘扬中国精神，凝聚中国力量，就一定能够经受住各种风险和困难的考验，在建设中国特色社会主义伟大事业中不断取得新的胜利，如期实现中华民族伟大复兴的中国梦。这就是我们的民族自信。

民族自强是指一个民族在高度自尊、自信的基础上，依靠自身力量实现民族振兴和国家富强的英雄气概与创造精神。近代以后，中华民族历经磨难。为了挽救民族危亡，这种自强精神跃升到一个崭新境界。在中国共产党领导下，中国人民不仅站了起来，而且成功地将贫穷落后的旧中国建设成为初步繁荣昌盛的社会主义新中国，由站起来到富起来进而强起来，中华民族伟大复兴展现出前所未有的光明前景。

二　树立爱国思想，增进国家团结、统一和安全

爱国情感是一种感性认识，爱国思想是一种理性认识。要成为一个忠诚坚定的爱国者，只有爱国情感是不够的，还必须在爱国情感的基础上，树立爱国思想，实现爱国觉

悟的理性升华。

（一）促进民族团结

中华民族已经走过了五千多的文明历程。勤劳、勇敢、智慧的各族人民在这片古老的大地上，共同开拓了幅员辽阔的疆土，共同缔造了统一的多民族国家，共同发展了光辉灿烂的中华文化。历史反复证明，中华民族生生不息，靠的是各民族团结友爱。

每一个中华儿女，都应该珍视民族团结的大好局面，自觉做民族团结进步事业的建设者、维护者、促进者。

一是要加强学习，更好地了解和掌握民族理论与政策、民族法律法规与民族基本知识，以牢固树立马克思主义民族观，坚定"汉族离不开少数民族，少数民族离不开汉族，各少数民族之间也相互离不开"的思想观念，不断增强对中华民族的归属感、对中华文化的认同感、对伟大祖国的自豪感、对中国特色社会主义事业的使命感。

二是要立足本职，以实际行动促进民族团结进步。坚持从自身做起，从点滴做起，在与其他民族同胞的接触交往中，尊重兄弟民族的传统文化、风俗习惯和宗教信仰，多说有利于民族团结和社会稳定的话，多做有利于民族团结和社会稳定的事，共同推进民族团结进步事业发展壮大。

三是要坚持原则、明辨是非，旗帜鲜明地与破坏民族团结的行为作斗争。认清各种民族分裂主义势力的险恶用心和反动本质，不信谣、不传谣、不受坏人挑拨煽动，不参与违法犯罪活动。敢于同各种渗透颠覆破坏活动、暴力恐怖活动、民族分裂活动、宗教极端活动做斗争，坚决捍卫各民族共同团结奋斗、共同繁荣发展的大好局面。

（二）维护祖国统一

祖国统一是国家繁荣富强的根本前提。一个强大的国家，必然是统一的国家。维护祖国统一，既是中华民族的光荣传统，也是海内外中华儿女的共同心愿，更是实现中华民族伟大复兴的必然要求。新中国成立后，中国共产党人和中国人民为此付出了不懈努力。

香港、澳门回归祖国以来，我们全面准确贯彻"一国两制"方针，既坚持"一国"原则，又尊重"两制"差异；既维护中央权力，又保障特别行政区高度自治权；既发挥祖国内地的坚强后盾作用，又提高港澳的自身竞争力，使港澳走上了同祖国内地优势互补、共同发展的宽广道路。

解决台湾问题、实现祖国完全统一，是全体中华儿女的共同愿望，是中华民族根本利益所在。和平统一最符合包括台湾同胞在内的中华民族的根本利益。实现和平统一首先要确保两岸关系和平发展。为此，我们要始终坚持一个中国原则，认同大陆和台湾虽然尚未统一，但两岸同属一个中国的事实从未改变，国家的领土和主权从未分割也不容分割。我们有坚定的意志、充分的信心、足够的能力挫败任何形式的"台独"分裂图谋。我们绝不允许任何人、任何组织、任何政党，在任何时候、以任何形式把任何一块中国领土从中国分裂出去!

(三) 保障国家安全

国家安全是人民幸福安康的基本要求，是安邦定国的重要基石。

进入新时代，我国面临复杂多变的安全和发展环境，国家安全的内涵和外延比历史上任何时候都要丰富，在这种情况下，我们必须坚持总体国家安全观，以人民安全为宗旨，以政治安全为根本，以经济安全为基础，以军事、文化、社会安全为保障，以促进国际安全为依托，走出一条中国特色国家安全道路。

贯彻落实总体国家安全观，必须既重视外部安全，又重视内部安全，对内求发展、求变革、求稳定、建设平安中国，对外求和平、求合作、求共赢、建设和谐世界；既重视国土安全，又重视国民安全，坚持以民为本、以人为本，坚持国家安全一切为了人民、一切依靠人民，真正夯实国家安全的群众基础；既重视传统安全，又重视非传统安全，构建集政治安全、国土安全、军事安全、经济安全、文化安全、社会安全、科技安全、信息安全、生态安全、资源安全、核安全等于一体的国家安全体系；既重视发展问题，又重视安全问题，发展是安全的基础，安全是发展的条件，富国才能强兵，强兵才能卫国；既重视自身安全，又重视共同安全，打造命运共同体，推动各方朝着互利互惠、共同安全的目标相向而行。

三 履行爱国行为，以实际行动和贡献报效祖国

爱国主义不仅是一种社会意识形态，而且是一种社会实践活动。要成为忠诚坚定的爱国者，对爱国的理解就不能仅仅流于空洞口号和抽象的理论层次，必须走向实践。在和平年代，爱国行动主要体现在日常的学习和工作之中，体现在各种具体而细微的事情当中。

刻苦学习，掌握建设国家和保卫国家的过硬本领。当代世界各国之间的竞争，实质上是科学技术的竞争，归根到底是人才的竞争。每一个公民尤其是青少年责无旁贷。一定要认清自己肩负的历史使命，把自己的学习活动与祖国的安全和建设事业联系起来。

端正思想，自觉维护国家的安定、团结和统一。成为忠诚坚定的爱国者，不仅要立志攀登科学文化高峰，而且要始终保持清醒的头脑，使自己的知识能够真正为祖国和人民服务。一方面，要在政治上同党中央保持一致，全面贯彻执行党的路线方针政策；另一方面，要在思想上对西方遏制我国发展的战略图谋保持高度警觉，充分认识不同发展模式、价值观念较量的长期性、复杂性，谨防成为敌对势力西化、分化中国的传声筒和马前卒。

躬行实践，在服务祖国和人民中实现自身价值。投身于中国特色社会主义伟大事业，是每一个中华儿女实现爱国之志、成长为真正爱国者的必由之路。学习科学文化知识和加强思想修养，只是为成长为忠诚坚定的爱国者奠定了扎实基础。只有走进社会，在改

革开放和社会主义现代化建设的洪流中，将所学知识应用于实践，同广大人民群众一道为祖国的繁荣富强而实实在在地工作，并经受住各种考验，才能真正成长为忠诚坚定的爱国者，才能真正使自身价值得到充分实现。

要点荟萃

第一节 爱国主义是宝贵的精神财富

一 爱国主义的科学内涵

爱国主义是人们在历史上形成的热爱、忠诚和报效自己祖国的一种感情、思想与行为。它反映了个人对祖国的依存关系，是人们对自己的家园，以及民族和文化的归属感、认同感、尊严感与荣誉感的统一。它是调节个人与祖国之间关系的道德要求、政治原则和法律规范，也是推动历史发展的强大精神力量，是鼓舞和凝聚一个民族的精神支柱。

爱国主义必然以爱故土山河、爱骨肉同胞、爱祖国的文化和爱自己的国家为基本内容。

（1）热爱故土山河是爱国主义的首要表现。

（2）热爱骨肉同胞是爱国主义的集中表现。

（3）热爱祖国光辉灿烂的文化是爱国主义的深层内容。

（4）热爱自己的国家是爱国主义的基本政治要求。

二 爱国主义的优良传统

在中国特色社会主义新时代，爱国主义的优良传统必须进一步发扬光大。

（1）维护祖国统一，促进民族团结。

（2）抵御外来侵略，捍卫国家主权。

（3）开发祖国山河，创造中华文明。

（4）心系民生苦乐，推动历史进步。

三 爱国主义的时代价值

（1）爱国主义是动员和鼓舞中国人民团结奋斗的一面旗帜。

（2）爱国主义是推动中国社会历史前进的巨大力量。

（3）爱国主义是谱写壮丽人生的力量源泉。

第二节　明确爱国主义的时代要求

一　坚持爱国主义与社会主义相统一

中国近现代的历史和现实充分证明，只有社会主义才能救中国，只有中国特色社会主义才能发展中国，只有坚持和发展中国特色社会主义才能实现中华民族伟大复兴的中国梦。

二　维护祖国统一和民族团结

多民族是我国的一大特色。各民族共同开发了祖国的锦绣河山、广袤疆域，共同创造了悠久的中国历史、灿烂的中华文化。在新时代弘扬爱国主义精神，就需要全国各族人民像爱护自己的眼睛一样珍惜民族团结，像石榴籽一样紧紧抱在一起，共同维护全国各族人民大团结的政治局面，不断增强对伟大祖国、中华民族、中华文化、中国共产党、中国特色社会主义的认同，坚决捍卫国家主权、安全、发展利益。

三　尊重和传承中华民族历史与文化

对祖国悠久历史、深厚文化的理解和接受，是人们培育和发展爱国主义情感的重要条件。

作为中华民族的"根"和"魂"，中华优秀传统文化是中国最深厚的文化软实力，是中国特色社会主义植根的沃土，是我们在世界文化激荡中站稳脚跟的根基。

作为新时代的爱国者，尊重和传承中华民族历史与文化，应该注意防止两种错误思潮：一是历史虚无主义思潮；二是文化保守主义思潮。

四　坚持立足民族又面向世界

立足民族，就是要尊重中国的历史特点、文化传统，尊重中国人民选择的发展道路，善于从不同文明中寻求智慧、汲取营养，增强中华文明的生机活力。

面向世界，就是要积极倡导求同存异、交流互鉴，促进不同国度、不同文明相互借鉴、共同进步，共同推动人类文明发展进步。

五　弘扬民族精神和时代精神

民族精神是一个民族在长期共同生活和社会实践中形成的，为本民族大多数成员所认同的价值取向、思维方式、道德规范、精神气质的总和。其内涵包括：一是伟大创造精神；二是伟大奋斗精神；三是伟大团结精神；四是伟大梦想精神。

时代精神是一个国家和民族在新的历史条件下形成与发展的，体现民族特质并顺应时代潮流的思想观念、行为方式、价值取向、精神风貌和社会风尚的总和。

改革是破除社会发展障碍、激发社会发展活力的引擎。

创新是民族进步的灵魂，是国家兴旺发达的不竭源泉，也是中华民族最深沉的民族禀赋。

民族精神和时代精神紧密相连，共同构成了当今时代的中国精神。

第三节 做新时代忠诚坚定的爱国者

一 培育爱国情感，保持民族自尊、自信和自强

爱国情感是长期形成的，但又不是自发产生的，需要在实践中一点点地培育。培育爱国情感，首先要在直觉上增强爱国情感的体验。其次，要在理论上增强爱国情感的体验。最后，要在实践中增强爱国情感的体验。

民族自尊是指一个民族坚决维护本民族荣誉和尊严的强烈情感。

民族自信是指一个民族对于自己自立于世界民族之林的能力及其发展前途的坚定信念。

民族自强是指一个民族在高度自尊、自信的基础上，依靠自身力量实现民族振兴和国家富强的英雄气概与创造精神。

二 树立爱国思想，增进国家团结、统一和安全

（一）促进民族团结

中华民族各族人民共同开拓了幅员辽阔的疆土，共同缔造了统一的多民族国家，共同发展了光辉灿烂的中华文化。历史反复证明，中华民族生生不息，靠的是各民族团结友爱。

（二）维护祖国统一

祖国统一是国家繁荣富强的根本前提。一个强大的国家，必然是统一的国家。维护祖国统一，既是中华民族的光荣传统，也是海内外中华儿女的共同心愿，更是实现中华民族伟大复兴的必然要求。

（三）保障国家安全

国家安全是人民幸福安康的基本要求，是安邦定国的重要基石。

三 履行爱国行为，以实际行动和贡献报效祖国

（1）刻苦学习，掌握建设国家和保卫国家的过硬本领。

（2）端正思想，自觉维护国家的安定、团结和统一。

（3）躬行实践，在服务祖国和人民中实现自身价值。

能力检测

一、单项选择题

1. 面对浩浩荡荡的时代潮流，面对人民群众过上更美好生活的殷切期待，无论是冲破思想观念障碍，还是打破利益固化藩篱；无论是破解发展难题，还是释放改革红利，都需要大力弘扬时代精神。时代精神的核心是（　　）。

　　A. 保障人权　　　　　　　　　B. 艰苦朴素

　　C. 爱好和平　　　　　　　　　D. 改革创新

2. 中华民族具有爱国主义的优良传统。从戚继光抗击倭寇到郑成功收复台湾，从三元里人民抗英到义和团运动，从全民族抗日到"抗美援朝，保家卫国"，这些轰轰烈烈的爱国壮举集中体现了中华民族爱国主义优良传统中（　　）。

　　A. 维护祖国统一、促进民族团结的精神

　　B. 抵御外来侵略、捍卫国家主权的精神

　　C. 心系民生苦乐、推动历史进步的精神

　　D. 开发祖国山河、创造中华文明的精神

3. 国家安全事关国家安危和民族存亡。我们要既重视外部安全，又重视内部安全；既重视国土安全，又重视国民安全；既重视传统安全，又重视非传统安全；既重视发展问题，又重视安全问题；既重视自身安全，又重视共同安全。这是为保障国家安全，我们必须贯彻落实的（　　）。

　　A. 全球国家安全观　　　　　　B. 传统国家安全观

　　C. 狭义国家安全观　　　　　　D. 总体国家安全观

4. 爱国主义是人们在历史上形成的热爱忠诚和报效自己祖国的一种感情、思想与行为。热爱故土山河、热爱骨肉同胞、热爱祖国光辉灿烂的文化、热爱自己的国家是（　　）。

　　A. 爱国主义的基本内容　　　　B. 爱国主义的时代主题

　　C. 爱国主义的优良传统　　　　D. 爱国主义的未来目标

5. 新时期我国爱国主义的主题是（　　）。

　　A. 团结一切爱国同胞　　　　　B. 建立共产主义社会制度

　　C. 建设和发展中国特色社会主义　　D. 动员和鼓舞全国各族人民团结奋斗

6. 在经济全球化背景下弘扬爱国主义精神，必须（　　）。

　　A. 提高民族自尊心和民族自信心

　　B. 对本民族进行过度的颂扬和崇拜

C. 彻底否定本民族的文化和历史传统
D. 从经济基础到上层建筑的一切领域都与西方接轨

7. 两千多年前的《诗经》提出"夙夜在公",西汉的贾谊提出"国而忘家,公而忘私",宋代的范仲淹提出"先天下之忧而忧,后天下之乐而乐",明代的顾炎武提出"天下兴亡,匹夫有责"等,这些都体现了中华民族传统美德中(　　)的内容。

　　A. 爱国奉献,以天下为己任　　　　B. 乐群贵和,强调人际和谐
　　C. 勤劳勇敢,追求自由解放　　　　D. 求真务实,敬重诚实守信

8. 爱国主义是一个历史范畴,当代中国的爱国主义是中华民族爱国主义发展的一个新阶段。坚持和发展中国特色社会主义是新时期爱国主义的(　　)。

　　A. 方法　　　B. 传统　　　C. 特征　　　D. 主题

9. 不同的时代条件,对爱国主义提出不同的时代要求。下列对于当代中国弘扬爱国主义精神必须遵循的原则的表述中,错误的是(　　)。

　　A. 尊重中华民族的历史和文化
　　B. 必须坚持爱国主义和社会主义相统一
　　C. 独自应对人类面临的各种挑战,增强自主性
　　D. 从不同文明中寻求智慧、汲取营养,增强中华文明活力

10. 在中华民族悠久的历史上,启迪和指引历代优秀人物谱写壮丽人生的一个共同思想因素是(　　)。

　　A. 功利主义　　　　　　　　　　B. 爱国主义
　　C. 民主主义　　　　　　　　　　D. 社会主义

11. 不同时代有不同时代的任务,这一任务反映到爱国主义的内容上就是特定时代条件下爱国主义的主题。我国新时期爱国主义的主题是(　　)。

　　A. 争取民族独立,实现救亡图存　　B. 加强国防建设,维护世界和平
　　C. 加强国际交流,提升国际地位　　D. 坚持和发展中国特色社会主义

12. 在当代中国,爱国主义的集中表现是(　　)。

　　A. 热爱对社会主义新中国　　　　B. 热爱中华民族传统道德
　　C. 热爱世界各国一切文明成果　　D. 热爱骨肉同胞

13. 下列选项中,体现了中华民族爱国主义优良传统的是(　　)。

　　A. 见贤思齐焉,见不贤而内自省也
　　B. 先天下之忧而忧,后天下之乐而乐
　　C. 爱人者,人恒爱之;敬人者,人恒敬之
　　D. 博学之,审问之,慎思之,明辨之,笃行之

14. 在当代,对每一个中华人民共和国公民来说,爱国主义首先体现在(　　)。

　　A. 对社会主义中国的热爱
　　B. 勇于和善于参与经济全球化的竞争

C. 全面肯定和接受中华民族道德传统
D. 把中国纳入西方的发展模式和发展轨道

15. 在中华民族悠久的历史中，始终发挥着民族精神的核心作用的是（   ）。
    A. 社会主义   B. 集体主义
    C. 个人主义   D. 爱国主义

16. 不同的时代需要不同的时代精神，今天我们所处的时代是一个新情况、新矛盾、新问题、新经验、新事物层出不穷的时代。在这个时代，任何一个具有爱国情怀的人，都应该大力弘扬（   ）。
    A. 以知难而进为核心的时代精神   B. 以改革创新为核心的时代精神
    C. 以大干快上为核心的时代精神   D. 以淡泊名利为核心的时代精神

17. 在当今时代，坚持和发展中国特色社会主义，实现中华民族伟大复兴，必须大力弘扬（   ）。
    A. 以趋利避害为核心的时代精神   B. 以救亡图存为核心的时代精神
    C. 以改革创新为核心的时代精神   D. 以明荣辨耻为核心的时代精神

18. 中华民族在五千多年的发展中形成的伟大民族精神的核心是（   ）。
    A. 团结统一   B. 爱好和平
    C. 爱国主义   D. 国际主义

19. 一个民族在长期共同生活和社会实践中形成的，为本民族大多数成员所认同的价值取向、思维方式、道德规范、精神气质的总和，称为（   ）。
    A. 民族精神   B. 风俗习惯
    C. 历史遗产   D. 道德观念

20. 大学生应培育强烈的爱国情感，自觉维护祖国的团结统一，为祖国富强而努力学习和工作，使自己成为新时期（   ）。
    A. 积极主动的行动者   B. 成熟稳健的从政者
    C. 忠诚坚定的爱国者   D. 敢闯敢干的冒险者

21. 下列格言警句中，反映了"爱国奉献，以天下为己任"的中华民族传统美德的是（   ）。
    A. 民生在勤，勤则不匮   B. 己所不欲，勿施于人
    C. 志不立，天下无可成之事   D. 先天下之忧而忧，后天下之乐而乐

22. 作为一个中国人，在祖国还不富裕的时候，不妄自菲薄；在强国大国的压力面前，不奴颜婢膝；面对金钱地位的诱惑，不做丧失国格人格的事情；面对侵略者的武力威胁，不屈膝投降。这种坚决维护本民族荣誉和尊严的强烈感情，称为（   ）。
    A. 民族团结   B. 民族自强
    C. 民族自尊   D. 民族自治

23. 世界上没有哪个国家不主张爱国，没有哪个国家的人民不把爱国主义当作伟大

的精神品格加以敬仰和推崇。下列选项中，不是爱国主义最基本的内容是(　　)。

  A. 爱祖国的河山   B. 爱人类的一切

  C. 爱自己的同胞   D. 爱自己的国家

24. 我们的祖国之所以可爱，不仅因为它拥有辽阔的土地、壮丽的河山、丰富的物产，更因为她拥有世世代代生息在这片土地上的勤劳、勇敢、善良、智慧的亿万人民。这段话说明的是(　　)。

  A. 热爱故土山河是爱国主义的首要表现

  B. 热爱骨肉同胞是爱国主义的集中表现

  C. 热爱自己的国家是爱国主义的必然政治要求

  D. 热爱祖国光辉灿烂的文化是爱国主义的重要内容

25. 在国内外形势深刻变化和科技革命深入发展的情况下，我们必须坚持总体国家安全观。总体国家安全观的宗旨是人民安全，根本是政治安全，基础是(　　)。

  A. 信息安全   B. 经济安全

  C. 文化安全   D. 生态安全

二、简答题

1. 简述中华民族伟大民族精神的核心和集中体现。
2. 简述当代大学生如何以实际行动和贡献报效祖国。
3. 简述爱国主义的含义和基本内容。
4. 简述当代中国爱国主义的时代要求。
5. 简述爱国主义的时代价值。
6. 简述中华民族爱国主义优良传统的基本内容。

三、论述题

1. "以热爱祖国为荣，以危害祖国为耻。"做一个忠诚的爱国者，是大学生思想道德修养的基本内容。论述大学生怎样做新时期忠诚坚定的爱国者。
2. 论述爱国主义的科学内涵及其基本内容。
3. 论述弘扬爱国主义精神必须坚持爱国主义和爱社会主义相统一。

第四章 加强道德理论学习

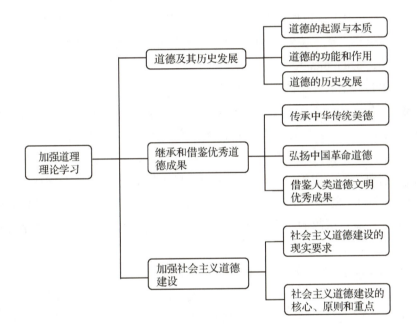

内容精要

第一节 道德及其历史发展

一 道德的起源与本质

道德是通过社会舆论、传统习俗和人们的内心信念来维系,对人们的行为进行善恶评价的心理意识、原则规范和行为活动的总和。

（一）道德的起源

人们曾经有过许多关于道德起源问题的探索。较为典型的观点有如下几种。

第一，道德起源于"天"的意志、"神"的启示。孔子认为，"天生德于予"，把道德的来源归之于"天命"。苏格拉底认为，人心中的善和人类生活中的道德规范都来自神的启示。在《圣经》中，道德原则和道德规范被说成是上帝对摩西的启示。这些都属于客观唯心主义的观点。现代科学已证明，客观唯心主义者用神秘的"天"和虚无缥缈的上帝来论证道德起源的观点明显是荒谬与错误的。

第二，道德起源于人先天具有的"良知"或善良意志。孟子认为："仁义礼智，非由外铄我也，我固有之也。"其意是：道德来源于人的"本性"，是个人内心固有的，不是由于外界环境的影响而形成的。康德提出："位在我上者灿烂星空，道德律令在我心中。"他把抽象的人类理性视作道德的根源。这些都属于主观唯心主义的观点。因为没有看到社会实践对道德形成的决定作用，无法解释这种"良知"或善良意志的缘由，显然也没能科学回答道德的起源问题。

第三，道德起源于人性中的情感、欲望。管子说，"仓廪实则知礼节，衣食足则知荣辱"；商鞅说，"民之性，饥而求食，劳而求逸，苦则索乐，辱则求荣"；韩非说，"夫民之性，恶劳而乐佚"。在这些先秦思想家看来，道德的产生是为了制约人趋乐避苦的本性。爱尔维修认为，道德是人们自爱情感的产物和反映；卢梭认为，道德来源于人心中的社会情感和利他之心；费尔巴哈认为，人的一切善恶观念都来源于感官上的快乐和幸福。这些都属于旧唯物主义者的观点，虽然看到了人的情感欲望的社会性，看到了立于情感欲望之上的利益对道德的决定作用，但局限于从人的心理、生理需要来谈道德起源问题，也没有得出科学结论。

第四，道德起源于动物的合群感和社会本能的复杂化。克鲁泡特金认为，互助是包括人在内的一切动物的本能，这种本能导致了爱、同情和自我牺牲的产生，其他更高的道德感就是在这个广泛而必要的基础上发展起来的。这是用达尔文的生物进化理论来证明人类道德起源的庸俗进化论的观点。这种观点抹杀了人的生理、心理与动物的生理、心理的本质界限，只看到和突出了人的动物性一面，没有看到人的生理、心理的社会性和文化性，否认了道德作为社会意识形态的本质，不可能真正科学地解释道德的起源问题。

马克思主义科学地揭示了道德的起源，认为道德产生于人类的历史发展和人们的社会实践中。道德的产生需要多方面的条件。首先，劳动是道德起源的第一个历史前提。劳动使人和动物区别开来，创造了人本身，创造了人类的社会关系，创造了人类的自我意识，进而创造了道德产生的主客观条件，提供了道德产生和发展的动力。其次，社会关系的形成是道德赖以产生的客观条件。道德是社会关系的产物，只有形成了人与人、人与社会之间的相互关系，才会产生道德。再次，人类自我意识的形成和发展是道德产生的主观条件。

（二）**道德的本质**

马克思主义科学地揭示了道德的本质，认为道德是属于上层建筑的范畴，是一种特殊的社会意识形态，是由社会经济基础决定的，是社会经济关系的反映，并为社会的经济基础服务。

道德作为社会经济关系的产物，是一种社会意识形态。社会经济基础对道德的决定作用主要表现在四个方面。

第一，社会经济关系的性质决定着社会道德体系的性质。不同道德体系，都是由当时的社会经济关系所决定的。原始社会的经济关系产生了原始共产主义道德，封建社会的经济关系产生了封建主义道德，资本主义社会的经济关系产生了资本主义道德，社会主义社会的经济关系产生了社会主义道德。

第二，社会经济关系中所表现出来的利益决定着道德的基本原则和主要规范。

第三，在阶级社会中，社会经济关系主要表现为阶级关系，道德必然反映着特定阶级的利益而具有阶级性。

第四，社会经济关系的发展变化必然引起道德的变化。

道德作为一种社会意识形态，是一种特殊社会意识形态。这种特殊性表现为，道德是以能动的方式把握世界、引导和规范人们的社会实践活动的。区别于政治、法律等其他意识形态的规范体系，道德对现实生活的调节方式主要表现出以下三个方面的特点。

第一，道德对社会行为的调节是非强制性的。它通过社会舆论、传统习惯和人们的内心信念来维系，通过说服、劝阻、示范等方式起作用，不靠外部强制力量来维持。而政治、法律是强行规定"必须怎样""不准怎样"，通过国家政权机关强制执行的方式来调节人们的相互关系。

第二，道德规范具有相对稳定性。由于旧道德经历在漫长的岁月里，已经变成了人们的传统习惯和习俗，而且这种传统习惯和习俗又往往与人们的内心信念、情感、民族的社会心理结合在一起，因而具有更强的稳定性。

第三，道德调整的社会关系范围具有广泛性。人类社会生活的各个时期、各个领域，都需要道德来调节。

从时间上看，道德产生最早，又存在于人类社会发展的各个历史阶段，与人类社会共始终；从空间上看，道德涉及人们物质生活和精神生活的方方面面，涉及社会的经济、政治、军事、法律、艺术等一切领域；从对象上看，任何社会成员都是道德的主体和道德评价的客体，凡是有人群的地方就有道德存在。

二 道德的功能和作用

（一）道德的主要功能

道德的功能是指道德作为社会意识的特殊形态对于社会发展所有的功效和能力。道德具有多方面的功能，如调节功能、认识功能、教育功能、评价功能、导向功能、激励功能、辩护功能、沟通功能等，其中占主导地位的是调节功能和认识功能。

调节功能是道德最主要的功能，是指道德通过评价等方式，指导和纠正人们的行为与实际活动，协调人们之间关系的功效和能力。

道德调节的目标是使人们的行为逐步从"实然"向"应然"转化。道德调节的形式主要是道德评价，通过社会舆论、传统习惯和人们的内心信念来发挥调节作用。

从道德认识的现实性而言，道德帮助人们正确认识社会道德生活的规律和原则，认识人生的价值和意义，认识个人对家庭、他人、社会的义务和责任，使人们的道德实践建立在向善避恶的认识基础上，从而引导人们正确选择道德行为，积极创造完美的社会关系，塑造完美的道德人格。

（二）道德的社会作用

道德的社会作用是指由道德功能的发挥和实现所产生的社会影响及其实际效果。道德的社会作用主要表现在以下方面。

第一，道德能够影响经济基础的形成、巩固和发展。任何道德，都以自己的善恶标准去论证产生它的经济基础的合理性和正义性；同时，通过善恶评价造成相应的社会舆论，去谴责、否定不利于和危害其经济基础的思想与行为，直接促成经济基础的形成、巩固和发展。

第二，道德对其他社会意识形态的存在和发展有着重大影响。在阶级社会中，统治阶级总是给它的政治、法律赋予道德的外观，力图使其深入到人们的意识中，获得"道义"上的支持。

第三，道德是影响社会生产力发展的一种重要精神力量。道德能激励人的精神逐步完善，是提高人的精神境界、促进人的自我完善、推动人的全面发展的内在动力。

第四，道德能够维护社会生活的稳定，保障人们正常的生活和交往。道德按照一定的善恶标准，在社会范围内调节人与人之间、个人与社会之间的关系，指导人们"自律"，从而有利于维护社会稳定，保障人们正常的生活与交往。

第五，道德能够保护或者破坏一定阶级的政治统治。恩格斯指出，道德或者为统治阶级的统治和利益辩护，或者当被压迫阶级变得足够强大时，代表被压迫者对这个统治的反抗和他们的未来利益。

三 道德的历史发展

（一）道德的历史演变

人类社会的道德是随着社会经济关系的发展变化而不断进步和完善的。社会经济关系的变化，必然影响和制约道德的发展。与人类社会先后经历的五种基本社会形态相适应，道德的发展也出现了五种历史类型，即原始社会的道德、奴隶社会的道德、封建社会的道德、资本主义社会的道德和社会主义社会的道德。随着社会主义向共产主义的过渡，社会主义社会的道德将进一步发展为人类最崇高的共产主义道德。

（二）道德的发展规律

一方面，道德作为社会上层建筑中的意识形态，最终是由社会生产方式决定的。人类道德的历史发展，就是在生产力和生产关系矛盾运动的推动下展开的。随着生产方式的不断进步，道德也不断进步。这主要表现在：道德对个人精神完善和社会和谐的促进作用不断增长，道德在社会生活中作用的范围不断扩大，道德的认识论内容不断加深，道德调节的方法不断完善。

另一方面，道德发展有自身的相对独立性，道德进步并不是单纯的直线上升进程，在一定时期可能出现停滞或倒退，但道德发展的总趋势是向上的、前进的。道德进步是一个变革和继承相统一的过程。任何一种新道德的产生和完善，总是要依据时代精神批判地吸收前人的道德遗产，利用其有益因素，扬弃其消极因素。

第二节 继承和借鉴优秀道德成果

一 传承中华传统美德

（一）中华传统美德的主要内容

爱国奉献，以天下为己任。中华民族历来有一种为了国家、民族的整体利益而不惜牺牲自己的奉献精神和对国家、民族的使命感、责任感。这种爱国奉献精神表现在公私观上，就是"公义胜私欲"，公而忘私；表现在义利观上，就是"舍生取义""以义为上"；表现在生死观上，就是"死而不朽""死而不亡"。这些都是中华传统美德的精髓，已经成为中华民族的优良传统，深入人心，代代相传。

勤劳勇敢，追求自由解放。中华先民们自古以来就对丑恶势力无比憎恨，对美好事物无限向往，既勤劳勇敢、崇尚和平，又酷爱自由、勇于斗争。这种普及最广、传播最久的民族美德，维系着中华民族的生存和发展。

求真务实，敬重诚实守信。中华民族古往今来的仁人志士无不尊重真理，把求索真理作为自己毕生的使命。古今圣贤都力主求真务实、敬重诚实守信，把诚信作为立政之本、立人之本、进德修业之本，在言行一致、表里如一、恪守信用、信守诺言等方面为后人树立了典范。

乐群贵和，强调人际和谐。合群是和谐的条件，和谐是合群的目的。乐群贵和的道德规范与人际和谐的目标追求，以中国传统的"仁爱"思想为基础，主张尊重人、理解人、关心人、爱护人，讲求谦敬礼让，倡导团结友爱，强调自然和谐、人际和谐、身心和谐、社会和谐。这些"能群""善群""乐群""利群"的要求，体现了中华民族爱好和平、追求和谐的传统美德，是中华民族协和万邦、与世界其他民族平等相待、发展和平友好合作关系的重要基础。

励志自强，崇尚精神境界。人生最重要的就是立定志向，如孟子所说的"人无志，非人也"。人立志的方向不应在美衣美食，而应在追求高远目标、崇尚精神境界。也是张载提出的"横渠四句"："为天地立心，为生民立命，为往圣继绝学，为万世开太平。"正是为了实现这种崇高的人生理想，历史上无数志士仁人和普罗大众以坚定不移的意志力与不屈不挠的奋斗精神，上下求索、顽强拼搏，推动着中华民族的发展进步。

德性修养，重视躬行慎独。中华民族历来注重人的道德修养，重视塑造理想人格，把德性修养作为立身、立国之道。中国自古就有修身养性之说，并构建了一套系统的道德修养理论，倡导立志、格物、致知、诚意、正心、修身、齐家、治国、平天下，其中心环节就是修身。同时，古代先贤还特别重视建立在坚定道德信念之上的修养的自觉性，即人们常说的"慎独"。中华民族从古至今都极为推崇并践履躬行慎独的精神，重视"反求诸己"，认为这是进行道德修养、提升道德境界的重要基础和基本手段。

（二）中华传统美德的创造性转化和创新性发展

从历史发展和精神实质看，道德具有鲜明的时代性，不同的时代具有不同的道德。但同时，不同时代的道德之间也有一定的连续性和共性。

道德的时代性，是指一个民族的道德观念和道德行为总是受当时人们认识水平、时代条件、社会制度的影响与制约，总会存在陈旧过时甚至已经成为糟粕的东西。

道德的连续性和共同性，是指道德作为一个民族维系其群体生活的精神支柱，在其历史发展中具有普遍性价值取向、不因社会制度的变迁而消失的精华部分。

正确对待中华民族传统道德。中华民族传统道德历经漫长的历史进程，内容极为庞杂，其中既有无数先贤和人民大众创造的科学、进步、合理的方面，这些方面已积淀成为传统美德，属于其精华部分；也有被不可避免地打上时代和阶级烙印，曾长期与封建专制制度结合在一起并为之服务的不再适合时代潮流的方面，这些方面属于其糟粕部分。

在对待传统道德的问题上，要注意防止和反对两种错误观点：一是虚无论，即对传统道德不加分析地全盘否定，无视传统美德的存在和作用，甚至主张"全盘西化"；二是复古论，即是对传统道德不加辨析地全盘肯定，对其糟粕部分也刻意美化或拔高，主张以传统道德代替现时代的社会主义道德。显然，虚无论抛弃传统、丢掉根本，等于切断自己的精神命脉；复古论因循守旧、抱残守缺，等于拒绝民族的发展进步。这两种观点都割断了道德的历史与发展的关系，会对社会产生十分消极的影响。对待中华民族传统道德正确的态度应该是，坚持马克思主义立场、观点和方法，既不能全盘否定、全部抛弃，也不能全盘肯定、全部接受，而是在与现实的结合中，取其精华、去其糟粕。

对中华传统美德进行创造性转化和创新性发展。在中国特色社会主义新时代，我们应当认真继承和大力弘扬中华传统美德。这就必须在马克思主义指导下，结合我们今天的现实，着眼我们未来的发展，对中华传统美德进行创造性转化和创新性发展。

二 弘扬中国革命道德

中国革命道德，是指中国共产党人、人民军队、一切先进分子和人民群众在中国革命、建设、改革中所形成的优秀道德，是马克思主义与中国革命、建设、改革的伟大实践相结合的产物。中国革命道德萌芽于五四运动前后，发端于中国共产党成立以后蓬勃发展的工人运动和农民运动，经过土地革命战争、抗日战争、解放战争，以及社会主义革命、建设、改革的长期发展，逐渐形成并不断发扬光大。

（一）中国革命道德的主要内容

中国革命道德的内容极为丰富，主要包括以下几个方面。

为实现社会主义和共产主义理想而奋斗。鸦片战争后，中国陷入内忧外患的黑暗境地。为实现民族复兴，无数仁人志士前仆后继，进行了可歌可泣的斗争和各式各样的尝试，但都没有成功。中国共产党一经成立，就把实现共产主义作为最高理想和最终目标，团结带领人民群众义无反顾地朝着这一目标奋进。为了实现这一崇高理想，无数革命先烈献出了自己宝贵的生命。这种为实现社会主义和共产主义理想而奋斗的精神，是中国革命道德的灵魂。

全心全意为人民服务。中国共产党把全心全意为人民服务作为自己的根本宗旨，把服务群众、无私奉献作为对革命同志和先进分子的根本要求。全心全意为人民服务的精神，是中国共产党在中国革命、建设、改革实践中的一个伟大创造，是对我国传统仁政和民本思想的超越与升华。无数共产党人践行着这一宗旨，无数人民群众贯彻着这一精神，使其成为中国革命道德和社会主义道德的核心与鲜明特色。

始终把革命利益放在首位。共产党人和革命者从事革命活动的目的是为了实现革命利益，因此，当个人利益与革命利益发生冲突时，必然要把革命利益放在第一位。高扬集体主义精神，使革命队伍形成前所未有的凝聚力和战斗力，使革命事业得以不断蓬勃向前发展。

树立社会新风，建立新型人际关系。中国共产党领导人民破除封建等级观念和特权思想，破除旧制度和旧道德中一切不合理、不平等、不合时宜的因素，实现男女平等，保护妇女、老人和儿童的合法权益,引导建立平等互助的新型人际关系和夫妻平等、尊老爱幼的新型家庭关系,宣扬社会主义、共产主义的理想和道德,宣扬民族的、科学的、大众的社会主义文化,赞扬真善美,鞭挞假恶丑,注重发挥道德模范的示范作用,以好的党风引领好的民风,使人民群众的文明素质和道德水平得到了极大的提升。

修身自律,保持节操。中国革命道德还体现在共产党人和先进分子高度重视个人道德修养,在艰苦卓绝的革命斗争和轰轰烈烈的社会主义建设实践中不断锤炼自己的品格。许多共产党员和先进分子就是这样时时严格要求自己,处处以身作则,在人民群众中发挥了很好的榜样和示范作用。

(二) 中国革命道德的当代价值

中国革命道德形成与发展于中国共产党领导中国人民谋求民族独立、人民解放和国家富强、人民幸福的伟大斗争中,饱含革命和奉献的激情,创造了人类道德文明的一个高峰。继承和弘扬中国革命道德,对于我们走好新时代的长征路,实现中华民族伟大复兴具有重要的现实意义。

第一,有利于加强和巩固社会主义与共产主义理想信念。共产主义远大理想和中国特色社会主义共同理想,是中国共产党人的精神支柱和政治灵魂。党的十九大报告指出,要把坚定理想信念作为党的思想建设的首要任务,教育引导全党牢记党的宗旨,挺起共产党人的精神脊梁,解决好世界观、人生观、价值观这个"总开关"问题,自觉做共产主义远大理想和中国特色社会主义共同理想的坚定信仰者与忠实实践者。广大青年要坚定理想信念,志存高远,脚踏实地,勇做时代的弄潮儿,在实现中国梦的生动实践中放飞青春梦想,在为人民利益的不懈奋斗中书写人生华章。今天我们弘扬革命道德,有利于加强和巩固干部、青年与广大人民群众的社会主义和共产主义理想信念,有利于把中国人民凝聚到实现中华民族伟大复兴的道路上来。

第二,有利于培育和践行社会主义核心价值观。中国革命道德,本质上是中国共产党领导中国人民在马克思主义的指导下,对中国传统道德和价值观念的一次重塑,是对中国传统道德的批判性继承和创新性发展,是在中国革命和建设伟大实践中的精神创造。在中国革命道德中,文明、民主、自由、平等、公正等已经成为中国人民的价值追求,爱国主义作为民族精神的核心在革命和建设的伟大实践中得到了升华与最突出的体现。在新的历史条件下,继承和弘扬中国革命道德,对于帮助人们深刻理解社会主义核心价值观的科学内涵和历史底蕴,增强价值认同和行动自觉,更好构筑中国精神、中国价值、中国力量,具有重要意义。

第三,有利于引导人们树立正确的道德观。中国革命道德所蕴含的道德理念、价值取向和精神追求是进步的、高尚的。在新时代,继承和弘扬中国革命道德,有助于引导人们特别是青年学生正确认识和处理个人与社会、国家的利益关系,树立社会主义荣辱观,面对复杂多样的外部环境能够保持清醒,不断坚定崇高的理想信念和高尚的道德追求,努力使自己成为有理想、有道德、有担当、有奉献的社会主义建设者和接班人。

第四，有利于培育良好的社会道德风尚。我国道德领域的主流积极、健康、向上，社会主义核心价值观和中华优秀传统文化广泛弘扬，主旋律更加响亮，正能量更加强劲，全党全社会思想上的团结统一更加巩固。但是，一些不文明、不道德的现象依然一定程度地存在，金钱至上、诚信缺失、奢侈浪费、贪污腐败等现象和问题依然在一定程度上腐蚀着人们的灵魂、污染着社会风气，社会文明水平尚需提高。解决道德领域存在的突出问题，需要进一步弘扬中国革命道德的优良传统，发挥中国革命道德的精神力量，传承红色基因，在党内和人民群众间培养浩然正气，扶正固本，凝聚崇德向善的正能量，培育良好的社会道德风尚。

三 借鉴人类道德文明优秀成果

进行社会主义道德建设，也需要吸收借鉴人类道德文明优秀成果，既立足本来，又吸收外来、面向未来。

平等对待不同道德文明，尊重包括自己在内的各种道德传统。每一个国家和民族的道德文明，都是对人们的理想行为方式进行积极探索的成果，同时也都扎根于本国本民族的土壤之中，都有自己的本色、长处、优点。我们应当尊重和维护各国各民族道德文明的多样性，加强相互交流、相互学习、相互借鉴，坚持求同存异、取长补短，既不妄自尊大、故步自封、盛气凌人，攻击和贬损其他文明，也不妄自菲薄、崇洋媚外，失掉自尊和自信，搞历史虚无主义和文化虚无主义。

坚持从我国实际出发，以我为主、为我所用。要坚持马克思主义立场、观点和方法，从我国道德建设实际出发，坚持以我为主、为我所用的原则，积极吸收借鉴其他道德文明中的有益成分，使其与我国社会主义道德建设相适应，与我国新时代社会发展相协调，把跨越时空、超越国度、富有永恒魅力、具有当代价值的优秀道德精神弘扬起来。

第三节 加强社会主义道德建设

一 社会主义道德建设的现实要求

（一）社会主义道德建设与社会主义市场经济相适应

社会主义道德建设应当与社会主义基本经济制度基础上实行的社会主义市场经济相适应。在社会主义初级阶段，我国坚持公有制为主体、多种所有制经济共同发展和按劳分配为主体、多种分配方式并存，把社会主义制度和市场经济有机结合起来。社会主义市场经济是为了更有效地发展社会生产力，是坚持和完善社会主义基本经济制度的必然要求。我国社会主义道德建设应当建立在基本经济制度基础上，反映这一基本经济制度，并为坚持和完善这一基本经济制度服务。

社会主义制度优越性和市场经济优势的发挥，离不开社会主义道德的积极作用。社会主义和市场经济的结合，是社会主义基本制度和市场经济的结合，是社会主义先进文化和市场经济的结合。这种结合要体现社会主义基本制度的要求，充分发挥社会主义的优越性和市场经济的优势，就离不开社会主义先进文化和社会主义道德体系。

社会主义道德建设为社会主义市场经济的发展和完善提供道德价值导向。社会主义道德建设要坚持个人承担社会责任与社会尊重个人合法权益相统一，要坚持注重效率与维护社会公平相协调，要坚持把道德教育目标的先进性要求和广泛性要求结合起来，着力培养与社会主义市场经济相适应的道德观念，不断增强人们的自立意识、竞争意识、效率意识、民主法制意识和开拓创新意识，把握社会主义市场经济提出的新要求，推动社会的道德进步，为社会主义市场经济的发展提供良好的道德环境和有力的道义支持。

社会主义道德建设保证和促进市场经济沿着社会主义方向健康发展。社会主义道德建设，可以克服市场自身的自发性、盲目性、滞后性等弱点和消极方面，发挥社会主义市场经济体制的积极作用，引导人们正确处理竞争与合作、自主与监督、先富与共富、经济效益与社会效益等的关系，引导人们正确认识和运用物质利益原则，树立正确的义利观，引导人们在实践中确立与社会主义市场经济相适应的道德规范，正确发挥社会主义道德对市场经济的价值导向作用，保证和促进市场经济沿着社会主义方向健康有序发展。

（二）社会主义道德建设与社会主义法律规范相协调

坚持依法治国和以德治国相结合，是建设中国特色社会主义法治体系、建设社会主义法治国家的原则之一。

社会主义道德与社会主义法律的内容相互渗透、相互联系。道德的内容主要存在于人们的意识中，表现于人们的言行上；法律是国家意志的统一体现，有严密的逻辑体系。法律是道德的底线，凡是法律禁止和制裁的行为，都是道德禁止和谴责的行为；凡是法律要求和鼓励的行为，都是道德所培养和倡导的行为。道德是法律的基础，为制定法律提供根据，又导向更高层次的要求。

社会主义道德与社会主义法律的作用相辅相成、相互促进。道德和法律都是上层建筑的重要组成部分，是维护社会秩序、调节人们思想行为和协调人际关系的重要手段。二者相互联系、相互补充，共同为经济社会健康有序的发展服务。

社会主义德治和社会主义法治紧密结合、相得益彰。社会主义法治是社会主义道德的制度前提，同时又是弘扬社会主义道德的可靠保障。社会主义德治是社会主义法治的精神支柱，同时又是社会主义法治的重要补充。只有把法治和德治结合起来，做到法安天下、德润人心，才能使人们不失去正确的目标并有正确的行为规范。

社会主义道德建设与社会主义法律规范相互协调，既要发挥好法律的规范作用，以法治体现道德理念、强化法律对道德建设的促进作用；又要发挥好道德的教化作用，以道德滋养法治精神、强化道德对法治文化的支撑作用。

(三) 社会主义道德建设与中华民族传统美德相承接

中华民族传统美德是社会主义道德建设的丰富源泉。

从人类道德历史发展的规律看,任何道德体系都不可能凭空产生,不同时代道德之间的连续性与共同性决定了不同时代的道德之间存在一定的继承关系。我国社会主义道德建设,当然也不可能全盘抛弃传统而凭空产生,而应当是中华民族全部优良道德传统合乎规律的发展。

继承和弘扬中华民族传统美德是社会主义道德建设的内在要求。中华民族的优秀民族品质、优良民族精神、崇高民族气节、高尚民族情感、良好民族礼仪等,是中华民族赖以生存和发展的重要精神支柱与精神动力,是中华民族生生不息、发展壮大的丰厚滋养。在社会主义道德建设中继承和弘扬中华民族传统美德,可以增进我们的文化自信与价值自信,增强民族的自尊心和自信心;能充分激发整个民族的潜能,为社会主义现代化建设提供精神动力;能使体现时代特点的社会主义道德体系具有鲜明的民族特色,有利于每个中国人道德品质的完善和中华民族整体道德水平的提升。

二 社会主义道德建设的核心、原则和重点

社会主义道德建设要以为人民服务为核心,以集体主义为原则,以诚实守信为重点。

(一) 社会主义道德建设以为人民服务为核心

道德建设的核心体现并决定社会道德建设的根本性质和发展方向,规定道德领域的种种道德现象。道德建设核心的问题实质上是"为什么人服务"的问题。人民是历史的主体,是历史的创造者。社会主义道德建设以为人民服务为核心,是社会主义道德区别和优越于其他社会形态道德的显著标志。在中国特色社会主义建设新时代,我国社会主义道德建设以为人民服务为核心,具有深刻的理论依据和实践基础。

为人民服务是社会主义经济基础和政治制度的客观要求。社会主义道德是建立在社会主义经济基础之上,并为社会主义经济基础服务的。为人民服务是我国社会经济基础和政治制度的要求,我们的社会主义道德建设应该适应这种客观要求,反映人民的根本利益,以为人民服务为核心。

为人民服务是社会主义市场经济健康发展的基本要求。社会主义市场经济建立在以公有制为主体的经济基础之上,运用市场机制配置资源,发展社会生产力。发展社会主义市场经济的目的是实现全体人民的共同富裕和幸福,其本质要求就是为人民服务。市场经济不仅不排斥市场主体为他人、为社会服务,而且必然要求市场主体把商品本身所具有的满足他人和社会需要的属性凸显出来,通过为他人和社会提供服务来实现自己的利益。为人民服务作为一种科学的人生观、价值观和道德观,并不会自发地产生出来。建立市场经济体制,保证市场经济沿着社会主义方向健康发展,必须弘扬为人民服务的

精神，引导人们的道德观念朝着积极方向发展，要求每个市场主体都树立为人民服务的思想。所以，社会主义道德建设以为人民服务为核心，是市场经济沿着社会主义方向健康发展的内在要求和精神支持。

为人民服务体现着先进性要求和广泛性要求的统一。社会主义道德建设一方面要有先进性要求，即坚持社会主义方向，在全社会加强社会主义道德宣传教育，并将其引向共产主义道德的最高境界；另一方面也有广泛性要求，即要与现阶段我国经济社会发展相适应，为广大人民群众所接受，达到团结和引导亿万人民不断提高思想道德水平的目的。作为社会主义道德建设的核心，为人民服务体现了社会主义道德建设先进性要求和广泛性要求的统一。

为人民服务，伟大而平凡、高尚而普通。为人民服务包含着社会主义道德不同层次的要求，那种认为为人民服务只是对共产党员和少数先进分子的要求，而不能推广到全体人民的看法是一种误解。应当在全社会大力弘扬为人民服务精神，尊重人、理解人、关心人，为人民、为社会多做好事，形成体现社会主义制度优越性、促进中国特色社会主义事业健康有序发展的良好道德风尚。

（二）社会主义道德建设以集体主义为原则

集体是指由于共同利益而联合在一起的生命共同体或利益共同体。集体主义原则的根本要求是正确处理集体利益和个人利益的关系。在社会主义道德体系中，集体主义原则是指导人们行为选择的主导性原则，社会主义道德建设必须以集体主义为原则。

集体主义是社会主义经济、政治和文化建设的必然要求。社会主义制度的建立和发展，要求在道德建设中以集体主义为原则。公有制为主体、多种所有制经济共同发展，按劳分配为主体、多种分配方式并存，社会主义市场经济体制等社会主义基本经济制度，为集体主义的实施创造了经济前提；人民民主专政的国体和人民代表大会制度的政体，为集体主义的实施创造了政治前提；以马克思主义为指导的社会主义先进文化，为集体主义的实施创造了文化前提。总之，在社会主义社会，国家利益、集体利益和个人利益在根本上是一致的。

集体主义是社会主义市场经济的必然要求。在我国，市场经济是和社会主义基本制度结合在一起的，在价值观、道德观上，公有制的主体地位和共同富裕的发展目标必然要求以人民为中心、以集体利益为本位的社会主义集体主义占据主导地位。同时，社会主义市场经济是在社会主义国家宏观调控下的市场经济，它所要形成的是国家统一的大市场，法规政策是统一的，运行机制是有序的，这就必须倡导国家、集体和个人利益相结合，国家、集体利益高于小团体和个人利益的社会主义集体主义思想。

社会主义集体主义原则有其基本内涵。一是强调集体利益和个人利益的辩证统一。二是强调集体利益高于个人利益。三是强调重视、保障和发展个人的正当利益和自觉创造精神。此外，集体主义还要求发扬融入集体合力的丰富个性和自觉创造精神。

社会主义集体主义原则具有多层次的道德要求。社会主义集体主义的道德要求包括三个层次:一是全心全意为人民服务,无私奉献,一心为公。这是集体主义的最高层次,是共产党员、先进分子应努力达到的道德目标。二是先公后私,先人后己。这是已经具有较高社会主义觉悟的人们能够达到的道德目标。三是公私兼顾,不损公肥私。这是对我国公民最基本的道德要求。

(三)社会主义道德建设以诚实守信为重点

诚信是社会主义核心价值观的基本内容之一。

诚实守信是为人之本、成事之基。诚是一种真实无妄、表里如一的品格;信是一种言行一致、坚守诺言的品格。对一个人来说,诚实守信不仅是一种道德品质、道德责任、人格力量,更是一种安身之本、为人之道、成事之基,关系到一生的前途和发展。只有增强诚信意识,坚持诚信做人,才能适应社会生活的要求,发挥自己的潜能,实现人生的价值,最终获得成功。

诚实守信是社会主义市场经济健康发展的基石。社会主义市场经济的健康发展,需要大力倡导诚实守信的美德。市场经济是交换竞争经济,也是契约信用经济。保证契约双方忠实履行自己的责任和义务,是维护市场秩序的关键。市场经济的健康运行既要靠法律手段,也要靠道德力量。以诚信的道德力量来维护市场秩序,既能节省成本,也符合市场经济效益最大化的原则。

诚实守信是构建社会主义和谐社会的道德基础。社会主义道德建设以诚实守信为重点,对形成追求高尚、激励先进的良好社会风气,消除不讲信用、欺骗欺诈的社会公害,提高全民族的思想素质,具有十分重要的现实意义。

人与人之间只有诚信交往,才能进行真正平等、公正的合作,才能最大限度地减少社会生活中的内耗和摩擦,大大降低社会运行的成本。因此,社会和谐发展需要增强诚信意识,把诚信作为社会主义道德建设的重点,形成诚信为本、操守为重、守信光荣、失信可耻的社会氛围。

要点荟萃

第一节 道德及其历史发展

一 道德的起源与本质

(一)道德的起源

非马克思主义道德起源较为典型的观点有四种。

第一,道德起源于"天"的意志、"神"的启示。

第二，道德起源于人先天具有的"良知"或善良意志。

第三，道德起源于人性中的情感、欲望。

第四，道德起源于动物的合群感和社会本能的复杂化。

马克思主义科学地揭示了道德的起源，认为道德产生于人类的历史发展和人们的社会实践中。道德的产生需要多方面的条件。

首先，劳动是道德起源的第一个历史前提。

其次，社会关系的形成是道德赖以产生的客观条件。

最后，人类自我意识的形成和发展是道德产生的主观条件。

（二）道德的本质

马克思主义科学地揭示了道德的本质，认为道德是属于上层建筑的范畴，是一种特殊的社会意识形态，是由社会经济基础决定的，是社会经济关系的反映，并为社会的经济基础服务。

社会经济基础对道德的决定作用主要表现在四个方面。

（1）社会经济关系的性质决定着社会道德体系的性质。

（2）社会经济关系中所表现出来的利益决定着道德的基本原则和主要规范。

（3）在阶级社会中，社会经济关系主要表现为阶级关系，道德必然反映着特定阶级的利益而具有阶级性。

（4）社会经济关系的发展变化必然引起道德的变化。

道德对现实生活的调节方式主要表现出三个方面的特点。

（1）道德对社会行为的调节是非强制性的。

（2）道德规范具有相对稳定性。

（3）道德调整的社会关系范围具有广泛性。从时间上看，道德产生最早，又存在于人类社会发展的各个历史阶段，与人类社会共始终；从空间上看，道德涉及人们物质生活和精神生活的方方面面，涉及社会的经济、政治、军事、法律、艺术等一切领域；从对象上看，任何社会成员都是道德的主体和道德评价的客体，凡是有人群的地方就有道德的存在。

二 道德的功能和作用

（一）道德的主要功能

调节功能是道德最主要的功能，是指道德通过评价等方式，指导和纠正人们的行为与实际活动，协调人们之间关系的功效和能力。

认识功能也是道德的主要功能，是指道德反映社会现实特别是反映社会经济关系的功效和能力。

（二）道德的社会作用

道德的社会作用主要表现在以下方面。
（1）道德能够影响经济基础的形成、巩固和发展。
（2）道德对其他意识形态的存在和发展有着重大影响。
（3）道德是影响社会生产力发展的一种重要精神力量。
（4）道德能够维护社会生活的稳定，保障人们正常的生活和交往。
（5）道德能够保护或者破坏一定阶级的政治统治。

三 道德的历史发展

（一）道德的历史演变

道德的发展也出现了五种历史类型，即原始社会的道德、奴隶社会的道德、封建社会的道德、资本主义社会的道德和社会主义社会的道德。

（二）道德的发展规律

一方面，道德作为社会上层建筑中的意识形态，最终是由社会生产方式决定的；另一方面，道德发展有自身的相对独立性，道德进步并不是单纯的直线上升进程，在一定时期可能出现停滞或倒退，但道德发展的总趋势是向上的、前进的。

第二节 继承和借鉴优秀道德成果

一 传承中华传统美德

（一）中华传统美德的主要内容

中华传统美德的主要内容包括以下几点。
（1）爱国奉献，以天下为己任。
（2）勤劳勇敢，追求自由解放。
（3）求真务实，敬重诚实守信。
（4）乐群贵和，强调人际和谐。
（5）励志自强，崇尚精神境界。
（6）德性修养，重视躬行慎独。

（二）中华传统美德的创造性转化和创新性发展

道德的时代性，是指一个民族的道德观念和道德行为总是受当时人们认识水平、时代条件、社会制度的影响与制约，总会存在陈旧过时甚至已经成为糟粕的东西。

道德的连续性和共同性，是指道德作为一个民族维系其群体生活的精神支柱，在其历史发展中具有普遍性价值取向、不因社会制度的变迁而消失的精华部分。

（1）正确对待中华民族传统道德。在对待传统道德的问题上，要注意防止和反对两种错误观点：一是虚无论，即对传统道德不加分析地全盘否定，无视传统美德的存在和作用，甚至主张"全盘西化"；二是复古论，即对传统道德不加辨析地全盘肯定，对其糟粕部分也刻意美化或拔高，主张以传统道德代替现时代的社会主义道德。

（2）对中华传统美德进行创造性转化和创新性发展。坚持马克思主义道德观，坚持社会主义道德观，在去粗取精、去伪存真的基础上，坚持古为今用、推陈出新，努力实现中华传统美德的创造性转化、创新性发展，引导人们向往和追求讲道德、尊道德、守道德的生活，让14亿人的每一分子都成为传播中华美德、中华文化的主体。

二 弘扬中国革命道德

（一）中国革命道德的主要内容

中国革命道德的主要内容包括以下几个方面。

（1）为实现社会主义和共产主义理想而奋斗。

（2）全心全意为人民服务。

（3）始终把革命利益放在首位。

（4）树立社会新风，建立新型人际关系。

（5）修身自律，保持节操。

（二）中国革命道德的当代价值

中国革命道德的当代价值包括以下几个方面。

（1）有利于加强和巩固社会主义与共产主义理想信念。

（2）有利于培育和践行社会主义核心价值观。

（3）有利于引导人们树立正确的道德观。

（4）有利于培育良好的社会道德风尚。

三 借鉴人类道德文明优秀成果

（1）平等对待不同道德文明，尊重包括自己在内的各种道德传统。

（2）坚持从我国实际出发，以我为主、为我所用。

第三节 加强社会主义道德建设

一 社会主义道德建设的现实要求

（一）社会主义道德建设与社会主义市场经济相适应

（1）社会主义道德建设应当与社会主义基本经济制度基础上实行的社会主义市场经济相适应。

（2）社会主义制度优越性和市场经济优势的发挥，离不开社会主义道德的积极作用。

（3）社会主义道德建设为社会主义市场经济的发展和完善提供道德价值导向。

（4）社会主义道德建设保证和促进市场经济沿着社会主义方向健康发展。

（二）社会主义道德建设与社会主义法律规范相协调

（1）社会主义道德与社会主义法律的内容相互渗透、相互联系。

（2）社会主义道德与社会主义法律的作用相辅相成、相互促进。

（3）社会主义德治和社会主义法治紧密结合、相得益彰。

（三）社会主义道德建设与中华民族传统美德相承接

继承和弘扬中华民族传统美德是社会主义道德建设的内在要求。

在社会主义道德建设中继承和弘扬中华民族传统美德，可以增进我们的文化自信与价值自信，增强民族的自尊心和自信心；为社会主义现代化建设提供精神动力；能使体现时代特点的社会主义道德体系具有鲜明的民族特色，有利于每个中国人道德品质的完善和中华民族整体道德水平的提升。

二 社会主义道德建设的核心、原则和重点

（一）社会主义道德建设以为人民服务为核心

（1）为人民服务是社会主义经济基础和政治制度的客观要求。

（2）为人民服务是社会主义市场经济健康发展的基本要求。

（3）为人民服务体现着先进性要求和广泛性要求的统一。

（二）社会主义道德建设以集体主义为原则

集体是指由于共同利益而联合在一起的生命共同体或利益共同体。集体主义原则的根本要求是正确处理集体利益和个人利益的关系。

集体主义是社会主义经济、政治和文化建设的必然要求。集体主义是社会主义市场经济的必然要求。

社会主义集体主义原则有其基本内涵：一是强调集体利益和个人利益的辩证统一。

二是强调集体利益高于个人利益。三是强调重视、保障和发展个人的正当利益与自觉创造精神。

社会主义集体主义原则的道德要求包括三个层次：一是全心全意为人民服务，无私奉献，一心为公。这是集体主义的最高层次，是共产党员、先进分子应努力达到的道德目标。二是先公后私，先人后己。这是已经具有较高社会主义觉悟的人们能够达到的道德目标。三是公私兼顾，不损公肥私。这是对我国公民最基本的道德要求。

（三）社会主义道德建设以诚实守信为重点

（1）诚实守信是为人之本、成事之基。

（2）诚实守信是社会主义市场经济健康发展的基石。

（3）诚实守信是构建社会主义和谐社会的道德基础。

能力检测

一、单项选择题

1. "道德产生于人类的历史发展和人们的社会实践中。"这种关于道德起源的观点属于（　　）。

  A. 庸俗进化论的观点　　　　　B. 马克思主义的观点
  C. 主观唯心主义观点　　　　　D. 客观唯心主义观点

2. 中华传统美德是中华优秀传统文化的重要组成部分。下列格言警句中，反映了"励志自强"的中华民族传统美德的是（　　）。

  A. 礼之用，和为贵　　　　　　B. 己所不欲，勿施于人
  C. 民生在勤，不勤则匮　　　　D. 志不立，天下无可成之事

3. 在发展社会主义市场经济的过程中，社会主义道德建设的重点是（　　）。

  A. 团结友爱　　B. 乐群贵和　　C. 公平正义　　D. 诚实守信

4. 马克思主义认为，道德起源于（　　）。

  A. 人性中的情感、欲望　　　　B. "天"的意志或"神"的启示
  C. 人先天具有的某种良知和善良意志　　D. 人类的历史发展和人们的社会实践

5. 道德通过评价等方式，指导和纠正人们的行为与实际活动，协调人们之间的关系。这指的是道德的（　　）。

  A. 认识功能　　B. 调节功能　　C. 沟通功能　　D. 教育功能

6. 在社会规范体系中，法律与道德是两种不同的行为规范。下列关于二者关系的说法中，正确的是（　　）。

  A. 凡是为道德所反对和谴责的行为，必定是为法律所制裁的行为
  B. 法律是道德形成的基础，能够为道德规范的制定提供依据
  C. 法律的调节更具有广泛性，能够渗透到道德不能调节的领域

D. 凡是为法律所禁止和制裁的行为，通常也是为道德所反对和谴责的行为

7. （　　）创造了人和人类社会，是人类道德起源的第一个历史前提。

　A. 劳动　　　　B. 自然　　　　C. 宗教　　　　D. 合作

8. 从时间上看，道德是产生最早的社会规范，并存在于人类社会发展的各个阶段；从空间上看，道德涉及社会生活的政治、经济、军事、法律、艺术等一切领域；从社会群体上看，任何社会成员都是道德的主体和道德评价的客体。这说明道德作为一种特殊的规范调节方式（　　）。

　A. 对社会行为的调节具有强制性

　B. 调节的社会关系范围具有广泛性

　C. 能够直接决定社会经济基础的性质

　D. 对人们行为的调节和规范具有易变性

9. 在人类历史上，原始社会的经济关系产生了原始社会的道德，封建社会的经济关系产生了封建社会的道德，资本主义社会的经济关系产生了资本社会的道德，社会主义社会的经济关系产生了社会主义社会的道德。这说明（　　）。

　A. 社会道德对社会经济关系具有决定作用

　B. 有什么样的社会经济关系就有什么样的社会道德

　C. 社会经济关系的性质并不决定社会道德体系的性质

　D. 社会道德的发展变化必然引起社会经济关系的发展变化

10. 道德能够帮助人们正确认识社会生活的规律和原则，认识人生的价值和意义，认识自己对家庭、他人、社会的义务和责任，使人们的道德实践建立在向善避恶的认识基础上，引导人们正确选择道德行为。这说明道德具有（　　）。

　A. 调节功能　　B. 认识功能　　C. 激励功能　　D. 评价功能

11. "人无志，非人也。""志不立，天下无可成之事。""天行健，君子以自强不息。"这些话体现了中华民族传统美德中的（　　）的美德。

　A. 勤劳勇敢、追求自由解放　　　B. 求真务实、敬重诚实守信

　C. 乐群贵和、强调人际和谐　　　D. 励志自强、崇尚精神境界

12. 我国社会主义道德建设要以为人民服务为核心、以集体主义为原则、以（　　）为重点。

　A. 诚实守信　　　　　　　　　　B. 崇尚科学

　C. 艰苦朴素　　　　　　　　　　D. 文明礼貌

13. 我国古代先贤主张"仁者爱人"，强调"己所不欲，勿施于人"，"己欲立而立人，己欲达而达人"。这些话体现了中华民族传统美德中的（　　）精神。

　A. 乐群贵和，强调人际和谐　　　B. 勤劳勇敢，追求自由解放

　C. 爱国奉献，以天下为己任　　　D. 德性修养，重视躬行慎独

14. 道德的社会作用是指由道德功能的发挥和实现所产生的社会影响及其实际效果。

下列选项中，不是其主要表现的是( )。

　　A. 道德能够影响经济基础的形成、巩固和发展

　　B. 道德能够保护或者破坏一定阶级的政治统治

　　C. 道德是决定社会生产力的发展的重要的物质力量

　　D. 道德通过调整人们之间的关系维护社会生活的稳定

15. 中国革命道德萌芽于（　　）前后，发端于中国共产党成立以后蓬勃发展的伟大的工人运动和农民运动，经过土地革命战争、抗日战争、解放战争，以及社会主义革命、建设、改革的长期发展，逐渐形成并不断发扬光大。

　　A. 义和团运动　　　　　　　　B. 太平天国运动

　　C. 五四运动　　　　　　　　　D. 一二·九运动

16. 道德调节人与人、人与社会及人与自然之间的关系，只是倡导应当怎样、不应当怎样，通过说服、劝阻、示范等方式起作用。这说明道德调节人们社会行为具有（　　）的特点。

　　A. 专业性　　　　　　　　　　B. 随意性

　　C. 非强制性　　　　　　　　　D. 不稳定性

17. 社会主义集体主义强调在集体利益和个人利益发生矛盾或冲突时，要(　　)。

　　A. 坚持集体利益服从个人利益　　B. 坚持集体利益高于个人利益

　　C. 为集体利益任意牺牲个人利益　D. 为个人利益暂时放弃集体利益

18. 在建设中国特色社会主义的新时期，我国社会主义道德建设的核心是(　　)。

　　A. 集体主义　　B. 诚实守信　　C. 明荣辨耻　　D. 为人民服务

19. 在我国社会主义初级阶段，社会主义集体主义道德原则具有多层次的道德要求。其中最基本的道德要求是(　　)。

　　A. 无私奉献、一心为公　　　　B. 损公肥私、损人利己

　　C. 先公后私、先人后己　　　　D. 公私兼顾、不损公肥私

20. 社会主义集体主义原则在强调集体利益高于个人利益的同时，也强调（　　）。

　　A. 维护小团体的利益　　　　　B. 先私后公、先己后人

　　C. 压制个人、束缚个性　　　　D. 重视、保障和发展个人的正当利益

21. 社会主义集体主义原则强调集体利益和个人利益的辩证统一。下列关于社会主义集体主义的说法中，正确的是(　　)。

　　A. 为了个人利益可以牺牲集体利益

　　B. 重视个人的正当利益和自觉创造精神

　　C. 个人利益与集体利益之间不会发生矛盾

　　D. 集体主义是对个人的压制和对个性的束缚

22. 马克思指出，在阶级社会中，人们自觉或不自觉地，归根到底总是从他们阶级地位所依据的实际关系中——从他们进行生产和交换的经济关系中，获得自己的伦理观

念。这说明（　　）。

　　A. 道德调整的社会关系范围极为有限
　　B. 道德因反映特定阶级的利益而具有阶级性
　　C. 有什么样的道德就有什么样的社会经济关系
　　D. 社会经济关系的发展变化并不必然引起道德的发展变化

23. 一心一意、毫不利己、专门利人、无私奉献是为人民服务，顾全大局、先公后私、爱岗敬业、办事公道也是为人民服务；热心公益、助人为乐、见义勇为、扶贫济困、帮残助残是为人民服务，同事间、邻里间、师生间、同学间互相关心、互相爱护、互相帮助也是为人民服务，遵纪守法、通过诚实劳动获取正当的个人利益还是为人民服务。这说明为人民服务（　　）。

　　A. 不能推广到全体人民中间
　　B. 是人类社会普遍的道德要求
　　C. 包含着社会主义道德的不同层次的要求
　　D. 只是对共产党员和一切先进分子的要求

24. 社会主义道德建设为社会主义市场经济的发展和完善提供（　　）。

　　A. 道德价值导向　　　　　　B. 思想内涵导向
　　C. 行为模式导向　　　　　　D. 经济价值导向

25. 社会主义道德区别并优越于其他社会形态道德的显著标志是社会主义道德建设（　　）。

　　A. 以功利主义为原则　　　　B. 以知荣明耻为重点
　　C. 以为人民服务为核心　　　D. 以非强制性规范为特色

二、简答题

1. 简述社会主义集体主义原则的基本内涵。
2. 简述社会主义道德建设要与社会主义法律规范相协调。
3. 简述中华民族传统美德的主要内容。
4. 什么是道德的社会作用？道德的社会作用主要表现在哪些方面？
5. 马克思主义揭示的道德产生的条件有哪些？
6. 为什么当代大学生要用为人民服务的人生目的指引人生方向？
7. 简述中国革命道德的主要内容。
8. 简述中国革命道德的当代价值。

三、论述题

1. 论述社会主义道德建设的核心、原则和重点。
2. 论述社会主义道德建设要以诚实守信为重点。
3. 联系实际论述我国社会主义道德建设的现实要求。

第五章 培养优良道德品质

知识框架

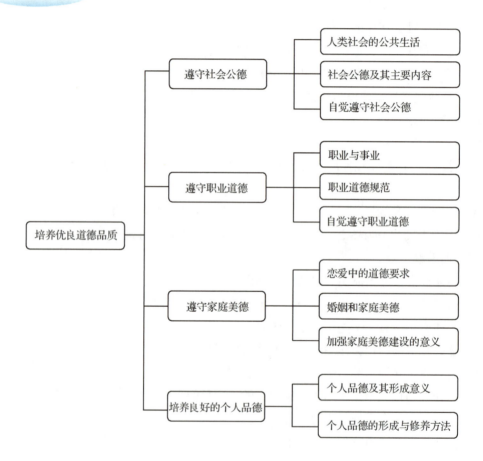

培养优良道德品质
- 遵守社会公德
  - 人类社会的公共生活
  - 社会公德及其主要内容
  - 自觉遵守社会公德
- 遵守职业道德
  - 职业与事业
  - 职业道德规范
  - 自觉遵守职业道德
- 遵守家庭美德
  - 恋爱中的道德要求
  - 婚姻和家庭美德
  - 加强家庭美德建设的意义
- 培养良好的个人品德
  - 个人品德及其形成意义
  - 个人品德的形成与修养方法

内容精要

第一节 遵守社会公德

一 人类社会的公共生活

（一）公共生活及其特点

人们的生活可以简单地分为私人生活与公共生活。

私人生活通常以家庭内部活动或个人自我活动为主要领域，具有一定的封闭性和隐秘性。公共生活是人们在公共的领域、公有的环境、公用的场所中，彼此开放透明且相互关联的共同活动。

公共生活和私人生活是人们社会生活中的两种形态，它们既相互区别，又相互联系。公共生活的领域随着社会生产的发展和社会交往的扩大而得以扩大。

当代社会，随着互联网技术和应用的飞速发展，互联网的媒体属性愈益突显。当代社会的公共生活具有以下主要特点。

第一，活动范围的广泛性。当代社会公共生活的场所和领域极为广阔，不仅传统的公共生活领域继续存在并进一步发展，而且出现了新的场所和领域。

第二，交往对象的复杂性。当代社会人们的交往方式不断扩展，交往对象之间的社会联系更为复杂。人们的交往对象已不再局限于传统的"熟人圈"，而是进入公共场所同任何人交往。

第三，活动方式的多样性。随着社会生活方式的变化，当代社会人们的公共生活也变得丰富多样。一方面，社会发展极大地丰富了人们公共生活的内容与方式，如商场购物、休闲娱乐、学习交友、健身旅游、网上冲浪等；另一方面，公共场所和公共设施的不断增加与完善，也为人们丰富多样的公共生活创造了良好条件。

第四，活动结果的相关性。当代社会，人们公共生活的活动内容开放透明，活动结果互相影响、相互关联。一个人的行为，必然会直接或间接地影响他人的行为选择。

（二）公共生活需要公共秩序

没有规矩不成方圆，秩序之于社会，如同规矩之于方圆。在公共生活中，人们为了维护共同利益、提高生活质量，需要按照一定的规范有序地生活。

公共秩序是由一定规则维系的人们公共生活的一种有序化状态。任何内容和形式的公共生活都需要相应的公共秩序，如工作秩序、交通秩序、教学秩序、经营秩序、娱乐秩序、网络秩序等。

有序的公共生活对于经济社会健康发展的重要意义也更加突出。其表现主要有：有序的公共生活有利于社会生活的安定有序，是构建和谐社会的重要条件；有序的公共生活有利于人们社会生产活动的顺利进行，是经济社会健康发展的必要前提；有序的公共生活为人们创造出和谐的人际关系氛围和舒适的生活环境，是提高社会成员生活质量的基本保证；有序的公共生活体现出人们的文明程度和秩序意识的提高，是国家现代化和社会文明程度高的重要标志。

二 社会公德及其主要内容

社会公德是社会道德体系的基础层次，是维护社会公共生活秩序、保持社会稳定的重要手段。

（一）社会公德的含义和特点

社会公德是公民在社会交往和社会公共生活中应该遵守的道德准则。

社会公德是人类社会文明成果的一种沉淀和积累。它具有以下几个特点。

第一，基础性。社会公德是社会道德体系的基础层次，是每个社会成员都应该遵守的最起码的道德准则，是为维护社会公共生活的正常进行而对社会成员提出的最基本的道德要求。

第二，全民性。社会公德是社会全体成员都必须遵守的道德规范，具有最广泛的群众性和适用范围。

第三，相对稳定性。社会公德是人类世世代代在共同生活、相互交往中形成的，调整公共生活中最一般关系的经验和智慧的结晶。

（二）社会公德的主要内容

社会公德涵盖了人与人、人与社会、人与自然之间的关系，其内容是对社会公共生活中人与人、人与社会、人与自然之间的关系提出的基本规范和要求。社会公德的主要内容是"文明礼貌、助人为乐、爱护公物、保护环境、遵纪守法"。

文明礼貌要求人们在公共生活中举止文明、礼貌待人、和谐相处。这是处世做人最起码的要求。

助人为乐要求人们在公共生活中团结友爱、相互关心、相互帮助、见义勇为。这是人们在公共生活中用以调整相互关系的最一般的行为规范。

爱护公物要求人们在公共生活中爱惜和保护全民与集体所有的公共财物。这是社会公德极其重要的内容之一。

保护环境要求人们讲究公共卫生、保护自然环境和人文环境。这也是社会公共生活中人们应当遵循的最基本的行为规范，是人们身心健康的重要保证，是社会风尚的重要方面，体现着一个民族的文明程度和精神面貌。

遵纪守法要求人们在公共生活中自觉遵守法律、法规和各项纪律。这是社会公德最基本的要求。在公共生活中，人们既要遵守国家颁布的法律、法规，也要遵守特定公共场所颁布的有关规定。

三 自觉遵守社会公德

社会公德作为人们公共生活中最起码、最简单的行为准则，是适应社会和人的需要而产生的，是和广大人民群众的切身利益密切相关的。社会公德对人们的社会生活的规范作用特殊而广泛。

遵守社会公德是维护社会公共生活正常秩序的必要条件。社会公德是维护公共场所正常秩序和安定环境的最低准则，是人们现实生活稳定发展的基本条件，人人都应自觉遵守。

遵守社会公德是成为一个有道德的人的最基本要求。随着人们公共生活领域不断扩大，相互交往日益频繁，几乎所有生活活动都与社会公德息息相关。一方面，社会公德作为社会道德体系中最起码、最基本的层次和要求，既是社会成员都要遵守的公共生活准则，也是社会成员进一步提升道德境界的基础；另一方面，社会公德在促进社会和个人弃恶扬善、扶正祛邪，维护社会稳定、公道和秩序方面，发挥着重要的舆论监督和精神感召作用，是个人道德修养的基本内容。

社会公德建设是精神文明建设的"窗口"和基础性工程。社会公德对社会道德风尚的影响稳定而深刻、广泛而持久，是社会道德的基石和支柱之一。从人们实践社会公德的自觉程度和普及程度，可以看出整个社会精神文明建设的状况。现实中，一个国家或地区的精神面貌总是首先从社会风尚中表现出来。

第二节　遵守职业道德

一 职业与事业

（一）职业与劳动

职业是指人们由于社会分工所从事的具有专门业务和特定职责，并以此作为主要生活来源的社会活动。

随着社会的发展进步，职业的类型不断增多。有了人的需要，就会有相应的服务来满足其需要，就会有相应的职业产生。各种职业的形成，都是社会分工和生产内部劳动分工的结果。

劳动是职业的基础。任何职业的劳动都只有分工的不同，没有高低贵贱之分，社会尊重和赞誉每一个在职业岗位上诚实劳动的人。

（二）立足职业，成就事业

事业是一种蕴涵着人生的理想和信念、具有一定规模和系统而对社会发展有着影响的工作。

职业和事业既有联系也有区别。二者的联系在于，都是以劳动为基础的工作。二者的区别在于，成就事业的人通常要具备这样几个条件：一是对所从事的工作有着超过一般人的造诣；二是在一定范围内获得了一定的声誉；三是对社会的贡献大于同行一般人。从事职业的人一般不需要满足这些条件。

二 职业道德规范

（一）职业道德的含义和特点

职业道德是从业人员在职业生活中应该遵循的具有职业特征的道德要求和行为准则，涵盖了从业人员与服务对象、职业与职工、职业与职业之间的关系，既是社会道德体系的重要组成部分，又是具有相对独立性的特殊领域。职业道德具有以下基本特点。

第一，规范性和专业性。职业道德是基于一定职业的特殊需要而产生的对本职业行为规范的基本要求。

第二，可操作性和准强制性。作为一种观念形态的东西，职业道德并不单纯地表现为抽象的理论或一些原则性的规定，而是以制度、章程、守则、公约、誓词、条例等简洁实用、生动明快的形式表现出来，用以约束和激励从业者。

第三，相对稳定性和连续性。由于人们的职业生活代代相传，具有历史连续性和相对稳定性，因此职业道德比起其他道德更具稳定性和连续性。

（二）职业道德的基本要求

在我国社会主义现代化建设中，每个从业者都应奉行以"爱岗敬业、诚实守信、办事公道、服务群众、奉献社会"为主要内容的职业道德。

爱岗敬业要求从业者无论从事什么职业，都要干一行爱一行，爱一行钻一行，精益求精，尽职尽责。

诚实守信要求从业者在职业活动中诚实劳动、表里如一、信守诺言、讲求信誉。

办事公道要求从业者在职业活动中，自觉遵守规章制度、秉公办事、平等待人、清正廉洁，不谋取私利、不滥用职权、不损人利己、不假公济私。

服务群众要求从业者在职业活动中，尽力满足服务对象的要求，处处为他们的实际需要着想，尊重他们的利益，满足他们的需要。

奉献社会要求从业者在职业活动中树立为他人、为社会做奉献的职业精神。

三 自觉遵守职业道德

社会的正常运转必须借助各种职业活动的进行，职业活动的正常进行必须仰赖职业道德的调整和规范，其他社会道德对社会生活的调控也必须依靠职业道德功能的发挥。

（一）加强职业道德建设的重要意义

首先，加强职业道德建设是社会主义道德建设的重要任务。职业道德状况是一个社会精神文明发展的显著标志，直接体现了社会道德的总风貌，影响着社会的文明状况。

其次，加强职业道德建设是形成良好社会道德风貌的重要手段。按照职业道德规范待人接物、处世做人，行使职业权利，履行职业义务，就能够避免和纠正行业不正之风，保障社会公平正义，建立良好的人际关系，形成优良的社会道德风尚。

再次，加强职业道德建设是提高从业者素质的重要途径。一个人在职业生活中的道德品质更直接、更集中地体现着他的道德品质。在职业活动中自觉遵守职业道德，养成良好的职业习惯，认识到自己对社会所担负的职责和义务，进而去奉献社会、实现人生价值，是提高从业者素质的重要途径。

最后，加强职业道德建设是促进社会生产力发展的必要条件。从业者在职业道德建设中提高了职业道德素质，在职业实践中更加自觉地践履职业道德规范，更加热爱本职工作。创造出优良的工作绩效，推动社会物质生产、科学技术和教育文化事业的快速发展。

（二）提高职业道德素质的途径

第一，努力学习，提高职业道德意识。具有较高职业道德素质的人，应该是掌握了现代职业生活中的道德要求、具有自觉职业道德意识的人。

第二，勤于实践，提高践行职业道德能力。具有较高职业道德素质的人，应该是在职业活动中将职业道德规范内化于心、外化于行的人。

第三节 遵守家庭美德

恋爱、婚姻、家庭是人类同一序列社会生活的三个阶段。人生的幸福和事业的成功，往往与美满的婚姻和幸福的家庭密切相关。

一 恋爱中的道德要求

美好的婚姻家庭生活建立在男女双方真挚爱情的基础上。爱情是男女双方基于一定的客观现实基础和共同的人生理想，在各自内心形成的最真挚的彼此倾慕、互相爱悦，并渴望对方成为自己终身伴侣的最强烈持久、纯洁专一的感情。在产生和培养爱情的过程中，男女双方的相互交往活动，就是人们常说的恋爱。

恋爱中的道德关系不仅影响男女双方的人格再造，影响以后的婚姻关系和家庭生活，而且对社会秩序和社会进步也有一定影响。恋爱应遵守一定的道德要求。

第一,真诚负责。爱情的本质体现在爱恋双方自觉自愿地为挚爱的人付出感情、承担责任。这就要求恋爱中的男女自愿为对方承担责任,坦诚交流,真诚相待。

第二,平等互尊。恋爱双方在人格上是独立的,在相互关系上是平等的。男女双方应彼此尊重对方的情感和人格。

第三,文明相爱。恋爱关系确定后,男女双方无疑要通过较多的交往来培养和发展爱情。但是恋爱过程中,男女双方的交往要持之以度,有高尚的情趣和文明的方式,不应有轻率和放荡的行为,做到举止得体、相互尊重。

二 婚姻和家庭美德

(一) 婚姻和家庭

婚姻是指由法律确认的男女两性的结合及由此产生的夫妻关系。

美满婚姻的基本要求是婚姻自主,是男女双方真正经过了不受干扰的互相考察,形成了共同的理想和志趣,具有互信、互敬、互谅的诚意,真正建立在爱情基础之上的、稳定持久的一夫一妻制的婚姻。

家庭是基于婚姻、血缘或收养关系形成的人们社会生活的基本单位,体现着一定的社会经济关系,是社会经济基础的重要构成。婚姻是产生家庭的前提,家庭是婚姻缔结的结果;婚姻的成功体现为家庭的幸福,家庭的美满又彰显出婚姻的意义。

(二) 家庭美德

家庭美德是调节人们在家庭生活方面的关系和行为的道德准则,涵盖了夫妻、长幼、邻里之间的关系。家庭美德建设既是家庭生活质量的保障,又是形成良好社会道德风尚的根基。

家庭美德主要包括以下几个方面的内容。

第一,尊老爱幼。尊老爱幼要求在家庭生活中尊敬、照顾和赡养老人,抚养、热爱和教育子女。"老吾老,以及人之老;幼吾幼,以及人之幼",是中华民族的传统美德,也是一种普遍的道德要求。

第二,男女平等。男女平等要求在家庭生活中男女享有平等的地位、权利和尊严,这是社会进步的标志,也是我国的基本国策。家庭中的男女平等是社会上男女平等的基础,具体表现为男女在家庭地位、人格尊严、道德权利和义务,以及政治、经济、法律、文化教育等方面完全平等。

第三,夫妻和睦。夫妻和睦要求在家庭生活中夫妻双方互敬互爱互助互信互谅。男女因相爱而缔结婚姻、组建家庭、成为夫妻,这必然要求双方拥有共同的理想和志趣,在事业上互相支持,在生活中互相关心,真诚坦率交流,光明磊落做事,彼此恩爱,忠贞专一,这是夫妻之间最基本的道德要求,也是家庭美德建设的关键所在。

第四,勤俭持家。勤俭持家要求在家庭生活中勤奋劳作、节约俭朴、合理持家,这是中华民族的传统美德，也是兴家之本、富家之路。

第五，邻里团结。邻里团结要求在家庭生活中与邻里之间友好往来、互相帮助、和睦相处。这既是中华民族的传统美德，也是社会主义新型人际关系的要求。

三 加强家庭美德建设的意义

（一）加强家庭美德建设对个体人生的重要意义

家庭美德建设能够增进人生幸福，提高生活情趣和道德情操，对于个体人生具有重要意义。

加强家庭美德建设，建立幸福美满的家庭，是幸福人生的重要内容。

加强家庭美德建设，严肃对待两性关系，提高个人生活情趣和道德情操，能净化美化心灵，提升人生境界，增加人生价值。

（二）加强家庭美德建设对社会稳定发展的重要意义

加强家庭美德建设，建立幸福和谐的家庭，是社会和谐稳定的基础。家庭生活与社会发展休戚相关，家庭生活能够增进社会利益、促进社会和谐。

加强家庭美德建设，提高家庭成员的文明素质，有利于社会的健康发展。加强家庭美德建设，优化家庭功能，对提高社会人口的文明素质、促进社会持续繁荣进步具有重要意义。

第四节 培养良好的个人品德

一 个人品德及其形成意义

（一）个人品德的含义

个人品德是个人道德品质的简称，是指个人通过社会道德教育和自觉道德修养所形成的稳定的心理状态与行为习惯。个人品德的含义可以从以下几个方面理解。

第一，个人品德表现为个人在处理一切问题的行为活动时所具有比较稳定的、形成了习惯的道德素质，是行为者个人的道德属性。

第二，个人品德既包括个人在主观上对一定道德原则规范的认识，也包括个人基于这种认识所产生的具有稳定特征的行为习惯，是个人主观上道德认识和客观上道德行为的统一。

第三，个人品德实际上是社会中存在的道德关系、道德原则规范在个体思想和行为上的集中反映。

第四,个人品德是个人在长期的一系列道德行为中表现出来的稳定的心理特征,一个人在一次、两次道德行为中表现出来的偶尔的内心状态、心理特征,还不是个人品德。

第五,个人品德是由个人多种心理成分共同构成的一个复杂整体,包括个人的道德认识、道德情感、道德意志、道德信念、道德行为等多个方面的内在统一。

(二) 形成良好个人品德的意义

形成良好的个人品德是夯实社会主义道德建设的基础。形成良好的个人品德,既能从根本上夯实社会公德、职业道德、家庭美德的基础,也有利于奠定全社会道德建设的基础,对形成向上向善、孝老爱亲,忠于祖国、忠于人民的社会风尚,发挥着基础性的作用。

形成良好的个人品德是个体精神境界提升和全面发展的要求。现代社会的人们也产生了丰富内心世界、提高精神素质的要求,这在道德上必然表现为对良好个人品德的向往和追求。

二 个人品德的形成与修养方法

任何个人品德都不是天然的,都不能离开个人的社会实践而凭空产生。现实生活中,每个人都应该掌握个人品德修养的正确途径和方法。

(一) 个人品德的形成

个人品德的形成和发展,根源于社会。它是在长期的社会生活实践中逐渐培养和锻炼出来的,并受到个体心理发展过程的影响。

个人品德的形成和发展受历史与现实的社会关系的制约。

个人品德形成和发展变化的根据,就是个人在一定生产方式下具体的社会存在。这种社会存在不仅包括个人所处的社会地位,而且包括个人参加的社会实践、接受的社会教育。个人品德及其能动作用也必然要受到个人所处特定社会关系和社会生活条件的制约。

个人品德的形成和发展依赖于个人的社会实践。一个人的社会意识总是通过他所参加的社会实践,由他处于其中的社会存在决定的。一方面,个人所处社会的种种现象,要通过个人参与的社会实践而作用于个人的主观世界,逐步形成个人评判是非、善恶、荣辱的道德意识;另一方面,个人的道德意识也只有通过他所参与的社会实践,才能作用于他所处的社会,并从社会得到反馈,进而加强或修正这种道德意识。

个人品德的形成过程包含心理、思想、行为多种因素的相应发展。具体表现为道德认识、道德情感、道德意志、道德信念、道德行为、道德习惯等。道德认识是人们对于行为准则的是非、善恶及其意义的认识。道德情感是伴随着道德认识所产生的一种内心体验。道德意志是人们在抉择道德行为时的决心和毅力。道德信念是人们把道德认识、道德情感和道德意志转变成的个人行动的指南与原则。道德行为是人们在一定道德意识的指导和影响下而采取的外在活动。道德习惯是指人们在实践中持续不断地重复某种道德行为，使之积淀于心理，变成一种自觉的行为方式。一种道德行为多次重复出现，就会成为一种习惯，这种习惯即为道德品质。

个人品德的形成，标志着外在的道德要求已经转化为个人内在的道德信念和道德习惯，对道德原则规范的外在认同已经转化为个人内在的自觉自愿的道德行动。

（二）个人品德的修养方法

个人品德的形成，是个人不断提高道德认识、陶冶道德感情、锻炼道德意志、确立道德信念、实践道德行为、养成道德习惯的过程。

1. 认真学习，提高道德认识

认真学习社会道德规范，提高对社会主义道德体系及其要求的认识，提高对道德行为准则及其意义的认识，提高道德评价能力，是进行道德修养、锤炼个人品德的基本途径。

学思明理，就是学习思考，明白道理。要认真学习和掌握社会主义道德的各种知识与做人的道理，并对所学的知识和人生哲理予以深入思考，掌握社会主义道德规范的要求及其评价准则，以明辨是非、分清善恶、懂得美丑。

择善而从，就是虚心学习，择善从之。正如孔子所说："三人行，必有我师焉，择其善者而从之，其不善者而改之。"

学习榜样，就是学习先进，效法榜样。一般来说，先进人物的优良品质和榜样的示范作用具有强大的感染力，把他们立为心中的标杆，向他们看齐，像他们那样追求美好的思想品德。

2. 勤于实践，加强道德行为训练

勤于道德实践，不断重复和强化道德行为，以养成道德习惯，是进行道德修养、锤炼个人品德的根本途径。

知行合一，就是通过道德实践，把外部的道德教育转化为个人内在的道德品质，实现道德认知和道德行为的有机统一。

积善成德，就是精心地护持自己的善意，自觉地践履自己的善行，使其不断积累，最终成为个人品德。

参与志愿服务活动是加强道德行为训练、培养良好个人品德的有效途径。志愿服务是指志愿贡献个人的时间及精力，在不求任何物质报酬的情况下，为改善社会、促进社会进步而提供的服务。在中国特色社会主义新时代，志愿服务已经成为培育和弘扬社会主义核心价值观的重要载体。志愿服务的精神是奉献、友爱、互助、进步。其中，奉献精神是精髓。参与志愿服务活动，一方面，帮助了他人，服务了社会，推动了社会道德水平的提高；另一方面，把为他人和社会的服务看作自己应尽的义务与光荣的职责，也使自己在参与中进行了道德修养、锤炼了个人品德。

3. 严格要求，完善道德品质

认真开展自我批评，严格要求自己，净化自我心灵，改正错误以完善自己，使自己保持良好的品行，是进行道德修养、锤炼个人品德的重要途径。完善道德品质既要省察克治，又要陶冶情操，更要慎独自律。

省察克治，就是通过反复检查以发现和找出自己思想中的不良念头与行为上的不良习惯，并坚决将其克服和整治掉。孔子说："吾日三省吾身，为人谋而不忠乎？与朋友交而不信乎？传不习乎？"这就是省察克治的修养方法。

陶冶情操，就是提高自己对于自然、社会和艺术美的感受，在丰富的社会实践中，以高尚的情趣启迪心灵，不断培养自己的道德情感，激发自己的道德需要。

慎独自律，就是在个人独处、无人监督时，也坚守自己的道德信念，对自己的言行小心谨慎，自觉按道德要求行事，不做任何不道德的事。中国古代先贤们把"慎独"作为道德修养的一种方式，强调在"隐"和"微"上下功夫，认为这才是对个人道德品质的真正考验。现代社会赋予"慎独"新的时代内容，认为它不仅是一种道德修养方法，更是一种人生追求境界，能够有效避免社会生活中的双重人格、"两面人"。

第一节　遵守社会公德

一　人类社会的公共生活

（一）公共生活及其特点

公共生活是人们在公共的领域、公有的环境、公用的场所中，彼此开放透明且相互关联的共同活动。

当代社会的公共生活具有四个主要特点：活动范围的广泛性、交往对象的复杂性、活动方式的多样性、活动结果的相关性。

（二）公共生活需要公共秩序

公共秩序是由一定规则维系的人们公共生活的一种有序化状态。

有序的公共生活对于经济社会健康发展的重要意义也更加突出。其表现主要有：

（1）有序的公共生活有利于社会生活的安定有序，是构建和谐社会的重要条件。

（2）有序的公共生活有利于人们社会生产活动的顺利进行，是经济社会健康发展的必要前提。

（3）有序的公共生活为人们创造出和谐的人际关系氛围和舒适的生活环境，是提高社会成员生活质量的基本保证。

（4）有序的公共生活体现出人们的文明程度和秩序意识的提高，是国家现代化和社会文明程度的重要标志。

二 社会公德及其主要内容

（一）社会公德的含义和特点

社会公德是公民在社会交往和社会公共生活中应该遵守的道德准则。

社会公德具有三个特点：基础性、全民性、相对稳定性。

（二）社会公德的主要内容

社会公德的主要内容是"文明礼貌、助人为乐、爱护公物、保护环境、遵纪守法"。

三 自觉遵守社会公德

（1）遵守社会公德是维护社会公共生活正常秩序的必要条件。

（2）遵守社会公德是成为一个有道德的人的最基本要求。

（3）社会公德建设是精神文明建设的"窗口"和基础性工程。

第二节 遵守职业道德

一 职业与事业

（一）职业与劳动

职业是指人们由于社会分工所从事的具有专门业务和特定职责，并以此作为主要生活来源的社会活动。劳动是职业的基础。

（二）立足职业，成就事业

事业是一种蕴涵着人生的理想和信念、具有一定规模和系统而对社会发展有着影响的工作。

职业和事业既有联系也有区别。二者的联系在于都是以劳动为基础的工作。二者的区别在于，成就事业的人通常要具备这样几个条件：一是对所从事的工作有着超过一般人的造诣；二是在一定范围内获得了一定的声誉；三是对社会的贡献大于同行一般人。从事职业的人一般不需要满足这些条件。

二 职业道德规范

（一）职业道德的含义和特点

职业道德是从业人员在职业生活中应该遵循的具有职业特征的道德要求和行为准则，涵盖了从业人员与服务对象、职业与职工、职业与职业之间的关系，既是社会道德体系的重要组成部分，又是具有相对独立性的特殊领域。

职业道德具有三个基本特点：一是规范性和专业性；二是可操作性和准强制性；三是相对稳定性和连续性。

（二）职业道德的基本要求

职业道德的基本要求是"爱岗敬业、诚实守信、办事公道、服务群众、奉献社会"。

三 自觉遵守职业道德

（一）加强职业道德建设的重要意义

（1）加强职业道德建设是社会主义道德建设的重要任务。
（2）加强职业道德建设是形成良好社会道德风貌的重要手段。
（3）加强职业道德建设是提高从业者素质的重要途径。
（4）加强职业道德建设是促进社会生产力发展的必要条件。

（二）提高职业道德素质的途径

（1）努力学习，提高职业道德意识。
（2）勤于实践，提高践行职业道德能力。

第三节 遵守家庭美德

一 恋爱中的道德要求

恋爱应遵守一定的道德要求：真诚负责、平等互尊、文明相爱。

二 婚姻和家庭美德

（一）婚姻和家庭

婚姻是指由法律确认的男女两性的结合及由此产生的夫妻关系。家庭是基于婚姻、血缘或收养关系形成的人们社会生活的基本单位。

（二）家庭美德

家庭美德是调节人们在家庭生活方面的关系和行为的道德准则，涵盖了夫妻、长幼、邻里之间的关系。

家庭美德主要包括五方面的内容：尊老爱幼、男女平等、夫妻和睦、勤俭持家、邻里团结。

三 加强家庭美德建设的意义

（一）加强家庭美德建设对个体人生的重要意义

（1）家庭美德建设能够增进人生幸福，提高生活情趣和道德情操，对于个体人生具有重要意义。

（2）加强家庭美德建设，建立幸福美满的家庭，是幸福人生的重要内容。

（3）加强家庭美德建设，严肃对待两性关系，提高个人生活情趣和道德情操，能净化美化心灵，提升人生境界，增进人生价值。

（二）加强家庭美德建设对社会稳定发展的重要意义

（1）加强家庭美德建设，建立幸福和谐的家庭，是社会和谐稳定的基础。家庭生活与社会发展休戚相关，家庭生活能够增进社会利益、促进社会和谐。

（2）加强家庭美德建设，提高家庭成员的文明素质，有利于社会的健康发展。加强家庭美德建设，优化家庭功能，对提高社会人口的文明素质、促进社会持续繁荣进步具有重要意义。

第四节 培养良好的个人品德

一 个人品德及其形成意义

（一）个人品德的含义

个人品德是个人道德品质的简称，是指个人通过社会道德教育和自觉道德修养所形成的稳定的心理状态与行为习惯。

个人品德的含义可以从以下几个方面理解。

第一，个人品德表现为个人在处理一切问题的行为活动时所具有比较稳定的、形成了习惯的道德素质，是行为者个人的道德属性。

第二，个人品德既包括个人在主观上对一定道德原则规范的认识，也包括个人基于这种认识所产生的具有稳定特征的行为习惯，是个人主观上道德认识和客观上道德行为的统一。

第三，个人品德实际上是社会中存在的道德关系、道德原则规范在个体思想和行为上的集中反映。

第四，个人品德是个人在长期的一系列道德行为中表现出来的稳定的心理特征，一个人在一次、两次道德行为中表现出来的偶尔的内心状态、心理特征，还不是个人品德。

第五，个人品德是由个人多种心理成分共同构成的一个复杂整体，包括个人的道德认识、道德情感、道德意志、道德信念、道德行为等多个方面的内在统一。

（二）形成良好个人品德的意义

（1）形成良好的个人品德是夯实社会主义道德建设的目标。

（2）形成良好的个人品德是夯实社会主义道德建设的基础。

（3）形成良好的个人品德是个体精神境界提升和全面发展的要求。

二 个人品德的形成与修养方法

（一）个人品德的形成

个人品德的形成和发展，根源于社会。它是在长期的社会生活实践中逐渐培养和锻炼出来的，并受到个体心理发展过程的影响。

（1）个人品德的形成和发展受历史与现实的社会关系的制约。

（2）个人品德的形成和发展依赖于个人的社会实践。

（3）个人品德的形成过程包含心理、思想、行为多种因素的相应发展，具体表现为道德认识、道德情感、道德意志、道德信念、道德行为、道德习惯等。

（二）个人品德的修养方法

（1）认真学习，提高道德认识。一是学思明理，就是学习思考、明白道理。二是择善而从，就是虚心学习、择善从之。三是学习榜样，就是学习先进、效法榜样。

（2）勤于实践，加强道德行为训练。一是知行合一，就是通过道德实践，把外部的道德教育转化为个人内在的道德品质，实现道德认知和道德行为的有机统一。二是积善成德，就是精心地护持自己的善意，自觉地践履自己的善行，使其不断积累，最终成为个人品德。三是参与志愿服务活动，这是加强道德行为训练、培养良好个人品德的有效途径。

（3）严格要求，完善道德品质。一是省察克治，就是通过反复检查以发现和找出自己思想中的不良念头与行为上的不良习惯，并坚决将其克服和整治掉。二是陶冶情操，就是提高自己对于自然、社会和艺术美的感受，在丰富的社会实践中，以高尚的情趣启迪心灵，不断培养自己的道德情感，激发自己的道德需要。三是慎独自律，就是在个人独处、无人监督时，也坚守自己的道德信念，对自己的言行小心谨慎，自觉按道德要求行事，不做任何不道德的事。

能力检测

一、单项选择题

1. 公共生活是人们在公共的领域、公有的环境、公用的场所中，彼此开放透明且互相关联的共同活动。下列现代社会的活动中,属于公共生活范围的是(　　)。

A. 在家读书看报　　　　　　B. 乘坐高铁出行

C. 通过微信与家人联系　　　D. 在个人承包的土地上劳作

2. 文明礼貌、助人为乐、爱护公物、保护环境、遵纪守法,是人们在社会生活中应该遵守的(　　)的主要内容。

A. 社会公德　　　　　　　　B. 家庭美德

C. 生态道德　　　　　　　　D. 职业道德

3. 一般来说,个人品德的形成过程包含有心理上或行为习惯上多种成分的相应发展。其中,人们在抉择道德行为时表现出来的决心和毅力,称为(　　)。

A. 道德认识　　　　　　　　B. 道德意志

C. 道德规范　　　　　　　　D. 道德行为

4. 在个人独处、无人监督时,也坚守自己的道德信念,对自己的言行小心谨慎,自觉按照道德要求行事,不做任何不道德的事。这体现了中国传统道德修养中(　　)的要求。

A. 学思并重　　　　　　　　B. 积善成德

C. 择善而从　　　　　　　　D. 慎独自律

5. 个人品德的形成过程包含多种心理成分的相应发展。其中,人们遵循道德原则规范所表现出的外在活动,称为(　　)。

A. 道德行为　　　　　　　　B. 道德意志

C. 道德信念　　　　　　　　D. 道德认识

6. 小王在工作单位兢兢业业,是连续多年的劳动模范;在家里也不辞辛劳,积极操持家务,合理消费,不乱花钱。小王在家里的表现反映了家庭美德中(　　)的要求。

A. 邻里团结　　　　　　　　B. 尊老爱幼

C. 夫妻和谐　　　　　　　　D. 勤俭持家

7. "吾日三省吾身,为人谋而不忠乎?与朋友交而不信乎?传不习乎?"通过反复检查以发现和找出自己思想中的不良念头与行为上的不良习惯,并将其坚决克服和整治掉。这种完善个人道德品质的修养方法是(　　)。

A. 陶冶情操　　　　　　　　B. 学思明理

C. 省察克治　　　　　　　　D. 慎独自律

8. 人们在公共生活中应该自觉遵守法律、法规和各项纪律,这是(　　)的基本要求。

A. 社会公德　　　　　　　　B. 职业道德

C. 环境道德　　　　　　　　D. 家庭美德

9. 从业者在职业劳动中,有一分力出一分力,出满勤,干满点,不怠工,不推诿,不自欺,遵纪守法;对待他人严格履行合同契约,说到做到,不说谎,不欺人,不弄虚作假，不唯利是图，不做缺德事，不做亏心事。这是职业道德中（　　）的要求。

  A．诚实守信　　　　　　　　　　B．办事公道

  C．助人为乐　　　　　　　　　　D．勤俭自强

10．勇于开拓创新，积极参与竞争，不怕困难，不畏艰难，自强不息，奋发向上。这体现了良好的个人品德中（　　）的要求。

  A．正直无私　　　　　　　　　　B．忠诚守信

  C．勇敢进取　　　　　　　　　　D．勤劳节俭

11．苏霍姆林斯基说："一个人在努力向模范人物学习、做出高尚行为的时候，也对自己从情感和道德上做出了深刻的评价。"这句话体现的道德修养方法是（　　）。

  A．省察克治　　　　　　　　　　B．学习榜样

  C．积善成德　　　　　　　　　　D．慎独自律

12．网络生活是当代社会公共生活的重要组成部分。在网络空间，如果有人恶意制造、传播计算机病毒，将会造成许多单位或个人的网络无法正常运行，甚至造成计算机系统崩溃。这说明当代社会的公共生活具有的特点是（　　）。

  A．活动结果的相关性　　　　　　B．活动方式的单一性

  C．交往对象的简单性　　　　　　D．活动范围的封闭性

13．乘坐车船飞机时，应该做文明乘客；到剧院看演出时，应该做文明观众；到商店购物时，应该做文明顾客；在图书馆看书时，应该做文明读者；在公园游玩时，应该做文明游客；在网上发声时，应该做文明网民。这是人们在社会生活中应该遵守的（　　）的要求。

  A．家庭美德　　　　　　　　　　B．社会公德

  C．职业道德　　　　　　　　　　D．生态文明

14．立足职业，成就事业。这是实现人生价值的基本途径。下列关于职业与事业的关系的说法中，正确的是（　　）。

  A．有职业必然有事业

  B．职业和事业在本质上并无不同

  C．职业是事业的基础，事业是职业的升华

  D．职业就是人们为着崇高理想所从事的事业

15．家庭美德是调节人们在家庭生活方面的关系和行为的道德准则，涵盖了夫妻、长幼、邻里之间的关系。下列选项中，属于家庭美德基本要求的是（　　）。

  A．服务群众　　　　　　　　　　B．保护环境

  C．男女平等　　　　　　　　　　D．爱护公物

16．职业和事业既有联系也有区分，二者的联系主要在于（　　）。

  A．职业和事业都是以劳动为基础的工作

  B．事业是职业的基础，职业是事业的升华

C. 职业和事业都是人们为崇高理想所从事的工作

D. 从事职业和事业的人，都在一定范围内有着较高的社会荣誉

17. 家庭是社会的细胞，家庭和谐则社会安定，家庭幸福则社会祥和，家庭文明则社会文明。家庭生活也有相应的道德要求，属于家庭美德主要内容的是（　　）。

    A. 办事公道　　　　　　　　　　B. 尊老爱幼

    C. 爱岗敬业　　　　　　　　　　D. 服务人民

18. 个人品德的形成过程包含多种心理成分的相应发展。其中，伴随着道德认识出现的内心体验，比如助人行善后产生的愉悦感、见难不助后产生的惭愧感，属于（　　）。

    A. 道德情感　　　　　　　　　　B. 道德意志

    C. 道德信念　　　　　　　　　　D. 道德规范

19. 朱熹说："德者，得也，行道而有得于心者也。"这说明（　　）。

    A. 道德是一种主观想象　　　　　　B. 道德是一种客观行为

    C. 个人品德的形成离不开实践　　　D. 个人品德的养成不依赖于社会

20. 列宁说："没有'人的感情'，就从来也不可能有人对于真理的追求。"这强调的是完善道德自我、锤炼个人品德、追求理想的道德人生，还必须（　　）。

    A. 知行统一　　　　　　　　　　B. 积善成德

    C. 省察克治　　　　　　　　　　D. 陶冶情操

21. 恋爱是相爱的男女双方互相了解、建立和发展爱情的过程，也是婚前生活的一个相互考察阶段。恋爱双方应彼此真实真诚，自愿为对方承担责任。这是男女恋爱的基本道德要求中（　　）的要求。

    A. 文明相爱　　　　　　　　　　B. 平等互尊

    C. 真诚负责　　　　　　　　　　D. 强烈持久

22. 家庭的道德建设与美满和谐直接关系到社会整体的稳定状况和文明程度。下列选项中，属于家庭美德的主要内容的是（　　）

    A. 服务群众　　　　　　　　　　B. 崇尚和平

    C. 团结邻里　　　　　　　　　　D. 廉洁奉公

23. 爱情是一个男子和一个女子之间互相爱慕的关系，容不得第三者插足，那种所谓的"三角恋爱""多角恋爱""婚外情"不是真正的爱情。这体现了爱情的（　　）。

    A. 强烈持久性　　　　　　　　　　B. 生物本能性

    C. 专一排他性　　　　　　　　　　D. 平等互爱性

24. 古人把"德"注释为"得"，认为德是按照道德规范去行事而心有所得，如朱熹说的"德者，得也，行道而有得于心者也"。这里的"德"是指（　　）。

    A. 社会公德　　　　　　　　　　B. 职业道德

    C. 公民道德　　　　　　　　　　D. 个人品德

25. 亚里士多德说，德性是由先做一个一个的简单行为而后形成的，这和技艺的获得一样。这句话说明了道德品质形成的关键环节是(　　)的形成。

A. 道德认识　　　　　　　　B. 道德情感

C. 道德习惯　　　　　　　　D. 道德意志

二、简答题

1. 简述职业道德的基本要求。
2. 简述公民基本道德规范的内容及提出和倡导公民基本道德规范的意义。
3. 简述社会公德的含义和主要内容。
4. 简述形成良好个人品德在社会主义道德建设中的重要意义。
5. 简述职业道德的含义和加强职业道德建设的重要意义。
6. 简述个人道德修养的主要方法。

三、论述题

1. 论述从业人员在职业生活中应该自觉遵守职业道德。
2. 论述自觉遵守社会公德、加强社会公德建设的重要意义。
3. 论述家庭美德的主要内容和加强家庭美德建设的重要意义。
4. 联系实际论述如何通过道德修养形成良好的个人品德。

第六章　弘扬社会主义法治精神

知识框架

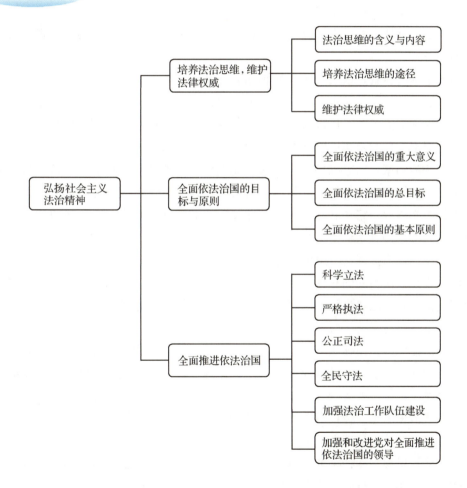

内容精要

第一节 培养法治思维，维护法律权威

一 法治思维的含义与内容

（一）法治与法治思维

法治，即"法的统治"，与人治相对称，它是以民主为前提，以严格依法办事为核心，以确保权力正当运行为重点的社会管理机制、社会活动方式和社会秩序。

人治，是一种依靠领导人或统治者的意志和能力来管理国家与社会、处理社会公共事务的治国方式。

法治的基本内容就是依法治国。所谓依法治国，就是广大人民群众在党的领导下，依照宪法和法律的规定，通过各种途径和形式管理国家事务，管理经济文化事业，管理社会事务，保证国家各项工作都依法进行，逐步实现社会主义民主的制度化、法律化。

我国宪法第五条对依法治国基本方略做了规定："中华人民共和国实行依法治国，建设社会主义法治国家。国家维护社会主义法制的统一和尊严。一切法律、行政法规和地方性法规都不得同宪法相抵触。一切国家机关和武装力量、各政党和各社会团体、各企业事业组织都必须遵守宪法和法律。一切违反宪法和法律的行为，必须予以追究。任何组织或者个人都不得有超越宪法和法律的特权。"这一规定不仅为依法治国的基本方略提供了宪法依据，还为提炼法治思维奠定了基础。

法治思维是以法治的固有特性和对法治的信仰为基础，以法治价值和法治精神为导向，运用法律原则、法律规则、法律方法思考和处理问题的思维模式。具体而言，法治思维包含以下几层含义。

第一，法治思维是一种法本位思维。它以法治的固有特性和对法治的信仰为基础，以严守规则为基本要求，强调法律的底线不能逾越、法律的红线不能触碰，凡事必须在既定的程序及法定权限内运行。

第二，法治思维是一种正当性思维。它以法治价值和法治精神为指导，蕴含着公正、平等、民主、人权等法治理念。

第三，法治思维是一种符合逻辑的思维，它以法律手段与法律方法为依托分析问题、处理问题、解决纠纷，克服了非理性和任意性。

第四，法治思维是一种科学思维，它强调符合规律、尊重事实。

（二）法治思维与人治思维的区别

法治是与人治相对称的概念，法治思维也是与人治思维相对称的思维方式。

法治思维与人治思维的区别集中体现在以下三个方面。

首先，从两者区分的标准来看，法治思维与人治思维的分水岭在于最高的权威究竟是法律还是个人，法治思维以法律为最高权威，强调必须使民主制度化、法律化，使这种制度和法律不因领导人的改变而改变，不因领导人的看法和注意力的改变而改变；人治思维则奉个人的意志为最高权威，当法律的权威与个人的权威发生矛盾时，强调服从个人而非服从法律的权威。通俗来讲，法治思维主张法大于权，人治思维则主张权大于法。

其次，从两者的特点来看，法治思维以一般性、普遍性的平等对待方式调节社会关系，解决矛盾纠纷，坚持法律面前人人平等原则，具有理性、稳定性和一贯性的特点；而人治思维漠视规则的普遍适用性，依赖个人的魅力、德性和才智来治国平天下，以言代法、言出法随，具有非理性、易变性甚至任意性的特点。

最后，从两者追求的政治体制来看，法治是民主的产物，因而法治思维也追求民主政体，强调集中社会大众的意志来进行决策和判断，是一种"多数人之治"的民主政治思维；而人治思维则推崇个人集权，追求专制政体。

（三）法治思维的基本内容

法治思维的基本内容是由法治及法治思维的内涵确定的，也就是法治思维的外延。法治思维外延主要包括法律至上、权力制约、公平正义、权利保障等基本内容。

第一，法律至上。法律至上是指在国家或社会的所有规范中，法律是地位最高、效力最广、强制力最大的规范。这里的法律是广义上的法律，既包括宪法，也包括其他一般法律、行政法规等。法律至上首先指宪法至上，因为宪法具有最高的法律效力，是其他一切法律的依据。一切法律、行政法规和地方性法规都不得同宪法相抵触。

法律至上具体表现为法律的普遍适用性、优先适用性和不可违抗性。法律的普遍适用性是指法律在本国主权范围内对所有人具有普遍的约束力。法律的优先适用性是指当同一项社会关系同时受到多种社会规范的调整而多种社会规范又相互矛盾时，要优先考虑法律规范的适用。法律的不可违抗性是指法律必须得到遵守，违反法律要受到惩罚。

第二，权力制约。法治思维强调法大于权，权受制于法。权力制约是指国家机关的权力必须受到法律的规制和约束。

权力制约分为权力由法定、有权必有责、用权受监督、违法受追究四项要求。

权力由法定，即法无授权不可为，是指国家机关的职权必须来自法律明确的授予。国家机关必须严格依照法律规定的权限范围行使职权，而不得行使法律未授予的权力。

有权必有责，是指国家机关在获得权力的同时必须承担相应的职责和责任。当发生了属于其职权范围内的事项时，国家机关必须履行相应的管理职责。

用权受监督，是指国家权力的运行和行使必须接受各种形式的监督，让人民监督权力，让权力在阳光下运行。

违法受追究，是指国家工作人员违法行使权力必须受到法律的追究和制裁。养成权力制约思维，要求自觉运用权力、勇于监督权力，同时自觉监督宪法、法律的实施。

第三，公平正义。公平正义是法治思维的价值追求。公平正义是指社会的政治利益、经济利益和其他利益在全体社会成员之间合理、公平分配与占有。在法治实践中，公平正义一般分为实体公正和程序公正，前者主要关注权利分配的公正，后者主要关注权利救济的公正。正确理解公平正义，需要正确处理以下几个方面的关系。

首先，正确处理法理与情理的关系。社会主义法治公平正义的实现，必须注重法理与情理的相互统一。正确处理法理与情理的关系，要求在执法和司法过程中，既要遵守法律、法规的相关规定，也要参考其他社会规范，尤其是为社会所广泛接受的公序良俗、乡规民约；要求妥善、恰当地解决法治实践中可能存在的局部性、个别性的"合理不合法"或"合法不合理"的问题，要求根据经济社会发展情况与广大人民群众的要求，适时制定、修改、废止有关法律和法规。

其次，正确处理实体公正与程序公正的关系。实体与程序是法治体系的两大组成部分，法治的公正也分别通过实体公正与程序公正两个方面得以具体体现。实体公正与程序公正具有密切的联系。一方面，实体公正是程序公正的内在目标，也是程序公正的价值和意义所在；另一方面，程序公正是实体公正的外部形式，是实体公正得以实现的必要途径和重要保障。正确处理实体公正与程序公正的关系，就是要在正确认识两者关系的基础上，把握好两者之间的合理均衡，做到实体与程序并重，重实体轻程序或重程序轻实体的做法都会背离公平正义的要求。

最后，正确处理普遍与特殊的关系。法律是全社会平等适用的普遍性社会规范，坚持法律面前人人平等，才能体现这种普遍性，并保证法治的统一与尊严。但是，我国地域间、城乡间、阶层间、群体间发展很不平衡，社会成员所处社会环境和社会条件差异较大。在法律制定、执行和适用中，对特殊地域及特殊群体有必要区别化对待，以防止在形式公正下掩盖的实质不公。坚持特别法与普通法相结合，针对特殊对象实行区别性对待，也是社会主义法治追求实质公平正义的必要举措。

第四，权利保障。权利保障主要是指对公民权利的法律保障，具体包括公民权利的宪法保障、立法保障、行政保障和司法保障。宪法保障是权利保障的前提和基础。立法保障是权利保障的重要条件。宪法有关基本权利的规定一般较为原则，各项具体权利的保障由立法机关通过立法做出明确规定。行政保障是权利保障的关键环节，行政机关在行使行政管理权的过程中必然要涉及处置社会成员的利益问题，很容易发生损害或侵犯公民权利的现象。司法保障是公民权利保障的最后防线，既是解决个人之间权利纠纷的有效渠道，也是纠正和遏制行政机关侵犯公民权利的有力机制。

二 培养法治思维的途径

法治思维的培养，具体而言就是通过尊法、学法、守法、用法，在学习、工作和生活中逐渐提高法治思维能力，培养法治思维方式。

一是尊法。尊法就是尊重法律权威。尊法是培养法治思维的首要前提。法律的权威源自人民的内心拥护和真诚信仰。广大青年应当坚持从我做起，从身边做起，形成底线思维，严守法律底线，带头遵守法律。

二是学法。学习和掌握基本的法律知识与法律方法，是培养法治思维的重要条件。学习法律的方法主要包括两个方面：一是正确理解法律的方法，包括理解法律条文的含义、内容、精神等；二是正确运用法律的方法。

三是守法。守法是培养法治思维的实践基础。守法是一种习惯性思维，与长期自觉养成的生活习惯有很大关系。公民只有自觉遵守宪法和法律，坚持从具体事情做起，才能养成守法的习惯和形成法治思维。

四是用法。实践出真知、学以致用、理论联系实际是培养法治思维的有效途径。通过参与各种法律活动，在法律实践中运用法律知识和方法思考、分析、解决法律问题，公民才能形成自觉的法治思维。现在，人们应用法律知识、参与法律实践的方式和途径越来越多。一是参与立法讨论。我国国家或地方的很多立法都要广泛征求意见或者进行听证，大学生可以参与这些立法的讨论，运用自己的法律知识，发表自己的有关见解。二是依法行使监督权。宪法和法律赋予公民对国家机关及其工作人员的行为是否合法进行监督的权利，包括提出批评、建议和申诉、控告、检举。大学生可以通过行使这些权利，进行法律监督。三是旁听司法审判。凡是人民法院公开审判的案件，都允许公民旁听，大学生可以向人民法院申请旁听法院庭审，了解案件的审判过程。四是参与模拟法庭、法律诊所、法律辩论等校园法治文化活动，增长法律知识，锻炼法治思维。

三 维护法律权威

（一）法律权威的含义与来源

法律权威是指法律在社会生活中的作用力、影响力和公信力，是法律应有的尊严和生命。法律权威意味着：法律在众多社会规范中居于主导地位，不得以政策、道德、习俗等社会规范代替法律；社会主体的一切行为都要以法律为最高权威。法律权威的确立，既源自法律的外在强制力和内在说服力，又源自人民的内心拥护和真诚信仰。

法律的外在强制力是法律权威的外在条件，主要表现为国家对违法行为的制裁。法律的内在说服力既来源于法律本身的内在合理性，也来源于法律实施过程的合理性，如执法公平、司法公正。

法律权威源自人民的内心拥护和真诚信仰。我国宪法法律是党的主张和人民意志的统一体现，具有最高的权威。尊重法律权威，不仅要求尊重法律，更要求崇尚法治。只有在思想上尊法崇法，才能在实践中守法护法。

（二）维护法律权威的重要意义

维护法律权威，就是维护人民当家作主的民主权利。人民当家作主是社会主义民主政治的核心。法治就是社会主义民主政治的制度化、法治化。维护法律权威，就是维护党和人民共同意志的权威；捍卫法律尊严，就是捍卫党和人民共同意志的尊严。

维护法律权威，就是维护国家的长治久安。法律权威是国家治理的坚实基础和关键。以法安天下则天下安，依法治天下则天下治。

维护法律权威，就是维护个人的幸福与平安。我国法律保护和实现的是人民的根本利益。从本质上讲，维护法律权威，就是维护人民的根本利益和其他合法权益的具体实践，就是维护每一个人的幸福与平安。

（三）维护法律权威的基本要求

维护法律权威，既要在内心确立法律信仰，更要在行动中切实履行法律义务，服从和维护法律。具体而言：

信奉法律。一切法律中最重要的法律，既不是刻在大理石上，也不是刻在铜表上，而是铭刻在公民的内心里。

遵守法律。要用实际行动捍卫法律尊严，保障法律实施。

服从法律。应当拥护法律的规定，接受法律的约束，履行法定的义务，服从依法进行的管理，承担相应的法律责任。

维护法律。争当法律权威的守望者、公平正义的守护者、具有良知的护法者。对违法犯罪行为，要敢于揭露、勇于抵制，消除袖手旁观、畏缩不前的恐惧心理，抵制遇事回避的惧法现象。

第二节　全面依法治国的目标与原则

一　全面依法治国的重大意义

依法治国，是坚持和发展中国特色社会主义的本质要求与重要保障，是实现国家治理体系和治理能力现代化的必然要求，事关我们党执政兴国，事关人民幸福安康，事关党和国家长治久安，全面推进依法治国具有重大意义。

（一）全面依法治国是坚持和发展中国特色社会主义的本质要求与重要保障

我国正处于社会主义初级阶段，改革进入攻坚期和深水区，国际形势复杂多变，党和政府面对的改革发展稳定任务之重前所未有、矛盾风险挑战之多前所未有，依法治国在党和国家工作全局中的地位更加突出、作用更加重大。

（二）全面依法治国是实现国家治理体系和治理能力现代化的必然要求

党的十一届三中全会以来，党和政府深刻总结我国社会主义法治建设的成功经验与深刻教训，提出为了保障人民民主，必须加强法治，必须使民主制度化、法律化，把依法治国确定为党领导人民治理国家的基本方略，把依法执政确定为党治国理政的基本方式。

（三）全面依法治国事关执政兴国、人民幸福安康和国家长治久安

当前，我国法治建设还存在许多不适应、不符合的问题，这些问题违背社会主义法治原则，损害人民群众利益，妨碍党和国家事业发展，事关党执政兴国，事关人民幸福安康，事关党和国家长治久安，必须以全面推进依法治国来解决。

二 全面依法治国的总目标

全面推进依法治国，总目标是建设中国特色社会主义法治体系，建设社会主义法治国家。具体而言，就是在党的领导下，坚持中国特色社会主义制度，贯彻中国特色社会主义法治理论，形成完备的法律规范体系、高效的法治实施体系、严密的法治监督体系、有力的法治保障体系，形成完善的党内法规体系，坚持依法治国、依法执政、依法行政共同推进，坚持法治国家、法治政府、法治社会一体建设，实现科学立法、严格执法、公正司法、全民守法，促进国家治理体系和治理能力现代化。

建设中国特色社会主义法治体系，就是要实现以下五个目标。

（一）完备的法律规范体系

依法治国，首先要有法可依。经过长期努力，我国形成了中国特色社会主义法律体系，国家和社会生活各方面总体上实现了有法可依。但还要随着实践的发展不断完善，抓住提高立法质量这个关键，增强法律法规的及时性、系统性、针对性、有效性，解决现实生活中存在的某些法律规范不协调、不好用的问题。

（二）高效的法治实施体系

法律的生命力在于实施，法律的权威也在于实施。目前法律实施还存在诸多问题，有法不依、执法不严、违法不究的现象在一定范围内存在。法律的有效实施，是全面推进依法治国的重点和难点。为此，必须建立高效的法治实施体系，加强宪法实施，坚持严格执法、公正司法、全面守法，使法治具有最坚实的支撑力量。

（三）严密的法治监督体系

全面推进依法治国，要建立严密的法治监督体系，健全对权力运行的制约和监督，建立确保宪法法律得以有效实施的责任机制，真正做到将权力关进制度的笼子里。

（四）有力的法治保障体系

形成有力的法治保障体系，需要从以下四个方面着手。

第一，提高党的依法执政能力和水平，为全面推进依法治国提供有力的政治和组织保障。

第二，加强法治专门队伍和法律服务队伍建设，加强机构建设和经费保障，为全面

推进依法治国提供坚实的人才保障和物质条件。

第三，改革和完善不符合法治规律、不利于依法治国的体制机制，为全面推进依法治国提供完备的制度保障。

第四，努力推动形成依法办事、遇事找法、解决问题用法、化解矛盾靠法的社会氛围，完善守法诚信褒奖机制和违法行为惩戒机制，使遵法信法守法成为全体人民的共同追求和自觉行动。

（五）完善的党内法规体系

全面推进依法治国，需要党以法治思维和法治方式管党治党、执政兴国。党内法规既是管党治党的重要依据，也是建设社会主义法治国家的有力保障。目前，党内法规的系统性、整体性与国家法律的协调性不够，亟待推动党内法规制度建设，一手抓科学制定，一手抓坚决执行，形成内容科学、程序严密、配套完备、运行有效的党内法规体系。

三 全面依法治国的基本原则

走中国特色社会主义法治道路，坚持人民主体地位必须做到以下原则。

（一）坚持中国共产党的领导

依法治国必须坚持党的领导。这是因为，党的领导是中国特色社会主义最本质的特征，是社会主义法治最根本的保证。把党的领导贯彻到依法治国全过程和各方面，是我国社会主义法治建设的一条基本经验。我国宪法确立了中国共产党的领导地位。坚持党的领导，是社会主义法治的根本要求，是党和国家的根本所在、命脉所在，是全国各族人民的利益所系、幸福所系，是全面推进依法治国的题中应有之义。

坚持党的领导，必须坚持党领导立法、保证执法、支持司法、带头守法，必须做到"三统一"和"四善于"的结合。

"三统一"，即把依法治国基本方略同依法执政基本方式统一起来，把党总揽全局、协调各方同人大、政府、政协、审判机关、检察机关依法依章程履行职能与开展工作统一起来，把党领导人民制定和实施宪法法律同党坚持在宪法法律范围内活动统一起来。

"四善于"，即善于使党的主张通过法定程序成为国家意志，善于使党组织推荐的人选通过法定程序成为国家政权机关的领导人员，善于通过国家政权机关实施党对国家和社会的领导，善于运用民主集中制原则维护中央权威、维护全党全国团结统一。

（二）坚持人民主体地位

人民是依法治国的主体和力量源泉，人民代表大会制度是保证人民当家作主的根本政治制度。坚持人民主体地位必须做到以下三点：

首先，必须坚持法治建设为了人民、依靠人民、造福人民、保护人民，以保障人民的根本权益为出发点和落脚点，保证人民依法享有广泛的权利和自由、承担应尽的义务，维护社会公平正义，促进共同富裕。

其次，必须保证人民在党的领导下，依照法律规定，通过各种途径和形式管理国家事务，管理经济文化事业，管理社会事务。

最后，必须使人民认识到法律既是保障自身权利的有力武器，也是必须遵守的行为规范，增强全社会学法、尊法、守法、用法意识，使法律为人民所掌握、所遵守、所运用。

（三）坚持法律面前人人平等

坚持法律面前人人平等，应该从以下三个层面去理解。

首先，任何组织和个人都必须尊重宪法法律的权威，都必须在宪法法律范围内活动，都必须依照宪法法律行使权力或权利、履行职责或义务，都不得有超越宪法法律的特权。

其次，必须维护国家法制统一、尊严、权威，切实保证宪法法律的有效实施，绝不允许任何人以任何借口、任何形式以言代法、以权压法、徇私枉法。

最后，必须以规范和约束公权力为重点，加大监督力度，做到有权必有责、用权受监督、违法必追究，坚决纠正有法不依、执法不严、违法不究的行为。

（四）坚持依法治国和以德治国相结合

道德和法律都是调节人们思想行为、协调人际关系、维护社会秩序的重要手段，二者相辅相成、相互促进。法律是成文的道德，道德是内心的法律。法安天下，德润人心，道德为法律奠定价值基础，法律为道德提供制度保障。国家和社会治理需要法律与道德共同发挥作用。必须坚持一手抓法治、一手抓德治，法治是治国理政的基本方略，德治是治国理政的重要补充。

（五）坚持从中国实际出发

中国特色社会主义道路、理论体系、制度是全面推进依法治国的根本遵循。坚持从中国实际出发，必须从我国基本国情出发，同改革开放不断深化相适应，总结和运用党领导人民实行法治的成功经验，围绕社会主义法治建设重大理论与实践问题，推进法治理论创新，发展符合中国实际、具有中国特色、体现社会发展规律的社会主义法治理论，为依法治国提供理论指导和学理支撑。

第三节　全面推进依法治国

全面推进依法治国是一个系统工程，既要贯彻落实"科学立法、严格执法、公正司法、全民守法"法治十六字方针的要求，又要加强和改善党对法治的领导，加强法治队伍建设。

一 科学立法

建设中国特色社会主义法治体系总的要求包括：第一，必须坚持立法先行，发挥立法的引领和推动作用，抓住提高立法质量这个关键。第二，要恪守以民为本、立法为民理念，贯彻社会主义核心价值观，使每一项立法都符合宪法精神、反映人民意志、得到人民拥护。第三，要把公正、公平、公开原则贯穿立法全过程，完善立法体制机制，坚持立、改、废、释并举，增强法律法规的及时性、系统性、针对性、有效性。

完善以宪法为核心的中国特色社会主义法律体系的具体措施，主要体现在以下几个方面。

（一）健全宪法实施和监督制度

坚持依法治国首先要坚持依宪治国，坚持依法执政首先要坚持依宪执政。完善全国人大及其常委会宪法监督制度，健全宪法解释程序机制。加强备案审查制度和能力建设，把所有规范性文件纳入备案审查范围，依法撤销和纠正违宪违法的规范性文件。

（二）完善立法体制

完善立法机制，要求做到四个方面：第一，加强党对立法工作的领导，完善党对立法工作中重大问题决策的程序。第二，健全人大主导立法工作的体制机制，发挥人大及其常委会在立法工作中的主导作用。第三，加强和改进政府立法制度建设，完善行政法规、规章制定程序，完善公众参与政府立法机制。第四，明确立法权力边界，从体制机制和工作程序上有效防止部门利益与地方保护主义法律化。

（三）深入推进科学立法，民主立法

健全立法起草、论证、协调、审议机制，健全向下级人大征询立法意见机制，建立基层立法联系点制度，推进立法精细化。健全立法机关和社会公众沟通机制，开展立法协商。拓宽公民有序参与立法途径，健全法律、法规、规章、草案公开征求意见和公众意见采纳情况反馈机制，广泛凝聚社会共识。

（四）加强重点领域立法

加强经济、政治、文化、社会、生态领域等重点领域和重点问题的立法。增强全社会的尊重和保障人权意识，健全公民权利救济渠道和方式。

二 严格执法

张居正说："天下之事，不难于立法，而难于法之必行。"法的生命力在于实施，法律的权威也在于实施。深入推进依法行政、加快法治政府建设的主要措施包括以下六个方面。

（一）依法全面履行政府职能

完善行政组织和行政程序法律制度，推进机构、职能、权限、程序、责任法定化。

行政机关要坚持法定职责必须为、法无授权不可为，勇于负责、敢于担当，坚决纠正不作为、乱作为，坚决克服懒政、怠政，坚决惩处失职、渎职。

（二）健全依法决策机制

重大行政决策需要经过公众参与、专家论证、风险评估、合法性审查、集体讨论等法定程序，确保决策制度科学、程序正当、过程公开、责任明确。

（三）深化行政执法体制改革

根据不同层级政府的事权和职能，按照减少层次、整合队伍、提高效率的原则，合理配置执法力量。

（四）坚持严格规范公正文明执法

依法惩处各类违法行为，加大关系群众切身利益的重点领域的执法力度。完善执法程序，确立执法全过程记录制度。

（五）强化对行政权力的制约和监督

加强党内监督、人大监督、民主监督、行政监督、司法监督、审计监督、社会监督、舆论监督制度建设，努力形成科学有效的权力运行制约和监督体系，增强监督合力和实效。

（六）全面推进政务公开

坚持以公开为常态、不公开为例外的原则，推进决策公开、执行公开、管理公开、服务公开、结果公开。

三 公正司法

公正是法治的生命线，是司法活动最高的价值追求。保证公正司法、提高司法公信力的具体措施体现在以下六个方面。

（一）完善确保依法独立公正行使审判权和检察权的制度

各级党政机关和领导干部要支持法院、检察院依法独立公正行使职权。建立领导干部干预司法活动、插手具体案件处理的记录、通报和责任追究制度。任何党政机关和领导干部都不得让司法机关做违反法定职责、有碍司法公正的事情，任何司法机关都不得执行党政机关和领导干部违法干预司法活动的要求。

（二）优化司法职权配置

健全公安机关、检察机关、审判机关、司法行政机关各司其职，侦查权、检察权、审判权、执行权相互配合与相互制约的体制机制。

（三）推进严格司法

坚持以事实为根据、以法律为准绳，健全事实认定符合客观真相、办案结果符合实体公正、办案过程符合程序公正的法律制度。

（四）保障人民群众参与司法

坚持人民司法为人民，依靠人民推进公正司法，通过公正司法维护人民权益。

（五）加强人权司法保障

强化诉讼过程中当事人和其他诉讼参与人的知情权、陈述权、辩护辩论权、申请权、申诉权的制度保障。

（六）加强对司法活动的监督

完善检察机关行使监督权的法律制度，加强对刑事诉讼、民事诉讼、行政诉讼的法律监督。完善人民监督员制度，重点监督检察机关查办职务犯罪的立案、羁押、扣押冻结财物、起诉等环节的执法活动。

四 全民守法

法律的权威源自人民的内心拥护和真诚信仰。全民守法以增强全民法治观念、推进法治社会建设为目标。

（一）推动全社会树立法治意识

坚持把全民普法和守法作为依法治国的长期基础性工作，深入开展法治宣传教育，引导全民自觉守法、遇事找法、解决问题靠法。

（二）推进多层次多领域依法治理

坚持系统治理、依法治理、综合治理、源头治理，提高社会治理法治化水平。

（三）建设完备的法律服务体系

推进覆盖城乡居民的公共法律服务体系建设，加强民生领域法律服务。完善法律援助制度，扩大援助范围，健全司法救助体系，保证人民群众在遇到法律问题或者权利受到侵害时获得及时、有效的法律帮助。

（四）健全依法维权和化解纠纷机制

强化法律在维护群众权益、化解社会矛盾中的权威地位，引导和支持人们理性表达诉求、依法维护权益，解决好群众最关心、最直接、最现实的利益问题。

五 加强法治工作队伍建设

（一）建设高素质法治专门队伍

加强理想信念教育，深入开展社会主义核心价值观和社会主义法治理念教育，坚持党的事业、人民利益、宪法法律至上，加强立法队伍、行政执法队伍、司法队伍建设。

（二）加强法律服务队伍建设

构建社会律师、公职律师、公司律师等优势互补、结构合理的律师队伍。建立激励法律服务人才跨区域流动机制，逐步解决基层和欠发达地区法律服务资源不足与高端人才匮乏的问题。

（三）健全、完善法治人才培养机制

坚持用马克思主义法学思想和中国特色社会主义法治理论全方位占领高校、科研机构的法学教育与法学研究阵地，加强法学基础理论研究，形成完善的中国特色社会主义法学理论体系、学科体系、课程体系。

六 加强和改进党对全面推进依法治国的领导

党的领导是全面推进依法治国、加快建设社会主义法治国家最根本的保证。

（一）坚持依法执政

依法执政是依法治国的关键。维护宪法法律权威就是维护党和人民共同意志的权威，捍卫宪法法律尊严就是捍卫党和人民共同意志的尊严，保证宪法法律实施就是保证党和人民共同意志的实现。

（二）加强党内法规制度建设

党的十九大报告指出，要坚持依法治国和依规治党有机统一。党内法规既是管党治党的重要依据，也是建设社会主义法治国家的有力保障。

（三）提高党员干部的法治思维和依法办事能力

党员干部是全面推进依法治国的重要组织者、推动者、实践者，要自觉提高运用法治思维和法治方式深化改革、推动发展、化解矛盾、维护稳定能力，高级干部尤其要以身作则。

（四）推进基层治理法治化

全面推进依法治国，基础在基层，工作重点在基层。发挥基层党组织在全面推进依法治国中的战斗堡垒作用，增强基层干部的法治观念、法治为民的意识，提高依法办事的能力。

要点荟萃

第一节 培养法治思维，维护法律权威

一 法治思维的含义与内容

（一）法治与法治思维

法治，即"法的统治"，与人治相对，它是以民主为前提，以严格依法办事为核心，以确保权力正当运行为重点的社会管理机制、社会活动方式和社会秩序。法治的基本内容就是依法治国。所谓依法治国，就是广大人民群众在党的领导下，依照宪法和法律的规定，通过各种途径和形式管理国家事务，管理经济文化事业，管理社会事务，保证国家各项工作都依法进行，逐步实现社会主义民主的制度化、法律化。

法治思维是以法治的固有特性和对法治的信仰为基础，以法治价值和法治精神为导向，运用法律原则、法律规则、法律方法思考和处理问题的思维模式。具体而言，法治思维包含四层含义。

第一，法治思维是一种法本位思维。它以法治的固有特性和对法治的信仰为基础，以严守规则为基本要求，强调法律的底线不能逾越、法律的红线不能触碰。

第二，法治思维是一种正当性思维。它以法治价值和法治精神为指导，蕴含着公正、平等、民主、人权等法治理念。

第三，法治思维是一种符合逻辑的思维。它以法律手段与法律方法为依托，分析问题、处理问题、解决纠纷，克服了非理性和任意性。

第四，法治思维是一种科学思维。它强调符合规律、尊重事实。

（二）法治思维与人治思维的区别

法治思维与人治思维的区别集中体现在三个方面。

首先，从两者区分的标准来看，法治思维与人治思维的分水岭在于最高的权威究竟是法律还是个人。法治思维以法律为最高权威，强调必须使民主制度化、法律化，使这种制度和法律不因领导人的改变而改变，不因领导人的看法和注意力的改变而改变；人治思维则奉个人的意志为最高权威，当法律的权威与个人的权威发生矛盾时，强调服从个人而非服从法律的权威。

其次，从两者的特点来看，法治思维以一般性、普遍性的平等对待方式调节社会关系，解决矛盾纠纷，坚持法律面前人人平等原则，具有理性、稳定性和一贯性的特点；而人治思维漠视规则的普遍适用性，依赖个人的魅力、德性和才智来治国平天下，以言代法、言出法随，具有非理性、易变性甚至任意性的特点。

最后，从两者追求的政治体制来看，法治是民主的产物，因而法治思维也追求民主政体，强调集中社会大众的意志来进行决策和判断，是一种"多数人之治"的民主政治思维；而人治思维则推崇个人集权，追求专制政体。

（三）法治思维的基本内容

法治思维的外延主要包括法律至上、权力制约、公平正义、权利保障等基本内容。

第一，法律至上是指在国家或社会的所有规范中，法律是地位最高、效力最广、强制力最大的规范。法律至上具体表现为法律的普遍适用性、优先适用性和不可违抗性。

法律的普遍适用性，是指法律在本国主权范围内对所有人具有普遍的约束力。

法律的优先适用性，是指当同一项社会关系同时受到多种社会规范的调整而多种社会规范又相互矛盾时，要优先考虑法律规范的适用。

法律的不可违抗性，是指法律必须遵守，违反法律要受到惩罚。

第二，权力制约分为权力由法定、有权必有责、用权受监督、违法受追究四项要求。

权力由法定，即法无授权不可为，是指国家机关的职权必须来自法律明确的授予。

有权必有责，是指国家机关在获得权力的同时必须承担相应的职责和责任。

用权受监督，是指国家权力的运行和行使必须接受各种形式的监督，让人民监督权力，让权力在阳光下运行。

违法受追究，是指国家工作人员违法行使权力必须受到法律的追究和制裁。

第三，公平正义是法治思维的价值追求。公平正义就是指社会的政治利益、经济利益和其他利益在全体社会成员之间合理、公平分配和占有。正确理解公平正义，需要正确处理以下几个方面的关系。

首先，正确处理法理与情理的关系。社会主义法治公平正义的实现，必须注重法理与情理的相互统一。

其次，正确处理实体公正与程序公正的关系。

最后，正确处理普遍与特殊的关系。坚持特别法与普通法相结合，针对特殊对象实行区别性对待，也是社会主义法治追求实质公平正义的必要举措。

第四，权利保障主要是指对公民权利的法律保障，具体包括公民权利的宪法保障、立法保障、行政保障和司法保障。宪法保障是权利保障的前提和基础。立法保障是权利保障的重要条件。

二 培养法治思维的途径

法治思维的培养，具体而言就是通过尊法、学法、守法、用法，在学习、工作和生活中逐渐提高法治思维能力，培养法治思维方式。

三 维护法律权威

（一）法律权威的含义与来源

法律权威是指法律在社会生活中的作用力、影响力和公信力，是法律应有的尊严和生命。

法律权威源自法律的外在强制力和内在说服力。法律的外在强制力是法律权威的外在条件，主要表现为国家对违法行为的制裁。法律的内在说服力既来源于法律本身的内在合理性，也来源于法律实施过程的合理性，如执法公平、司法公正。

法律权威源自人民的内心拥护和真诚信仰。

（二）维护法律权威的重要意义

（1）维护法律权威，就是维护人民当家作主的民主权利。
（2）维护法律权威，就是维护国家的长治久安。
（3）维护法律权威，就是维护个人的幸福与平安。

（三）维护法律权威的基本要求

维护法律权威，既要在内心确立法律信仰，更要在行动中切实履行法律义务，服从和维护法律。

维护法律权威的基本要求包括信奉法律、遵守法律、服从法律、维护法律。

第二节　全面依法治国的目标与原则

一 全面依法治国的重大意义

依法治国，是坚持和发展中国特色社会主义的本质要求与重要保障，是实现国家治理体系和治理能力现代化的必然要求，事关我们党执政兴国，事关人民幸福安康，事关党和国家长治久安，全面推进依法治国具有重大意义。

（1）全面依法治国是坚持和发展中国特色社会主义的本质要求与重要保障。
（2）全面依法治国是实现国家治理体系和治理能力现代化的必然要求。
（3）全面依法治国事关执政兴国、人民幸福安康和国家长治久安。

二 全面依法治国的总目标

全面推进依法治国，总目标是建设中国特色社会主义法治体系，建设社会主义法治国家。在党的领导下，坚持中国特色社会主义制度，贯彻中国特色社会主义法治理论，形成完备的法律规范体系、高效的法治实施体系、严密的法治监督体系、有力的法治保障体系，形成完善的党内法规体系，坚持依法治国、依法执政、依法行政共同推进，坚持法治国家、法治政府、法治社会一体建设，实现科学立法、严格执法、公正司法、全民守法，促进国家治理体系和治理能力现代化。

建设中国特色社会主义法治体系，就是要实现以下五个目标。

（1）完备的法律规范体系。

（2）高效的法治实施体系。

（3）严密的法治监督体系。

（4）有力的法治保障体系。

（5）完善的党内法规体系。

三 全面依法治国的基本原则

走中国特色社会主义法治道路，必须坚持以下原则。

（一）坚持中国共产党的领导

坚持党的领导，必须坚持党领导立法、保证执法、支持司法、带头守法，必须做到"三统一"和"四善于"的结合。

（二）坚持人民主体地位

坚持人民主体地位必须做到以下三点。

（1）必须坚持法治建设为了人民、依靠人民、造福人民、保护人民，以保障人民的根本权益为出发点和落脚点，保证人民依法享有广泛的权利和自由、承担应尽的义务，维护社会公平正义，促进共同富裕。

（2）必须保证人民在党的领导下，依照法律规定，通过各种途径和形式管理国家事务，管理经济文化事业，管理社会事务。

（3）必须使人民认识到法律既是保障自身权利的有力武器，也是必须遵守的行为规范，增强全社会学法、尊法、守法、用法意识，使法律为人民所掌握、所遵守、所运用。

（三）坚持法律面前人人平等

坚持法律面前人人平等，应该从以下三个层面去理解。

（1）任何组织和个人都必须尊重宪法法律的权威，都必须在宪法法律范围内活动，都必须依照宪法法律行使权力或权利、履行职责或义务，都不得有超越宪法法律的特权。

（2）必须维护国家法制统一、尊严、权威，切实保证宪法法律的有效实施，绝不允许任何人以任何借口、任何形式以言代法、以权压法、徇私枉法。

（3）必须以规范和约束公权力为重点，加大监督力度，做到有权必有责、用权受监督、违法必追究，坚决纠正有法不依、执法不严、违法不究的行为。

（四）坚持依法治国和以德治国相结合

道德和法律都是调节人们思想行为、协调人际关系、维护社会秩序的重要手段，二者相辅相成、相互促进。法律是成文的道德，道德是内心的法律。

（五）坚持从中国实际出发

从我国基本国情出发，同改革开放不断深化相适应，总结和运用党领导人民实行法治的成功经验，围绕社会主义法治建设重大理论和实践问题，推进法治理论创新，发展符合中国实际、具有中国特色、体现社会发展规律的社会主义法治理论，为依法治国提供理论指导和学理支撑。

第三节 全面推进依法治国

全面推进依法治国是一个系统工程，既要贯彻落实"科学立法、严格执法、公正司法、全民守法"法治十六字方针的要求，又要加强和改善党对法治的领导，加强法治队伍建设。

一 科学立法

建设中国特色社会主义法治体系总的要求是：第一，必须坚持立法先行，发挥立法的引领和推动作用，抓住提高立法质量这个关键。第二，要恪守以民为本、立法为民理念，贯彻社会主义核心价值观，使每一项立法都符合宪法精神、反映人民意志、得到人民拥护。第三，要把公正、公平、公开原则贯穿立法全过程，完善立法体制机制，坚持立、改、废、释并举，增强法律法规的及时性、系统性、针对性、有效性。

完善以宪法为核心的中国特色社会主义法律体系的具体措施，主要体现在以下四个方面。

（1）健全宪法实施和监督制度。
（2）完善立法体制。
（3）深入推进科学立法、民主立法。
（4）加强重点领域立法。

二 严格执法

深入推进依法行政、加快法治政府建设的主要措施体现在以下六个方面。
（1）依法全面履行政府职能。
（2）健全依法决策机制。
（3）深化行政执法体制改革。
（4）坚持严格、规范、公正、文明执法。
（5）强化对行政权力的制约和监督。
（6）全面推进政务公开。

三 公正司法

保证公正司法、提高司法公信力的具体措施体现在以下六个方面。
（1）完善确保依法独立公正行使审判权和检察权的制度。
（2）优化司法职权配置。
（3）推进严格司法。
（4）保障人民群众参与司法。
（5）加强人权司法保障。
（6）加强对司法活动的监督。

四 全民守法

全民守法以增强全民法治观念、推进法治社会建设为目标。
（1）推动全社会树立法治意识。
（2）推进多层次多领域依法治理。
（3）建设完备的法律服务体系。
（4）健全依法维权和化解纠纷机制。

五 加强法治工作队伍建设

全面推进依法治国，必须大力加强法治工作队伍建设，为加快社会主义法治国家提供有力的组织和人才保障。
（1）建设高素质法治专门队伍。
（2）加强法律服务队伍建设。
（3）健全、完善法治人才培养机制。

六 加强和改进党对全面推进依法治国的领导

党的领导是全面推进依法治国、加快建设社会主义法治国家最根本的保证。
（1）坚持依法执政。
（2）加强党内法规制度建设。
（3）提高党员干部法治思维和依法办事能力。
（4）推进基层治理法治化。

能力检测

一、单项选择题

1. 在我国，广大人民群众在中国共产党的领导下，依照宪法和法律规定，通过各种途径和形式管理国家事务,管理经济文化事业,管理社会事务,保证国家各项工作都依法进行,逐步实现社会主义民主的制度化、法律化。这体现了我国的基本治国方略是( )。

  A. 人治　　　　B. 法制　　　　C. 以德治国　　　　D. 依法治国

 2. 法律思维是按照法的原理、法律原则和立法精神,分析、解决法律问题的习惯和思想取向。下列选项中,符合我国社会主义法律思维的是( )。

  A. 重证据　　　　　　　　　　B. 重义务

  C. 重实体、轻程序　　　　　　D. 重程序、轻实体

 3. 我国清末法学家沈家本说:"法立而不行,与无法等。"这句话强调了( )的重要性。

  A. 学法　　　　B. 立法　　　　C. 守法　　　　D. 知法

 4. 社会主义法治理念具有丰富而深刻的内涵,其中属于社会主义法治核心内容的是( )。

  A. 党的领导　　B. 依法治国　　C. 执法为民　　D. 公平正义

 5. 社会主义法治理念具有丰富而深刻的内涵,其中属于社会主义法治本质要求的是( )。

  A. 依法治国　　B. 执法为民　　C. 公平正义　　D. 服务大局

 6. 维护正义是法律的重要使命。在司法实践中,经常被称为"看得见的正义"的是( )。

  A. 实体正义　　B. 程序正义　　C. 分配正义　　D. 结果正义

 7. 与道德相比,法律强调规范指引,重在调整人们的( )。

  A. 内心世界　　　　　　　　　　B. 外部行为

  C. 内心世界和外部行为　　　　　D. 内心世界或外部行为

 8. 发展社会主义民主政治是我们党始终不渝的奋斗目标。社会主义民主政治的本质和核心是( )。

  A. 以德治国　　　　　　　　　　B. 依法治国

  C. 人民当家作主　　　　　　　　D. 生产资料公有制

 9. 法治思维是和人治思维相对的思维方式。下列选项中,属于法治思维的基本因素的是( )。

  A. 法律至上　　B. 权力制约　　C. 以言代法　　D. 权力保障

 10. 体现统治阶级意志的,由国家制定或认可的,并由国家强制力保障实施的社会规范是( )。

  A. 道德规范　　B. 法律规范　　C. 纪律规范　　D. 宗教规范

 11. 下列表述中,体现了"公民在法律面前一律平等"的是( )。

  A. 法律不能朝令夕改,法律适用的结果也不能随意被推翻

B. 法律的内容应当统一，下位阶的法律不得与上位阶的法律相抵触

C. 法律不在于多少，而在于是否由人民制定，是否切实体现和维护人民的意志与利益

D. 任何组织和个人都没有超越宪法与法律的特权，任何组织和个人的违法行为都必须依法受到追究

12. 按照法的原理、法律原则和立法精神，分析、解决法律问题的习惯和思想取向，称为（　　）。

　　A. 法律思维　　　B. 法律解释　　　C. 法律制定　　　D. 法律适用

13. 对一个国家法律的本质、内容和发展方向起着决定作用的因素是（　　）。

　　A. 历史传统　　　　　　　　B. 风俗习惯

　　C. 执政党的政策　　　　　　D. 物质资料的生产方式

14. "广大人民群众在党的领导下，依照宪法和法律的规定，通过各种途径和形式管理国家事务，管理经济文化事业，管理社会事务，保证国家各项工作都依法进行，逐步实现社会主义民主的制度化、法律化，使这种制度和法律不因领导人的改变而改变，不因领导人看法和注意力的改变而改变。"这句话阐述的是（　　）的内涵。

　　A. 依法治国　　　　　　　　B. 人民当家作主

　　C. 社会主义民主政治　　　　D. 公民在法律面前一律平等

15. 卢梭说过，一切法律中最重要的法律，既不是刻在大理石上，也不是刻在铜表上，而是铭刻在公民的内心里。这一观点强调（　　）。

　　A. 法律需要靠国家强制力保证实施

　　B. 立法是法的运行的起点

　　C. 公民的法律认同及守法是法治力量之源

　　D. 所有的法律都是民意的反映

16. 依法治国是党领导人民治理国家的基本方略。实施依法治国这一基本方略，首先应确立的理念是（　　）。

　　A. 弘扬中华民族传统文化　　B. 维护社会主义民主政治

　　C. 倡导法律制度移植借鉴　　D. 坚持立法思想权力本位

17. 党员干部是全面推进依法治国的重要组织者，推动者、实践者，要自觉提高运用（　　）和法治方式深化改革、推动发展、化解矛盾、维护稳定能力。

　　A. 法治思维　　　B. 个人魅力　　　C. 个人权威　　　D. 法律规范

18. 人们进行法律行为所必须遵循或履行的法定时间或空间上的步骤和形式，称为（　　）。

　　A. 法律证据　　　B. 法律程序　　　C. 法律方法　　　D. 法律观念

19. 培养社会主义法律思维方式是加强公民法律修养的重要内容。社会主义法律思维方式主要包括重证据、讲程序和（　　）。

A. 改革创新 B. 服务大局

C. 与时俱进 D. 权利、义务相统一

20. 中国特色社会主义法治最根本的保证是( )。

A. 坚持党的领导 B. 坚持人民主体地位

C. 坚持法律面前人人平等 D. 坚持依法治国和以德治国相结合

21. 下列选项中，属于全面推进依法治国总目标的是( )。

A. 建设社会主义法治体系 B. 建设社会主义法律体系

C. 建设完善的党内法规体系 D. 建设高效的法治实施体系

22. 党的十八届四中全会通过了《中共中央关于全面推进依法治国若干重大问题的决定》，确立了全面依法治国的总目标。这个总目标是( )。

A. 形成高效的法治实施体系，建设社会主义法治国家

B. 形成完备的法律规范体系，建设社会主义法治国家

C. 建设中国特色社会主义法律体系，建设社会主义法治国家

D. 建设中国特色社会主义法治体系，建设社会主义法治国家

23. 《中华人民共和国宪法》规定，实行依法治国，建设社会主义法治国家。实现依法治国的根本保证是( )。

A. 党的领导 B. 人民政协

C. 人民当家作主 D. 人民代表大会

24. 党的十九大报告指出，坚持依法治国和依规治党有机统一。为加强党内法规的系统性、整体性，需要( )。

A. 建立高效的法治实施体系 B. 推动党内法规制度的建设

C. 加强法治专门队伍的建设 D. 形成完备的法律规范体系

25. 全面推进依法治国是一项系统工程，要贯彻落实"科学立法、严格执法、公正司法、全民守法"的要求。其中，维护社会公平正义的最后一道防线是( )。

A. 科学立法 B. 严格执法 C. 公正司法 D. 全民守法

二、简答题

1. 简述全面推进依法治国的基本要求。

2. 简述推进法治社会建设的主要措施。

3. 简述我国全面推进依法治国的重大意义。

4. 简述如何理解和坚持法律面前人人平等。

5. 简述依法治国的基本原则。

6. 简述中国特色社会主义法治体系的目标。

三、论述题

1. 论述法治思维与人治思维的区别。

2. 论述如何加强和改进党对全面推进依法治国的领导。

>>> 第七章 学好法学基础理论

第七章

学好法学基础理论

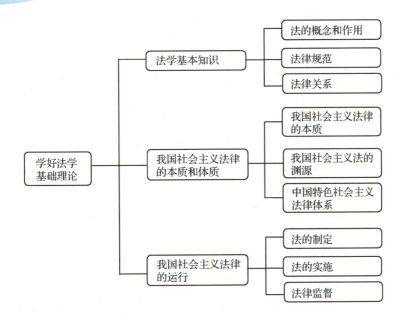

内容精要

第一节 法学基本知识

一 法的概念和作用

（一）法的概念和特征

在我国，法律一词有广义和狭义之分。广义的法律指法律的整体，包括宪法、法律、行政法规、地方性法规、自治条例、单行条例等；狭义的法律仅指全国人民代表大会及其常务委员会制定的法律。

马克思主义法律观认为，法是由国家制定或认可、反映统治阶级的意志，并由国家强制力保障实施的行为规范体系。从这个定义可以看出，法具有以下几个基本特征。

第一，法是由国家制定或认可的行为规范。制定和认可是法律产生的两种方式。制定是指特定的国家机关通过立法活动产生新的规范；认可是指国家对既存的行为规范予以承认，赋予其法律效力。

第二，法是反映统治阶级意志的行为规范。从表面看，法反映的是国家意志，但实质主要是统治阶级的意志，统治阶级总是将自己的意志通过立法上升为国家意志。

第三，法是由国家强制力保证实施的行为规范。调整人们行为的社会规范有多种，除了法律规范，还有道德规范、宗教规范、纪律规范等。与道德规范、宗教规范和纪律规范不同，法律的实施是以国家强制力来保证的。

（二）法的作用

法的作用是指法对人们的行为和社会关系所产生的影响与效果。法的作用可以从不同角度进行分类，如一般作用和具体作用、直接作用和间接作用、实际作用和预期作用、积极作用和消极作用等。但最主要的是法的规范作用和社会作用。

一是法的规范作用和社会作用是从法的目的与内容的角度所做的分类。从法的内容看，法具有规范作用；从法的本质和目的看，法又具有社会作用。这两种作用之间是手段与目的的关系，即法可以通过其规范作用而实现其社会作用。

法的规范作用。法的规范作用是指法作为一种规范体系对人们行为的调整作用，主要包括指引作用、评价作用、教育作用、预测作用和强制作用。

法的指引作用是指法作为一种社会规范，能够为人们提供既定的行为模式，从而指引人们的行为，引导人们在法律范围内活动的作用。法的功能不仅仅在于制裁违法行为，更重要的是要引导人们正确地行动，合法有序地参与社会生活，因此，指引作用是法的首要作用。法的指引作用主要是通过授权性规范、禁止性规范和义务性规范来实现的。与之相应，法的指引形式可分为授权性指引、禁止性指引和义务性指引，分别告诉人们可以做什么、不得做什么和应当做什么。

法的评价作用是指法作为一种社会规范所具有的帮助人们判断、衡量他人行为是否合法或有效的作用，例如一个社会成员依据法律对其他社会成员的行为的评价，或者一个法官对每一个诉讼参加人的行为的评价等。

法的教育作用是指通过法的实施而对一般人或准备采取同类行为的人所产生的积极影响。法的教育作用既包括对违法行为人实施法律制裁后所产生的教育作用，也包括人们的合法行为及其法律后果所产生的示范作用。这种作用不同于法的指引作用，它是指法的实施对于一般人产生了好的影响，从理想的角度说，是使人们受到了教育，加强了对法律的认知，增强了守法的信念。一般来讲，只有真正体现绝大多数社会成员利益的法律才会对人们产生较好的教育作用，而且只有这种真正起到教育作用的法律才是稳定而持久的。

法的预测作用是指人们通过了解法律可以预知自己和他人行为的后果。在法制比较健全的社会中，人们依据自己所掌握的法律知识可以对他人将如何行动做出一定的预测。

法的强制作用是指法具有以国家强制力为后盾，通过国家机器来对违法犯罪行为进行制裁和惩罚的作用。法的强制作用不仅在于制裁和惩罚违法犯罪行为，实现社会正义，而且还在于预防违法犯罪行为，增强社会成员的安全感。

二是法的社会作用。法的社会作用是指法所具有的维护特定的社会关系和社会秩序的作用。法的社会作用是从法的本质和目的的角度进行分析的，它是法的本质的必然体现。在任何阶级社会中，法一定是要维护有利于统治阶级的社会关系和社会秩序的。法的社会作用包括维护阶级统治方面的作用和执行社会公共事务方面的作用。

法在维护阶级统治方面的作用，是法的社会作用的核心。国家制定法律的最重要的目的就是通过法律来实现国家的统治职能，维护统治阶级的阶级统治。

一般来说，法主要是通过调整统治阶级内部的关系和统治阶级与被统治阶级的关系来维护统治秩序的。

法在执行社会公共事务方面的作用，是法的社会作用的重要方面。法除了维护阶级统治，还必须满足一般国家管理和社会管理的需要，维护全体社会成员的公共利益。

法在执行社会公共事务方面的作用与法在维护阶级统治方面的作用其实是密切联系、相辅相成的，二者虽有区别，但又相互交叉。在阶级对立和冲突相对缓和的社会，特别是现代社会，法在执行社会公共事务方面的作用越来越重要。

二 法律规范

法的构成要素主要有规范、原则、概念、技术等，其中，法律规范是法的构成要素的主要部分。

（一）法律规范的概念

法律规范是由国家制定或认可的具体规定权利、义务及法律后果的行为准则。

法律规范是法的基本构成要素，它通过法律条文表述出来，因此，法律规范是法的本体，而法律条文是法律规范的外在表现形式，法律规范与法律条文之间是内容与形式的关系。

法律规范与规范性法律文件也不相同。规范性法律文件是具有一定名称的法律文本，它将同类的若干法律规范集中起来，并以一定的法律原则作为统领。

还有一种法律文件叫作非规范性文件，是指法律规范适用于社会关系所产生的具有法律效力的文件，如起诉书、判决书、裁决书、结婚证、委托书等。

（二）法律规范的逻辑结构

法律规范通常具有严密的逻辑结构。对于法律规范逻辑结构的分析，法学界历来有不同的看法，主要有二要素说和三要素说。二要素说将法律规范的结构分为行为模式和法律后果两个部分。三要素说将法律规范的结构分为假定、处理和制裁三个部分。三要素说是占主导地位的学说。假定是法律规范中规定适用这一规则的前提、条件或情况的部分。处理是法律规范中具体规定可以做什么、应该做什么、禁止做什么等内容的部分，实际上也就是行为模式，它是法律规范的核心部分。制裁是指法律规范中对于遵守规则或违反规则的行为予以肯定或否定的规定，也就是法律后果。

法律规范的构成要素在法律条文中的表现形式是多种多样的。一个法律规范的构成要素可以在一个条文中予以表述，也可以在不同的条文中予以表述，有时为了避免法律条文过于冗长，还可能把假定要素省略。

（三）法律规范的种类

根据不同的标准，可以对法律规范进行不同的分类。根据内容的不同，可将法律规范分为授权性规范、义务性规范和复合性规范。根据对人们行为的限定程度和范围的不同，可将法律规范分为强行性规范和任意性规范。

授权性规范是规定人们可以做出或不做出某种行为或者要求他人做出或不做出某种行为的法律规范。授权性规范主要为人们设定权利。义务性规范是规定人们必须做出某种行为或者不得做出某种行为的法律规范。义务性规范主要为人们设定义务，包括命令性规范和禁止性规范。复合性规范是指授权性规范和义务性规范相互重合的法律规范。它既授予人们权利，同时也设定义务。

强行性规范和任意性规范是根据法律规范对人们行为的限定程度与范围所做的分类。强行性规范要求人们必须为或不为一定的行为，禁止性规范和义务性规范都属于强行性规范；任意性规范允许人们在法律许可的范围内按照自己的意愿选择和确定法律关系，授权性规范一般属于任意性规范。

三 法律关系

（一）法律关系的概念和特征

法律关系是法律规范在调整社会关系的过程中在人们之间形成的以法律权利和法律义务为内容的社会关系。它具有以下特征。

第一，法律关系是以法律规范为基础形成的社会关系。

第二，法律关系是法律主体之间的社会关系。

第三，法律关系是以权利和义务为内容的社会关系。

第四，法律关系是受法律保护的社会关系。

（二）法律关系的构成

法律关系由法律关系的主体、客体和内容构成。

1. 法律关系主体

法律关系主体是法律关系的参加者，是在法律关系中享有权利和承担义务的人或组织。一般认为，法律关系主体主要有三类：自然人、组织、国家。

自然人是基于自然生理规律而出生的人。自然人是所有法律关系主体中最基本的主体。在一个国家范围内，自然人通常包括本国公民、外国公民和无国籍人。此外，还有两类特殊的自然人主体，即个体工商户和农村承包经营户。

组织是指为实现特定目的而由一些自然人组合起来的群体。组织是现代社会最具影响力的法律关系主体。在我国，主要包括企事业单位、国家机关、政党和社会团体。

国家是指拥有一定的人口、领土、政权组织和主权的实体。国家是特殊的法律关系主体。在国际法领域，国家是国际法律关系中的基本主体。在国内法领域，国家是国家所有权法律关系、刑事法律关系、国家赔偿法律关系等的主体。

成为法律关系的主体，需要具备一定的资格，即法律关系的主体必须同时具备法律上所说的权利能力和行为能力。权利能力是法律关系主体依法享有一定权利和承担一定义务的法律资格。它是法律关系主体实际取得权利或承担义务的前提条件。行为能力是指法律关系主体能够通过自己的行为实际行使权利和履行义务的能力。

2. 法律关系客体

法律关系客体是指法律关系主体之间的权利和义务所指向的对象。一般认为，法律关系客体大体上可以分为三类：物、行为和智力成果。

法律意义上的物是指能够为法律关系主体所支配的客观实体。它既可以是天然物，也可以是生产物；既可以是实物，也可以是有价证券等。

法律意义上的行为是指法律关系主体的行为，包括作为和不作为，也称积极行为和消极行为。通常情况下，作为法律关系客体的行为一般是指义务人按照法定或约定的义务而必须实施的行为。

智力成果是指人们从事智力活动所取得的成果，如科学发现、技术成果、商标设计、学术著作、文艺作品、电脑软件等。智力成果虽然也需要一定的物质作为载体，但其价值主要在于物质载体中所包含的知识、技术、信息和其他非物质因素。

随着经济社会发展和科技进步，法律关系客体的范围出现了不断扩大的趋势。风能、大气环境、地热资源等也开始成为法律关系的客体，有价值的情报和资讯更成为信息社会重要的法律关系客体。

3. 法律关系的内容

法律关系的内容是指法律关系主体之间的法律权利和法律义务。

法律权利是指法律所允许的、主体为了满足某种利益而采取的、由其他人的法律义务所保证的法律手段。法律权利具有以下特点：它来自法律规范的规定；它是保障权利人实现某种利益的法律手段；它以义务人的法律义务为保证，否则权利人的权利无法行使；它有明确的范围，超出一定的范围和限度，就不再受法律保护。法律权利主要包含以下内容：权利主体自主决定做出或不做出一定行为的权利；权利主体依据法律或约定要求他人履行一定义务的权利；权利主体在权利受到侵害时，请求国家机关予以保护的权利。

法律义务是指法律所规定的义务人应该按照权利人的要求做出或不做出一定行为以满足权利人利益的法律手段。依产生的原因不同，法律义务可分为法定义务和约定义务；依内容不同，法律义务可分为积极义务和消极义务；积极的法律义务要求义务人以做出某种行为的方式履行义务，消极的法律义务要求义务人以不得做出某种行为的方式履行义务。法律义务的特点是：义务人必须按照权利人的要求做出或不做出一定行为；义务人不履行法定或约定义务时，权利人有权请求有关国家机关强制其履行义务，义务人必须承担由此而引起的法律后果。

（三）法律事实

法律事实是法律规范所规定的，能够引起法律关系产生、变更或消灭的客观情况或现象。法律事实具有以下特点：它是由法律规定的、具有法律意义的，能够引起法律关系的产生、变更或消灭的事实；它是一种客观存在的现象，而不是单纯的心理现象或心理活动。以是否以人们的意志为转移为标准，法律事实可分为法律事件和法律行为。

法律事件是法律规范规定的，不以当事人的主观意志为转移的，引起法律关系产生、变更或消灭的客观事实。法律事件包括自然事件和社会事件。

法律行为是指以当事人主观意志为转移的，能够引起法律关系产生、变更或消灭的行为。法律行为按其与法律规范的要求是否一致，可以分为合法行为和违法行为；按当事人的认知状态，可以分为善意行为和恶意行为。

第二节 我国社会主义法律的本质和体系

我国社会主义法律在本质上是工人阶级领导下的广大人民共同意志和利益的体现，是中国特色社会主义制度的重要组成部分，是党领导人民当家作主的制度保障。

一 我国社会主义法律的本质

（一）我国社会主义法律是阶级性和人民性的统一

从法律所体现的意志来看，我国社会主义法律是工人阶级领导下的广大人民共同意志和利益的体现。我国宪法规定："中华人民共和国是工人阶级领导的，以工农联盟为基础的人民民主专政的社会主义国家。"

在中国，工人阶级领导下的全体人民都是国家的主人。因此，我国社会主义法律制度既是工人阶级利益和意志的体现，同时也是广大人民利益和意志的体现，实现了阶级性与人民性的统一。我国社会主义法律充分体现了党的主张和人民意志的统一。党领导人民制定和实施宪法法律,党自身又必须在宪法法律范围内活动,这是我国社会主义法律本质特征的具体表现。

(二) 我国社会主义法律是科学性和先进性的统一

从法律的实质内容来看,我国社会主义法律既是广大人民意志和利益的反映,又是社会历史发展规律的反映,既具有先进性,又具有科学性,是科学性和先进性的统一。

这种先进性和科学性主要体现在以下三个方面。

一是我国社会主义法律坚持体现工人阶级领导下的全体人民的意志和利益,而不是仅体现少数人的意志和利益。

二是我国社会主义法律坚持辩证唯物主义与历史唯物主义的世界观和方法论,在科学世界观和方法论的指导下探索社会主义法制建设的独特规律,强调从自己的国情和社会主义现代化建设的需要出发,走自己的路,不照抄照搬西方法律制度模式。

三是坚持以开放的胸怀和谦虚的态度对待前人与他人的宝贵经验,既注意继承我国传统法律文化中的优秀成分,又注意借鉴外国法律发展的成功经验,同时还在立法体制、立法程序、立法技术等方面不断改革创新。

(三) 我国社会主义法律是中国特色社会主义建设的重要保障

从法律的社会作用来看,我国社会主义法律是建设中国特色社会主义事业的重要保障。

在经济建设方面,我国社会主义法律维护和巩固以公有制为主体、多种所有制经济共同发展,按劳分配为主体、多种分配方式并存,社会主义市场经济体制等社会主义基本经济制度,促进社会主义市场经济持续健康发展,保障社会主义现代化经济体系建设顺利推进。

在政治建设方面,我国社会主义法律维护和巩固社会主义基本政治制度,保障人民依法享有和行使当家作主的权利,保障社会主义民主政治建设顺利进行,镇压敌对势力和敌对分子的反抗与破坏活动,保卫国家主权和领土完整,维护国家安全。

在文化建设方面,我国社会主义法律既为繁荣社会主义先进文化做出自己的贡献,同时又为社会主义文化建设保驾护航,巩固社会主义意识形态,维护社会主义核心价值观,弘扬社会主义道德,促进文化事业和文化产业的发展,推动社会主义文化繁荣兴盛。

在社会建设方面,我国社会主义法律维护社会的公平正义,协调人与人、人与社会的关系,维护和谐、稳定的社会秩序,确保让改革发展的成果更多、更公平地惠及全体人民,使人民的获得感、幸福感、安全感更加充实、更有保障、更可持续。

在生态文明建设方面,我国社会主义法律倡导尊重自然、顺应自然、保护自然的理念,充分发挥生态文明制度建设主力军的作用,通过加强立法,积极参与建立健全国土空间开发保护制度、耕地保护制度、水资源保护制度和环境保护制度,推动绿色发展,促进人与自然和谐共生。

二 我国社会主义法的渊源

法的渊源，也称法律渊源，简称法源。

（一）法的渊源的概念

在我国，法的渊源主要是指法的形式意义上的渊源，即法的创制方式和表现形式，也称法的效力渊源。

（二）我国法的渊源的特点

在我国历史上，法律最早是从习惯、习惯法发展为成文法的。由习惯到习惯法，由不成文法到成文法，是法律发生发展的一般规律。

新中国成立后特别是改革开放后，我国的立法工作逐步得到发展，法的渊源更加丰富。

在当代，我国法的渊源具有以下一些特点。

第一，以宪法为核心，以制定法为主。新中国成立初期，我国法的渊源包括法律、法令、条例、单行条例、习惯等。我国法的渊源的这一特点，与我国的国体、政体及历史文化传统有关。

第二，特别行政区法律是我国法的渊源。根据"一国两制"的基本方针和宪法的规定，特别行政区实行不同于全国其他地区的经济、政治和法律制度。特别行政区的法律、法规在当代我国法的渊源中属于单独的一类。

第三，习惯在特定条件下也可成为我国法的渊源。习惯是人们长时期逐渐养成的行为模式和社会风尚。虽然法律起源于习惯，但当代我国法的渊源主要是制定法，只是在个别和特殊情况下才认可个别习惯。

（三）当代中国法的渊源

当代中国法的渊源，指的是作为我国主体的实行社会主义制度的大陆地区的法的渊源，主要是以宪法为基础的各种制定法、我国缔结或参加的国际条约和认可的惯例等，具体包括宪法、法律、行政法规、地方性法规、自治法规、规章、特别行政区法律法规、国际条约。

第一，宪法。宪法是国家的根本大法，规定国家的根本问题，包括国体、政体、国家的根本制度和基本制度、公民的基本权利和义务、国家机关的组织与活动原则，以及国旗、国歌、国徽、首都等，是我国治国安邦的总章程，是当前建设中国特色社会主义的总纲领。宪法具有最高的法律效力，其他法律、法规、规章等的制定必须以宪法为依据，不得与宪法相抵触。

第二，法律。这里的法律是指狭义的法律，即由全国人民代表大会及其常务委员会制定的规范性法律文件。法律又可以分为基本法律和基本法律以外的法律。基本法律是由全国人民代表大会制定和修改的规范性法律文件，如民法、刑法、诉讼法等。在我国法的渊源中，基本法律的地位仅次于宪法。基本法律以外的法律是指由全国人民代表大会常务委员会制定和修改的规范性法律文件。它们是我国法的渊源的重要组成部分。

第三，行政法规。行政法规是指我国最高行政机关即国务院依照宪法规定的权限和法定程序制定与修改的规范性法律文件。

第四，地方性法规。地方性法规是指省、自治区或直辖市的人民代表大会及其常委会根据本地区的具体情况和实际需要在法定的权限内制定的适用于本地区的规范性文件。

第五，自治法规。自治法规包括自治条例和单行条例。民族区域自治制度是我国宪法规定的一项基本政治制度

第六，规章。规章包括国务院各部门规章和地方政府规章。

第七，特别行政区法律法规。特别行政区实行不同于国家其他地区的经济、政治和法律制度。

第八，国际条约。此处的国际条约特指我国缔结或参加的国际条约与协定。按照有关法律规定，凡我国缔结或参加的国际条约与协定在我国具有法律效力，属于当代中国法的渊源之一。

三 中国特色社会主义法律体系

法律体系一般是指一个国家法律的整体。

2010年年底，一个立足于中国国情和实际、适应改革开放和社会主义现代化建设需要、集中体现党和人民意志的，以宪法为统帅，以宪法相关法、民法商法等多个法律部门的法律为主干，由法律、行政法规、地方性法规等多个层次的法律规范构成的中国特色社会主义法律体系已经形成，使国家经济建设、政治建设、文化建设、社会建设及生态文明建设的各个方面实现了有法可依。

（一）法律体系的概念

法律体系是指由一个国家的全部现行法律规范分类组合为不同的法律部门而形成的有机联系的统一整体。我国社会主义法律体系是以我国全部现行法律规范依照一定的标准和原则划分为不同的法律部门，并由这些法律部门所构成的具有内在联系的统一整体。法律体系由若干法律部门构成，因此，法律体系也就是部门法体系。所谓法律部门，又称部门法，是指一个国家根据一定的原则和标准划分的本国同类法律规范的总称。

法律部门的划分标准主要有二：一是法律规范所调整的社会关系；二是法律规范的调整方法。法律部门所指同类法律规范，一般不包括国际法，仅指国内法；不包括已经失效的法，仅指现行法。

（二）中国特色社会主义法律体系的构成

根据全国人大常委会对中国特色社会主义法律体系的目标设计，中国特色社会主义

法律体系可划分为七个主要的法律部门：宪法及宪法相关法、民法商法、行政法、经济法、社会法、刑法、诉讼与非诉讼程序法。

第一，宪法及宪法相关法。宪法及宪法相关法是中国特色社会主义法律体系的主导部门。宪法即《中华人民共和国宪法》及其修正案。

宪法相关法是指与宪法相配套、直接保障宪法实施与国家政权运作等方面的法律规范，如全国人民代表大会组织法、立法法、全国人民代表大会和地方各级人民代表大会选举法、国旗法、国籍法、民族区域自治法、香港特别行政区基本法、澳门特别行政区基本法。

第二，民法商法。民法商法是中国特色社会主义法律体系的基本法律部门之一，是调整民事和商事活动的基础性法律。

第三，行政法。行政法是中国特色社会主义法律体系的基本法律部门之一。行政法主要包括有关行政管理主体、行政行为、行政程序、行政监察与监督、国家公务员制度等方面的法律规范。

第四，经济法。经济法是从民法商法部门和行政法部门分离出来的法律部门，内容主要涉及国家宏观调控、经济管理，以及创造平等竞争环境、维护市场秩序等。

第五，社会法。社会法也是近些年新划分出来的法律部门。社会法调整的社会关系主要是劳动关系、社会保障和社会福利关系，目的是从社会整体利益出发，保障劳动者、失业者、丧失劳动能力的人和其他需要扶助的人的权益。

第六，刑法。刑法是中国特色社会主义法律体系的基本法律部门之一。作为一个独立的法律部门，刑法除包括《中华人民共和国刑法》外，还包括此后的十项刑法修正案及全国人大常委会制定的有关惩治犯罪的决定等。

第七，诉讼与非诉讼程序法。诉讼与非诉讼程序法也是中国特色社会主义法律体系的基本法律部门。程序法是规定保障权利和义务实现的程序方面的法律规范。诉讼程序法是规范国家司法机关解决社会纠纷的法律规范，非诉讼程序法是规范仲裁机构和人民调解组织解决社会纠纷的法律规范。

第三节 我国社会主义法律的运行

法律的运行，或称法的运行，是一个从制定、实施到实现的过程。这个过程主要包括法的制定（立法）、法的实施（守法、执法、司法）和法律监督。

一 法的制定

法的制定，又称立法，是法的运行的起始性和关键性环节，是解决有法可依问题的根本途径。所谓法的制定，就是指法定机关依照法定职权和程序创制、认可、修改与废止规范性法律文件的活动。

(一) 立法机关及其权限

我国的立法体制是一个一元多层次的立法体制。我国各级各类国家机关及其立法权限如下。

第一，最高国家权力机关及其常设机关的立法权限。全国人民代表大会及其常务委员会行使国家立法权。全国人民代表大会制定和修改经济、刑事、民事等基本法律。全国人大常委会制定和修改除应当由全国人大制定的法律之外的其他法律；在全国人大闭会期间，对全国人大制定的法律进行部分补充和修改，但不得同该法律的基本原则相抵触。

第二，最高国家行政机关及其所属机关的法规制定权限。国务院根据宪法和法律，制定行政法规，发布决定和命令。国务院各部、委根据法律和国务院的行政法规、决定与命令在本部门的权限内制定命令、指示和规章。

第三，地方各级国家权力机关及其常设机关的法规制定权限。地方各级人民代表大会在本行政区域内，依照法律规定的权限通过和发布决议。省、自治区、直辖市的人民代表大会及其常务委员会根据本行政区域的具体情况和实际需要，在不同宪法、法律、行政法规相抵触的前提下，可以制定地方性法规。

第四，地方各级国家行政机关及其所属机关的法规制定权限。地方各级人民政府在本行政区域内，有权依照法律规定的权限发布决定和命令。省、自治区、直辖市以及省、自治区人民政府所在地的市和经国务院批准的较大的市的人民政府，可以根据法律和行政法规，制定规章。民族自治地方的人民代表大会有权依照当地民族的政治、经济和文化的特点，制定自治条例和单行条例。自治区的自治条例和单行条例，须报全国人大常委会备案。特别行政区立法机关有权根据特别行政区基本法自主制定本行政区的法律。

(二) 立法程序

立法程序是指立法机关在创制、认可、修改和废止规范性法律文件的活动中所应遵循的法定步骤与方法。狭义的立法程序，仅指最高国家权力机关创制、认可、修改和废止法律的程序；广义的立法程序，则指一切享有立法权的国家机关创制、认可、修改和废止规范性法律文件的程序。通常所说立法程序一般是指狭义上的立法程序，即最高国家权力机关和它的常设机关的立法程序。

一般来讲，立法活动包括立法准备阶段、法的形成和确立阶段、法律的完善阶段。在法的形成和确立阶段，立法程序主要包括提案、审议、表决和公布。

法案的提出是指享有立法提案权的机关、组织和人员依法定程序向立法机关提出有关立法的提议与建议的专门活动。

法案的审议是指立法机关对法律草案进行正式的审查和讨论的专门活动。根据有关法律规定，列入全国人民代表大会会议议程的法律案，由有关的专门委员会进行审议。

列入常务委员会会议议程的法律案，一般应当经三次常务委员会会议审议后再交付表决。一审是听取提案人对法律草案的说明，进行初步审议；二审是在经过两个月或更长的时间，委员们对法律草案进行充分的调查研究后，围绕法律草案的重点、难点和分歧意见进行深入审议；三审是专门委员会根据委员们的审议意见，在对法律草案进行修改的基础上再做审议，如果意见不大，则交付表决。

法案的表决是指有权的机关和人员通过一定的方式对法案做出的最终裁决。法案的通过是法案表决的一种结果，即法律草案获得了法定数目以上人的赞成。

法律的公布，也称法的颁布，是指有权的机关或人员将已经通过的法律以一定的形式公之于众。法律的公布是立法程序的最后一个步骤，是法律生效的前提。法律通过后，凡是未经公布的，都不能发生法律效力。公布法的权力一般都由国家元首行使。

（三）法律文件的完善

立法活动一般包括三个阶段：立法准备阶段、法的形成和确立阶段、法律的完善阶段。法律文件的完善，主要包括法的修改、废止，法律解释，规范性法律文件的清理，法律汇编和法律编纂。

法的修改、废止：一部法律制定出来后，不可能做到十分完备，特别是随着法律的实施，常常会发现一些问题。另外，随着社会的发展变化，法律常常也会出现一些不适应的问题。因此，在一定的时候，在兼顾法的稳定性的前提下，就需要对某些法律或一部法律的某些条款进行修改，在必要的时候甚至予以废止。

法律解释是对法律的内容和含义所做的说明。根据解释主体和解释效力的不同，法律解释可以分为正式解释和非正式解释。正式解释，也叫法定解释、有权解释，指有关机关或者经授权的社会组织按照宪法和法律赋予的权限对有关规范性文件做出具有法律约束力的解释。当代我国的正式法律解释包括立法解释、司法解释和行政解释。全国人大常委会所进行的解释是立法解释。国家最高司法机关做的解释是司法解释。司法解释又分为审判解释和检察解释。审判解释是最高人民法院对审判工作中如何具体应用法律的问题所做的解释，检察解释是最高人民检察院对检察工作中如何具体应用法律的问题所做的解释。行政解释是有权的行政机关对有关法律、法规所做的解释。非正式解释，也称无权解释学理解释，是指由学者或其他个人或组织对法律的内容做出的学术性的解释，这种解释不具有法律约束力，主要适用于法学教育、法学研究、法制宣传等方面，对法律适用也具有一定的参考价值。

规范性法律文件的清理是指有关国家机关按照法定程序，对一定时期和范围的规范性法律文件进行审查并重新确定其法律效力的活动。

法律汇编是指将规范性法律文件按照一定的目的或标准做出系统排列和汇编成册的活动。法律汇编不改变规范性法律文件的内容，不属于国家立法活动。

法律编纂是指对散见于不同规范性法律文件中的同属于某一类的法律规范进行审查、修改和补充。法律编纂属于国家立法活动。它可以改变原来规范的内容，还可以增加新内容。

二 法的实施

法的实施是指法在实际的社会生活中得以贯彻。法的实施有三种基本形式：法的遵守、法的执行和法的适用。

（一）法的遵守

法的遵守的含义有广义和狭义之分。广义的法的遵守，等同于法的实施。狭义的法的遵守，也称守法，是指一切组织和个人依照法律规定行使权利与履行义务的活动。

守法的主体：在当代中国，守法主体包括我国的一切组织和个人。我国宪法规定，我国公民在法律面前一律平等，任何组织和个人都不能享有超越宪法与法律的特权。这是依法治国的基本要求。

守法的条件：人们守法的程度和水平，往往受到多方面因素的影响。概括起来，这些因素主要有两大类：一是主体自身方面的因素，可称为守法的主观条件；一是主体自身以外的因素，可称为守法的客观条件。守法的主观条件一般包括主体的政治意识、法律观念、道德观念、文化程度和心理素质。

（二）法的执行

法的执行简称执法，有广义和狭义之分。广义的执法包括法的适用。狭义的执法仅指国家行政机关及其公职人员和法律授权、委托的组织及其公职人员依法行使管理职权、履行职责和实施法律的活动，因此也常被称为行政执法。行政执法是实现国家职能和法的作用的主要环节，具有十分重要的意义。

行政执法具有以下一些特点。

第一，执法主体具有特定性。在我国，行政执法主体主要是国家行政机关，包括中央和地方各级人民政府、各级政府所属的各部门。

第二，执法内容具有广泛性。在现代社会，社会关系和社会事务越来越复杂，行政执法的范围也越来越广泛，其内容涉及政治、经济、外交、国防、财政、文化、教育、卫生、科学、工业、农业、商业、交通、建设、治安、社会福利、公用事业等各个领域。

第三，执法行为具有主动性。由于执法是行政机关的法定职责，因此，行政机关在执法过程中一般都采取积极主动的行动，而不需要得到行政相对人的意思表示。

第四，执法活动具有单方面性。在行政法律关系中，行政机关既是一方当事人，又是执法者，因此在行政法律关系中居于支配地位，可以依法自行决定和直接实施执法行为，而不需要得到行政相对人的同意。

（三）法的适用

法的适用，也称司法，是指国家司法机关及其公职人员根据法定职权和程序应用法律处理案件的专门活动。

法的适用具有以下一些特点。

第一，法的适用的主体是司法机关。在我国，司法主要包括审判和检察，司法权包括审判权和检察权。审判权由人民法院行使，检察权由人民检察院行使，人民法院和人民检察院都是我国的司法机关，是法的适用的主体，其他组织和个人都无权适用法律。

第二，法的适用须严格遵循法定程序。法定程序是保证司法机关正确、合法、及时处理案件的前提，是实现司法公正的重要保证。

第三，法的适用以国家强制力为后盾。司法机关在案件的调查、审理、判决等活动过程中，有权依法采取相应的强制措施。

第四，法的适用具有很强的专业性。法的适用是司法机关运用法律处理案件的专门活动，司法人员必须受过专业的教育和训练，具有完备的法律专业知识和丰富的经验，否则很难胜任这一专业性很强的工作。

三　法律监督

法律监督有广义和狭义两种含义。

狭义的法律监督，是指由特定的国家机关依照法定权限和法定程序，对立法、司法和执法活动的合法性所进行的监督。

广义的法律监督，是指所有国家机关、社会组织和公民个人对各种法律活动的合法性所进行的监督。从广义理解，依监督主体的不同，可将法律监督分为国家监督和社会监督两大类。

（一）国家监督

国家监督，也称国家机关的监督。依国家机关的性质的不同，国家监督又分为权力机关的监督、行政机关的监督、监察机关的监督和司法机关的监督。

权力机关的监督包括法律上的监督和工作上的监督。法律上的监督是指各级人民代表大会及其常委会对法律实施的监督，包括全国人大及其常委会对宪法和法律实施的监督，地方各级人大及其常委会对地方性法规、决议、决定实施的监督。工作上的监督是对行政机关、监察机关和法院、检察院的监督，监督的方式有听取和审议这些机关的工作报告、提出质询案、调查重大问题等。

行政机关的监督是行政系统内部上下级之间的监督，是依据行政管理权限而实施的业务监督。

监察机关的监督是监察机关对所有行使公权力的公职人员的监督。各级监察委员会是行使国家监察职能的专责机关，依照有关法律规定对所有行使公权力的公职人员依法履职、秉公用权、廉洁从政从业及道德操守情况进行监督检查，对涉嫌贪污贿赂、滥用职权、玩忽职守、权力寻租、利益输送、徇私舞弊、浪费国家资财等职务违法和职务犯罪行为进行调查，维护宪法和法律的尊严。

司法机关的监督包括检察机关的监督和审判机关的监督。检察机关的监督是检察机关对国家行政机关的执法、审判机关的司法及刑事犯罪行为进行的监督，主要包括法纪监督、经济监督、侦查监督、审判监督和狱政监督。审判机关的监督是指审判机关对本系统和其他国家机关、社会组织和公民执法、司法、守法活动进行的监督，分为对内监督和对外监督两个方面。

（二）社会监督

社会监督是指除国家机关以外的各政党、各社会组织、人民群众依照宪法和有关法律对各种法律活动的合法性所进行的监督。

根据监督主体的不同，社会监督可以分为中国共产党的监督、社会组织的监督、人民群众的监督、舆论监督和网络监督。

中国共产党的监督是我国一种非常重要的法律监督形式。中国共产党是执政党，在国家政治生活中居于领导地位，在监督宪法和法律的实施、监督各级领导干部依法行使权力等方面，可以发挥极其重要的作用。

社会组织的监督包括人民政协、各民主党派和社会团体的监督。社会组织的监督作用特别是在某些特定领域的监督作用应该得到更好的发挥。

人民群众的监督是由人民群众直接进行的法律监督。监督内容主要包括国家立法机关、司法机关和行政机关及其工作人员行使职权的行为，共产党依法执政、各民主党派依法参政的行为，各社会团体、社会组织参与国家政治生活和社会生活的行为，以及普通公民的法律活动。我国法律规定，公民对于任何国家机关和工作人员有提出批评和建议的权利；对于任何国家机关和工作人员的违法失职行为，有向有关国家机关提出申诉、控告或者检举的权利。

在舆论监督和网络监督方面，新闻媒介和网络是公民行使言论自由与出版自由的重要阵地。公民在新闻媒介和网络上进行的法律监督，实际上是人民群众的监督在新闻出版和新媒体领域的体现，是人民群众监督的重要组成部分，是当前网络信息时代最重要的群众监督的方式之一。

要点荟萃

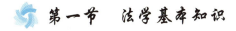

第一节　法学基本知识

一　法的概念和作用

（一）法的概念和特征

在我国，广义的法律指法律的整体，包括宪法、法律、行政法规、地方性法规、自治条例、单行条例等；狭义的法律仅指全国人民代表大会及其常务委员会制定的法律。

马克思主义法律观认为，法是由国家制定或认可的、反映统治阶级的意志，并由国家强制力保障实施的行为规范体系。

法具有以下基本特征。

（1）法是由国家制定或认可的行为规范。

（2）法是反映统治阶级意志的行为规范。

（3）法是由国家强制力保证实施的行为规范。

（二）法的作用

法的作用是指法对人们的行为和社会关系所产生的影响与效果。法的规范作用和社会作用是从法的目的与内容的角度所做的分类。

第一，法的规范作用是指法作为一种规范体系对人们行为的调整作用，主要包括指引作用、评价作用、教育作用、预测作用和强制作用。

法的指引作用是指法作为一种社会规范，能够为人们提供既定的行为模式，从而指引人们的行为，引导人们在法律范围内活动的作用。

法的评价作用是指法作为一种社会规范所具有的帮助人们判断、衡量他人行为是否合法或有效的作用。

法的教育作用是指通过法的实施而对一般人或准备采取同类行为的人所发生的积极影响。

法的预测作用是指人们通过了解法律可以预知自己和他人行为的后果。

法的强制作用是指法具有以国家强制力为后盾，通过国家机器来对违法犯罪行为进行制裁和惩罚的作用。

第二，法的社会作用是指法所具有的维护特定的社会关系和社会秩序的作用。法在维护阶级统治方面的作用，是法的社会作用的核心。国家制定法律的最重要的目的就是通过法律来实现国家的统治职能，维护统治阶级的阶级统治。

二 法律规范

法的构成要素主要有规范、原则、概念、技术等，其中，法律规范是法的构成要素的主要部分。

（一）法律规范的概念

法律规范是由国家制定或认可的具体规定权利、义务及法律后果的行为准则。

（二）法律规范的逻辑结构

法律规范通常具有严密的逻辑结构。三要素说是占主导地位的学说。

（1）假定。假定是法律规范中规定适用这一规则的前提、条件或情况的部分。

（2）处理。处理是法律规范中具体规定可以做什么、应该做什么、禁止做什么等内容的部分，实际上也就是行为模式，它是法律规范的核心部分。

（3）制裁。制裁是指法律规范中对于遵守规则或违反规则的行为予以肯定或否定的规定，也就是法律后果。

（三）法律规范的种类

根据法律规范的内容的不同，可将法律规范分为授权性规范、义务性规范和复合性规范。根据法律规范对人们行为的限定程度和范围的不同，可将法律规范分为强行性规范和任意性规范。

授权性规范是规定人们可以做出或不做出某种行为或者要求他人做出或不做出某种行为的法律规范。授权性规范主要为人们设定权利。

义务性规范是规定人们必须做出某种行为或不得做出某种行为的法律规范。义务性规范主要为人们设定义务，包括命令性规范和禁止性规范。

复合性规范是指授权性规范和义务性规范相互重合的法律规范。它既授予人们权利，同时也设定义务。

强行性规范要求人们必须为或不为一定的行为，禁止性规范和义务性规范都属于强行规范。

任意性规范允许人们在法律许可的范围内，按照自己的意愿选择和确定法律关系，授权性规范一般属于任意性规范。

三　法律关系

（一）法律关系的概念和特征

法律关系是法律规范在调整社会关系的过程中在人们之间形成的以法律权利和法律义务为内容的社会关系。它具有以下特征。

（1）法律关系是以法律规范为基础形成的社会关系。

（2）法律关系是法律主体之间的社会关系。

（3）法律关系是以权利和义务为内容的社会关系。

（4）法律关系是受法律保护的社会关系。

（二）法律关系的构成

法律关系由法律关系的主体、客体和内容构成。

法律关系主体是法律关系的参加者，是在法律关系中享有权利和承担义务的人或组织。

法律关系客体是指法律关系主体之间的权利和义务所指向的对象。一般认为，法律关系客体大体上可以分为三类：物、行为和智力成果。

法律关系的内容是指法律关系主体之间的法律权利和法律义务。法律权利是指法律所允许的、主体为了满足某种利益而采取的、由其他人的法律义务所保证的法律手段。

法律权利主要包含以下内容：权利主体自主决定做出或不做出一定行为的权利；权利主体依据法律或约定要求他人履行一定义务的权利；权利主体在权利受到侵害时，请求国家机关予以保护的权利。

法律义务是指法律所规定的义务人应该按照权利人的要求做出或不做出一定行为以满足权利人利益的法律手段。依产生的原因不同，法律义务可分为法定义务和约定义务；依内容不同，法律义务可分为积极义务和消极义务。

（三）法律事实

法律事实是法律规范所规定的，能够引起法律关系产生、变更或消灭的客观情况或现象。

法律事实的特点：它是由法律规定的，具有法律意义的，能够引起法律关系的产生、变更或消灭的事实；它是一种客观存在的现象。以是否以人们的意志为转移为标准，法律事实可分为法律事件和法律行为。

法律事件是法律规范规定的，不以当事人的主观意志为转移的，引起法律关系产生、变更或消灭的客观事实。法律事件包括自然事件和社会事件。

法律行为是指以当事人主观意志为转移的，能够引起法律关系产生、变更或消灭的行为。

第二节 我国社会主义法律的本质和体系

一 我国社会主义法律的本质

（1）我国社会主义法律是阶级性和人民性的统一。

（2）我国社会主义法律是科学性和先进性的统一。

（3）我国社会主义法律是中国特色社会主义建设的重要保障。

二 我国社会主义法的渊源

法的渊源，也称法律渊源，简称法源。

（一）法的渊源的概念

在我国，法的渊源主要是指法的形式意义上的渊源，即法的创制方式和表现形式，也称法的效力渊源。

（二）我国法的渊源的特点

在当代，我国法的渊源具有以下一些特点。

（1）以宪法为核心，以制定法为主。

（2）特别行政区法律是我国法的渊源。

（3）习惯在特定条件下也可成为我国法的渊源。

（三）当代中国法的渊源

（1）宪法。宪法是国家的根本大法，规定国家的根本问题，包括国体、政体、国家的根本制度和基本制度、公民的基本权利和义务、国家机关的组织与活动原则，以及国旗、国歌、国徽和首都等，是我国治国安邦的总章程，是当前建设中国特色社会主义的总纲领。

（2）法律。这里的法律是指狭义的法律，即由全国人民代表大会及其常务委员会制定的规范性法律文件。

（3）行政法规。行政法规是指我国最高行政机关即国务院依照宪法规定的权限和法定程序制定与修改的规范性法律文件。

（4）地方性法规。地方性法规是指省、自治区和直辖市的人民代表大会及其常委会根据本地区的具体情况与实际需要在法定的权限内制定的适用于本地区的规范性文件。

（5）自治法规。自治法规包括自治条例和单行条例。民族区域自治制度是我国宪法规定的一项基本政治制度。

（6）规章。规章包括国务院各部门规章和地方政府规章。

（7）特别行政区法律法规。特别行政区实行不同于国家其他地区的经济、政治和法律制度。

（8）国际条约。此处的国际条约特指我国缔结或参加的国际条约与协定。按照有关法律规定，凡我国缔结或参加的国际条约与协定在我国具有法律效力，属于当代中国法的渊源之一。

三 中国特色社会主义法律体系

（一）法律体系的概念

法律体系是指由一个国家的全部现行法律规范分类组合为不同的法律部门而形成的有机联系的统一整体。

（二）中国特色社会主义法律体系的构成

中国特色社会主义法律体系可划分为七个主要的法律部门：宪法及宪法相关法、民法商法、行政法、经济法、社会法、刑法、诉讼与非诉讼程序法。

第三节 我国社会主义法律的运行

一 法的制定

法的制定，又称立法，是法的运行的起始性和关键性环节。所谓法的制定，就是指法定机关依照法定职权和程序创制、认可、修改与废止规范性法律文件的活动。

（一）立法机关及其权限

（1）最高国家权力机关及其常设机关的立法权限。全国人民代表大会及其常务委员会行使国家立法权。

（2）最高国家行政机关及其所属机关的法规制定权限。

（3）地方各级国家权力机关及其常设机关的法规制定权限。

（4）地方各级国家行政机关及其所属机关的法规制定权限。

（二）立法程序

立法程序是指立法机关在创制、认可、修改和废止规范性法律文件的活动中所应遵循的法定步骤与方法。狭义的立法程序，仅指最高国家权力机关创制、认可、修改和废止法律的程序；广义的立法程序，则指一切享有立法权的国家机关创制、认可、修改和废止规范性法律文件的程序。

立法活动包括立法准备阶段、法的形成和确立阶段、法律的完善阶段。在法的形成和确立阶段，立法程序主要包括提案、审议、表决和公布。

（三）法律文件的完善

立法活动一般包括三个阶段：立法准备阶段、法的形成和确立阶段、法律的完善阶段。法律文件的完善，主要包括法的修改、废止，法律解释，规范性法律文件的清理，法律汇编和法律编纂。

（1）法的修改、废止。随着社会的发展变化，法律常常也会出现一些不适应的问题。因此，在一定的时候，在兼顾法的稳定性的前提下，就需要对某些法律或一部法律的某些条款进行修改，在必要的时候甚至予以废止。

（2）法律解释。法律解释是对法律的内容和含义所做的说明。当代我国的正式法律解释包括立法解释、司法解释和行政解释。

（3）规范性法律文件的清理。规范性法律文件的清理是指有关国家机关按照法定程序，对一定时期和范围的规范性法律文件进行审查并重新确定其法律效力的活动。

（4）法律汇编。法律汇编是指将规范性法律文件按照一定的目的或标准做出系统排列和汇编成册的活动。

（5）法律编纂。法律编纂是指对散见于不同规范性法律文件中的同属于某一类的法律规范进行审查、修改和补充。

二 法的实施

法的实施是指法在实际的社会生活中得以贯彻。法的实施有三种基本形式：法的遵守、法的执行和法的适用。

（一）法的遵守

广义的法的遵守，等同于法的实施。狭义的法的遵守，也称守法，是指一切组织和个人依照法律规定行使权利与履行义务的活动。

（1）守法的主体。在当代中国，守法主体包括我国的一切组织和个人。

（2）守法的条件。守法的主观条件一般包括主体的政治意识、法律观念、道德观念、文化程度和心理素质。

（二）法的执行

广义的执法包括法的适用。狭义的执法仅指国家行政机关及其公职人员和法律授权、委托的组织及其公职人员依法行使管理职权、履行职责与实施法律的活动，因此也常被称为行政执法。

行政执法具有以下一些特点。

（1）执法主体具有特定性。

（2）执法内容具有广泛性。

（3）执法行为具有主动性。

（4）执法活动具有单方面性。

（三）法的适用

法的适用，也称司法，是指国家司法机关及其公职人员根据法定职权和程序具体应用法律处理案件的专门活动。

法的适用具有以下一些特点。

（1）法的适用的主体是司法机关。

（2）法的适用须严格遵循法定程序。

（3）法的适用以国家强制力为后盾。

（4）法的适用具有很强的专业性。

三 法律监督

狭义的法律监督，是指由特定的国家机关依照法定权限和法定程序，对立法、司法和执法活动的合法性所进行的监督。

广义的法律监督，是指所有国家机关、社会组织和公民个人对各种法律活动的合法性所进行的监督。

（一）国家监督

国家监督，也称国家机关的监督。依国家机关的性质的不同，国家监督又分为权力机关的监督、行政机关的监督、监察机关的监督和司法机关的监督。

（二）社会监督

社会监督是指除国家机关以外的各政党、各社会组织和人民群众依照宪法与有关法律对各种法律活动的合法性所进行的监督。根据监督主体的不同，社会监督可以分为中国共产党的监督、社会组织的监督、人民群众的监督、舆论监督和网络监督。

能力检测

一、单项选择题

1. 法通过调整统治阶级内部的关系和统治阶级与被统治阶级的关系来维护统治秩序。这体现了法的（　　）。
   - A. 社会作用
   - B. 规范作用
   - C. 指引作用
   - D. 制裁作用

2. 法是受多种因素影响的社会意识形态。其中，决定法的本质、内容和发展方向的根本因素是（　　）。
   - A. 人口数量
   - B. 历史传统
   - C. 地理环境
   - D. 物质生活条件

3. 合同法规定，具有同时履行合同义务的一方当事人，发现对方不能履行合同时，可以拒绝履行自己的合同义务。这样的法律规定集中体现了法的（　　）。
   - A. 指引作用
   - B. 评价作用
   - C. 预测作用
   - D. 制裁作用

4. 我国全部现行法律规范依照一定的标准和原则划分为不同的法律部门。下列规范性法律文件中属于宪法相关法的是（　　）。
   - A.《中华人民共和国公务员法》
   - B.《中华人民共和国民法典》
   - C.《中华人民共和国民族区域自治法》
   - D.《中华人民共和国消费者权益保护法》

5. 国家机关按照法定程序，对一定时期和范围的规范性文件进行审查并重新确定其法律效力的活动是（　　）。
   - A. 法律汇编
   - B. 法律清理
   - C. 法律编纂
   - D. 法律解释

6. 行政执法是实现国家职能和法律价值的重要环节。下列关于我国行政执法的说法中，正确的是（　　）。
   - A. 行政执法的适用范围非常狭窄
   - B. 行政执法的主体是人民检察院
   - C. 被动性是行政执法的唯一特征
   - D. 符合一定条件的大学或科研院在所在授权范围内享有行政执法权

7. 下列对"法是统治阶级意志的体现"的理解中，正确的是（　　）。
   - A. 法是最高统治者的意志
   - B. 统治阶级的意志都是法律
   - C. 法是统治阶级意志的简单相加
   - D. 法是被奉为国家意志的统治阶级意志

8. 一个国家的全部法律规范可以按照一定标准分类组合为不同的法律部门，在此基础上构成的有机联系的统一整体，称为（　　）。

　　A. 法律汇编　　　　　　　　B. 法律体系
　　C. 法律编纂　　　　　　　　D. 法律渊源

9. 法律的实施包括法律适用和法律执行。其中，法律适用的主体，除了人民法院之外还有（　　）。

　　A. 公安机关　　　　　　　　B. 人大机关
　　C. 人民政府　　　　　　　　D. 人民检察院

10. 我国清末法学家沈家本说："法立而不行，与无法等。"这句话强调了（　　）的重要性。

　　A. 立法　　　　　　　　　　B. 学法
　　C. 守法　　　　　　　　　　D. 护法

11. 法作为一种社会规范，具有为人们提供既定行为模式，从而引导人们在法律范围内活动的作用。这是法的（　　）。

　　A. 指引作用　　　　　　　　B. 评价作用
　　C. 教育作用　　　　　　　　D. 预测作用

12. 根据解释主体和解释效力的不同，法律解释可以分为正式解释和非正式解释。下列选项中，属于非正式解释的是（　　）。

　　A. 立法解释　　　　　　　　B. 司法解释
　　C. 行政解释　　　　　　　　D. 学理解释

13. 法律规范规定的，不以当事人的主观意志为转移的，引起法律关系产生、变更或消灭的客观事实是（　　）。

　　A. 法律责任　　　　　　　　B. 法律事件
　　C. 法律行为　　　　　　　　D. 法律后果

14. 对散见于不同规范性法律文件中的同属于某一类的法律规范进行审查、修改和补充的立法活动是（　　）。

　　A. 法律汇编　　　　　　　　B. 法律编纂
　　C. 法律解释　　　　　　　　D. 法律清理

15. 法的渊源主要是指法的创制方式和表现形式。下列关于我国法的渊源的说法中，正确的是（　　）。

　　A. 特别行政区法律不是我国法的渊源
　　B. 最高人民法院的判例是我国法的渊源之一
　　C. 习惯在我国法的渊源中具有特别重要的意义
　　D. 我国法的渊源是以宪法为核心、以制定法为主

16. 根据法律规范的内容的不同，可将法律规范分为授权性规范、义务性规范和复

合性规范。下列选项中，属于授权性规范的是( )。

    A. 公务员有模范遵守宪法和法律的义务

    B. 消费者有了解其所购买商品的真实情况的权利

    C. 禁止任何组织或者个人用任何手段侵占或破坏国家和集体的财产

    D. 著作权人行使著作权，不得违反宪法和法律，不得损害公共利益

17. 我国宪法和立法法规定，各级各类国家机关具有相应的立法权限。下列选项中，属于全国人民代表大会立法权限的是( )。

    A. 制定行政法规，发布决定和命令

    B. 制定和修改刑事、民事等基本法律

    C. 制定和修改国务院各部委的行政规章

    D. 制定民族自治地方的自治条例和单行条例

18. 在我国，法律有广义和狭义之分。广义的法律是指法律的整体，包括宪法、法律、行政法规、地方性法规、自治条例、单行条例等。狭义的法律仅指( )。

    A. 宪法   B. 全国人民代表大会及其常务委员会制定的法律

    C. 行政法规   D. 地方性法规

19. 法的规范作用是指法作为一种规范体系对人们行为的调整作用，主要包括指引作用、评价作用、教育作用、预测作用和强制作用。通过法的实施而对一般人或准备采取同类行为的人所产生的积极影响，指的是法的( )。

    A. 指引作用   B. 评价作用

    C. 教育作用   D. 预测作用

20. 国家司法机关及其工作人员按照法律规定的职权和程序运用法律规范处理具体案件的活动，称为( )。

    A. 法律适用   B. 法律执行

    C. 法律遵守   D. 法律制裁

21. 法律的公布是指将已经通过的法律以一定的形式公之于众。在我国，有权公布法律的是( )。

    A. 国务院   B. 全国人民代表大会

    C. 国家主席   D. 全国人民代表大会常务委员会

22. 从广义理解，依据法律监督主体的不同，可将法律监督分为国家监督和社会监督两大类。下列选项中，属于国家监督的是( )。

    A. 人民政协的监督   B. 人民群众的监督

    C. 监察机关的监督   D. 中国共产党的监督

23. 一个国家的法律，依据其调整的社会关系或调整手段的不同，可以划分为不同的类别。这些类别称为( )。

    A. 法系   B. 法律体系

C. 法律部门　　　　　　　　　　D. 法的渊源

24. 在我国，有权进行审判解释的是(　　)。

A. 最高人民法院　　　　　　　　B. 各级人民法院
C. 最高人民检察院　　　　　　　D. 各级人民检察院

25. 法律行为是指以当事人的主观意志为转移的，能够引起法律关系产生、变更或消灭的行为。法律行为按其与法律规范的要求是否一致，可以分为(　　)。

A. 合法行为和违法行为　　　　　B. 善意行为和恶意行为
C. 有意行为和无意行为　　　　　D. 强制行为和任意行为

二、简答题

1. 简述法律规范的种类。
2. 简述法的基本特征。
3. 简述我国社会主义法律的先进性和科学性。
4. 简述构成中国特色社会主义法律体系的主要法律部门。
5. 简述当代中国法的渊源。
6. 简述法的规范作用及法律监督的含义。
7. 简述我国社会主义法律的本质。
8. 简述法的适用的概念与特征。

三、论述题

1. 论述法的社会作用。
2. 论述法的执行及其特征。

第八章 熟悉我国基本法律制度

知识框架

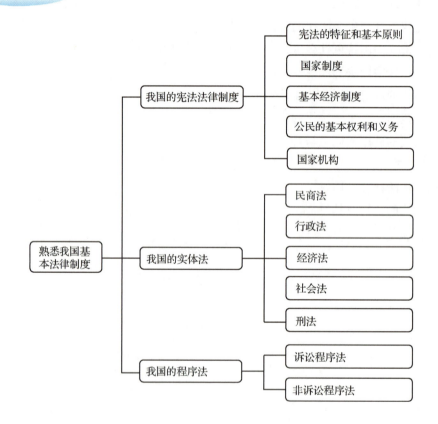

内容精要

第一节 我国的宪法法律制度

宪法是国家的根本法，是治国安邦的总章程，具有最高的法律地位、法律权威、法律效力，具有根本性、全局性、稳定性、长期性。宪法确认了党领导人民长期奋斗取得的辉煌成果，规定了人民民主专政国家政权的性质和根本制度，明确了国家未来建设发展的根本任务和总的目标，是党的指导思想、中心工作、基本原则、重大方针、重要政策在国家法制上的最高体现。

一 宪法的特征和基本原则

（一）宪法的特征

宪法作为国家的根本法，体现出与普通法律不同的特征。

首先，从内容上看，宪法的内容不同于普通法律。宪法的内容涉及国家和社会生活中全局性与根本性的问题，规定国家的根本制度和根本任务、公民的基本权利和义务、国家机构的组织及其职权等；普通法律的内容只涉及社会生活的某一个方面或者某一个领域。

其次，从效力上看，二者效力不同。宪法具有最高的法律效力，是制定普通法律的依据，是一切国家机关、社会团体和全体公民必须遵循的最高准则；普通法律的效力在任何时候都低于宪法效力，任何法律、法规都不得同宪法相抵触。

最后，从制定和修改程序上看，宪法的制定和修改程序更为严格。宪法的修改，须由全国人民代表大会与会代表的三分之二以上多数通过；而普通法律的修改只需全国人民代表大会与会代表的过半数通过。

（二）宪法的基本原则

宪法的基本原则是指人们在制定和实施宪法过程中必须遵循的最基本的准则。我国宪法的基本原则如下。

第一，坚持党的领导原则。宪法明确规定了党的领导地位，指出中国共产党领导是中国特色社会主义最本质的特征。

第二，人民主权原则。人民主权，即国家的权利属于人民。在我国人民当家作主是社会主义民主政治的本质和核心。我国宪法确认了人民主权原则，并规定了人民主权行使的形式：中华人民共和国的一切权力属于人民，人民行使国家权力的机关是全国人民代表大会和地方各级人民代表大会。

第三，尊重和保障人权原则。宪法规定"国家尊重和保障人权"，并规定了公民享有的广泛的权利和自由，包括选举权和被选举权等政治权利、平等权、人身权、财产权、社会保障权、受教育权等权利，以及言论出版、集会结社、游行示威等政治自由和宗教信仰自由等。

第四，民主集中制原则。宪法规定中华人民共和国的国家机构实行民主集中制的原则。在我国，国家权力统一由全国人民代表大会和地方各级人民代表大会行使，人民代表大会由人民直接或间接选出的代表组成，对人民负责，受人民监督。国家行政机关、监察机关、审判机关、检察机关由人民代表大会选举产生，对它负责，受它监督。

第五，社会主义法治原则。宪法规定，中华人民共和国实行依法治国，建设社会主义法治国家。社会主义法治原则要求坚持宪法至上，依法治国首先得依宪治国。国家维护社会主义法制的统一和尊严，一切法律、行政法规和地方性法规都不得同宪法相抵触。一切国家机关和武装力量、各政党和各社会团体、各企事业组织及公民都必须遵守宪法和法律，任何组织或个人都不得有超越宪法和法律的特权，一切违法行为都应受到法律的追究。

二 国家制度

（一）人民民主专政制度

人民民主专政制度是我国的国体。国体即国家性质，反映社会各阶级在国家生活中的地位和作用。宪法规定，中华人民共和国是工人阶级领导的、以工农联盟为基础的人民民主专政的社会主义国家。

人民民主专政即对最广大人民实行民主和对极少数敌人实行专政。人民民主专政的民主与专政两个方面是不可分割的，二者相互依赖、相互联系。工人阶级是人民民主专政的领导力量，以工农联盟为基础，结成了广泛的爱国统一战线，包括全体社会主义劳动者、社会主义事业的建设者、拥护社会主义的爱国者和拥护祖国统一与致力于中华民族伟大复兴的爱国者。人民民主专政的核心是坚持工人阶级对国家的领导权，工农联盟是国家政权的阶级基础，爱国统一战线是人民民主专政的重要保障。

（二）人民代表大会制度

人民代表大会制度是我国的政体。

我国人民代表大会制度的主要内容是：国家的一切权力属于人民，人民在普选的基础上选举代表，组成各级人民代表大会作为国家权力机关；由国家权力机关产生其他国家机关并依法行使各自的职权。各级人民代表大会实行民主集中制的组织和活动原则，并以人民代表大会制度为基础建立全部国家机构，以实现人民当家作主的制度。

人民代表大会制度是我国的根本政治制度，具有广泛的优越性，主要体现在以下方面。

首先，人民代表大会制度便于人民参与国家管理，充分保障了人民当家作主的主人翁地位。人民不仅通过直接或者间接选举产生全国人民代表大会和地方各级人民代表大会的代表，组成各级人民代表大会，行使国家权力，还通过对国家机关及其工作人员的批评、建议，通过对他们的违法失职行为的申诉、控告、检举等形式参与国家管理。

其次，人民代表大会制度有力地保障了各民族团结互助的平等关系。实行人民代表大会制度有利于保障少数民族人民的切身利益、维护国家统一和民族团结、实现各民族的共同繁荣。

再次，人民代表大会制度全面体现了我国人民民主专政的国家性质。一方面，人民代表大会制度体现了人民民主专政的国家本质，是我国人民当家作主、行使管理国家事务的基本形式；另一方面，从全国人民代表大会和地方各级人民代表大会的代表构成来看，人民代表大会制度能够体现我国各阶级、阶层和各族人民在国家中的地位，便于实现最广泛的民主。

最后，人民代表大会制度保证了国家机关的高效协调运转。在我国人民代表大会制度下，坚持中央的统一领导和发挥地方的主动性、积极性这两个方面，得到了有机的统一。

（三）中国共产党领导的多党合作和政治协商制度

中国共产党领导的多党合作，是指以中国共产党为唯一执政党领导国家政权，民主党派在接受中国共产党领导的前提下，同中国共产党通力合作，参加国家政权，反映人民群众意愿，发挥监督作用，共同致力于建设中国特色社会主义事业的制度。

政治协商制度，是指在中国共产党的领导下，各民主党派、各人民团体、各少数民族和社会各界的代表，对国家的大政方针，以及政治、经济、文化和社会生活中的重要事务，在决策之前举行协商和就政策执行过程中的重要问题进行协商的制度。

在这一制度体系中，中国共产党是社会主义事业的领导核心，是执政党，各民主党派是参政党。坚持中国共产党的领导，坚持四项基本原则，是中国共产党同各民主党派合作的政治基础，"长期共存、互相监督、肝胆相照、荣辱与共"是中国共产党同各民主党派合作的基本方针。

（四）民族区域自治制度

民族区域自治制度是在国家统一领导下，各少数民族聚居的地方实行区域自治，设立自治机关，行使自治权的制度。

民族区域自治制度的主要内容有：民族区域自治是以祖国统一、领土完整为前提的，自治地方的自治机关是中央统一领导下的一级地方国家机关；民族区域自治必须以少数民族聚居区为基础，是民族自治和区域自治的结合；民族区域自治是为了实现区域自治民族的人民当家作主，管理本民族内部地方性事务的权利，国家允许民族区域的自治机关既行使一般地方国家机关的职权，同时又依照《中华人民共和国宪法》《中华人民共和国民族区域自治法》等法律的规定行使自治权。

民族区域自治制度的意义：对发挥各族人民的积极性，实现各民族的共同繁荣，确保祖国的统一、民族团结和民族平等，巩固和发展各族人民的革命成果，保障社会主义现代化建设事业的顺利进行具有重要意义。

（五）特别行政区制度

特别行政区是指在我国领土范围内，根据宪法和法律所设立的具有特殊的法律地位，实行特别的社会制度、经济制度的行政区域。

特别行政区与一般行政区一样，都是中华人民共和国不可分离的一部分，都是中华人民共和国的地方行政区域单位。

特别行政区有自己的特点，主要表现在以下四个方面：

第一，特别行政区享有高度的自治权，包括立法权，独立的司法权和终审权，除国防、外交等之外的行政管理权，以及根据中央人民政府授权依法自行处理的有关对外事务的权力。

第二，特别行政区保持原有的资本主义制度和生活方式50年不变。

第三，特别行政区行政机关和立法机关人员由该地区永久性居民依照特别行政区基本法组成。

第四，特别行政区原有法律基本不变，除属于殖民统治性质或带有殖民色彩，以及除同特别行政区基本法相抵触或经特别行政区立法机关做出修改者外。

（六）基层群众性自治制度

基层群众性自治制度是城乡基层群众在党的领导下，依法直接行使民主权利，管理基层公共事务和公益事业，实行自我管理、自我服务、自我教育、自我监督的一项基本政治制度。

二 基本经济制度

我国宪法规定"中华人民共和国的社会主义经济制度的基础是生产资料的社会主义公有制，即全民所有制和劳动群众集体所有制"，同时规定"国家在社会主义初级阶段，坚持公有制为主体、多种所有制经济共同发展的基本经济制度，坚持按劳分配为主体、多种分配方式并存的分配制度"。

（一）公有制经济

第一，全民所有制经济。全民所有制经济，即国有经济，是指生产资料归社会全体成员共有、由代表全体人民的国家占有生产资料的一种所有制形式。全民所有制经济是国民经济中的主导力量，控制着国家的经济命脉，决定着国民经济的社会主义性质。

第二，劳动群众集体所有制经济。劳动群众集体所有制经济，指生产资料由集体经济组织内的劳动者共同所有的一种公有制经济，包括农村集体经济和城镇集体经济两种形式。劳动群众集体所有制经济对我国国家制度的发展发挥着重要作用，直接关系着城乡人民群众的物质和文化生活水平的提高。

（二）非公有制经济

第一，个体经济和私营经济。个体经济是城乡劳动者依法占有少量生产资料和产品，以自己从事劳动为基础，进行生产经营活动的一种经济形式。个体工商户是个体经济的典型形式。私营经济是生产资料由私人占有，并存在雇佣劳动关系的一种经济形式。私营企业是私营经济的典型形式。

第二，外商投资经济。外商投资经济包括中外合资、中外合作和外资企业形式。外商投资企业是社会主义经济的重要组成部分，我国宪法规定"中华人民共和国允许外国的企业和其他经济组织或者个人依照中华人民共和国法律的规定在中国投资，同中国的企业或者其他经济组织进行各种形式的经济合作"。

（三）混合所有制经济

混合所有制经济，是指一个具体的经济部分或企业，其产权构成中包括国家投资、集体投资、个人投资、国际投资等资产要素的组合，由两种或者两种以上的投资形成的经济形式。混合所有制经济实体里面包含的国家投资成分依然构成了国家公有制经济的部分。

四 公民的基本权利和义务

（一）公民的基本权利

公民的基本权利是指宪法规定的公民享有的基本的、具有重要意义的权利。我国宪法规定的公民的基本权利有以下内容。

第一，平等权。宪法规定"中华人民共和国公民在法律面前一律平等"，即任何公民都平等地享有宪法和法律规定的各项权利，平等地履行宪法和法律规定的各项义务；任何公民都平等地受到法律保护；任何公民的违法犯罪行为平等地被依法予以追究和制裁；任何公民都不得有超越宪法和法律的特权。

第二，政治权利和自由。政治权利和自由，是宪法和法律规定公民有权参加国家政治生活的民主权利，以及在政治上享有表达个人见解和意愿的自由。我国宪法规定的公民的政治权利有选举权和被选举权；政治自由包括言论、出版、集会、结社、游行示威。此外，政治权利还包括监督权、管理权等政治参与权。

第三，宗教信仰自由。我国宪法规定中华人民共和国公民有宗教信仰的自由，任何国家机关、社会团体和个人不得强制公民信仰宗教或者不信仰宗教，不得歧视信仰宗教的公民和不信仰宗教的公民。国家保护正常的宗教活动。

第四，人身自由。公民的人身自由主要包括：公民的人身自由不受侵犯，禁止非法拘禁和以其他方法非法剥夺或者限制公民的人身自由；禁止非法搜查公民的身体；公民的人格尊严不受侵犯，禁止用任何方法对公民进行侮辱、诽谤和诬告陷害；公民的住宅不受侵犯，禁止非法搜查或者非法侵入公民的住宅；公民的通信自由和通信秘密受法律保护，除因国家安全或者追查刑事犯罪的需要，任何组织或者个人不得以任何理由侵犯公民的通信自由和通信秘密。

第五，社会经济权利。社会经济权利是指我国宪法所保障的公民享有的有关经济或经济利益的权利，是公民实现其他权利的物质保障。我国公民的社会经济权利主要包括公民的劳动权、财产权、休息权、物质帮助权和离退休人员的生活保障权及获得权利救济等多项内容。

第六，教育、科学、文化权利和自由。我国宪法规定公民有受教育的权利，受教育权体现为学习的权利、义务教育的无偿化、教育机会的均等等方面；公民有进行科学研究、文学艺术创作和其他文化活动的权利与自由。

第七，特定人的权利。特定人是指包括妇女、母亲、儿童、老人、离退休人员、烈军属、华侨、归侨和侨眷在内的人员。特定人的权利包括离退休人员和烈军属的生活保障权，妇女、婚姻、家庭、母亲、儿童和老人受国家保护，保护华侨、归侨和侨眷的正当权利与利益。

（二）公民的基本义务

公民基本义务，指公民依照宪法应当履行的最主要、最基本的责任，主要有以下内容。

第一，维护国家统一和各民族团结。国家统一和各民族团结是建设中国特色社会主义事业并取得胜利的基本保证。

第二，遵守宪法和法律。我国宪法和法律是广大人民群众共同意志与利益的集中表现和反映，遵守宪法和法律就是尊重人民的意志，维护人民的利益。

第三，保守国家秘密。国家秘密是关系到国家和民族的根本利益、政权的巩固与国家和人民的安全，关系到社会主义现代化建设能否顺利进行的大事。

第四，维护祖国安全、荣誉和利益。祖国的安全、荣誉和利益是我国人民的安全、荣誉和利益的集中体现，维护祖国的安全、荣誉和利益是全体公民的神圣义务，任何公民不得以任何方式危害祖国的安全、荣誉和利益。

第五，保卫祖国和依法服兵役。国家的安全不仅关系着我们能否顺利进行社会主义现代化建设，更关系着中华民族的命运，关系到人民生活的安定和幸福。

第六，依法纳税。税收是组织国家财政收入的主要手段，是实现其他职能的需要。公民依法纳税，对于增加国家财政收入、保证国家社会公共事业管理与经济建设资金的需要、改善和提高人民生活具有重要意义。

五 国家机构

（一）全国人民代表大会及其常务委员会

全国人民代表大会是最高国家权力机关，它的常设机关是全国人民代表大会常务委员会。全国人民代表大会和全国人民代表大会常务委员会行使国家立法权。

全国人民代表大会的职权主要包括：修改宪法，监督宪法实施；制定和修改基本法律；选举、决定和罢免国家机关领导人；决定重大事项；等等。

全国人民代表大会常务委员会的职权主要包括：解释宪法，监督宪法实施；制定和修改非基本法律；解释法律；监督国务院、中央军事委员会、国家监察委员会、最高人民法院和最高人民检察院的工作；实施全国人民代表大会授予的其他职权；等等。

（二）国家主席

国家主席代表中华人民共和国进行国事活动，接受外国使节；根据全国人民代表大会常务委员会的决定，派遣和召回驻外全权代表，批准和废除同外国缔结的条约与重要协定。国家主席、副主席由全国人民代表大会选举产生。国家主席的职权主要包括：公布法律；任免国务院总理、副总理等组成人员；授予国家的勋章和荣誉称号；发布特赦令；宣布进入紧急状态、宣布战争状态、发布动员令；等等。

（三）国务院

中华人民共和国国务院，即中央人民政府，是最高国家权力机关的执行机关，是最高国家行政机关。国务院对全国人民代表大会负责并报告工作，在全国人民代表大会闭会期间，对全国人民代表大会常务委员会负责并报告工作。

国务院的职权主要包括：根据宪法和法律，规定行政措施，制定行政法规，发布决定和命令；向全国人民代表大会或者全国人民代表大会常务委员会提出议案；对所属部委和地方各级行政机关进行领导及监督；对行政人员进行任免、考核、奖惩；对国防、民政、文教、经济等各项工作进行领导和管理等。

（四）中央军事委员会

中央军事委员会是我国最高的军事领导机关，领导全国武装力量。中央军事委员会由主席、副主席若干人和委员若干人组成，每届任期同全国人民代表大会相同，实行主席负责制。中央军事委员会主席对全国人民代表大会和全国人民代表大会常务委员会负责。

（五）地方各级人民代表大会和地方各级人民政府

地方各级人民代表大会是地方国家权力机关。省、直辖市、设区的市的人民代表大会的代表由下一级的人民代表大会选举；县、不设区的市、市辖区、乡、民族乡、镇的人民代表大会的代表由选民直接选举。县级以上的地方各级人民代表大会设立常务委员会，对本级人民代表大会负责并报告工作。地方各级人民政府是地方各级国家权力机关的执行机关，是地方各级国家行政机关，实行省长、市长、县长、区长、乡长、镇长负责制，对本级人民代表大会和常务委员会负责并报告工作。

（六）民族自治地方的自治机关

民族自治地方的自治机关是自治区、自治州、自治县的人民代表大会和人民政府。自治区、自治州、自治县的人民代表大会常务委员会应当由实行区域自治的民族的公民担任主任或者副主任。自治区主席、自治州州长、自治县县长由实行区域自治的民族的公民担任。

（七）监察委员会

中华人民共和国各级监察委员会是国家的监察机关，设立国家监察委员会和地方各级监察委员会。国家监察委员会是最高国家监察机关，国家监察委员会领导地方各级监察委员会的工作，上级监察委员会领导下级监察委员会的工作。国家监察委员会对全国人民代表大会和全国人民代表大会常务委员会负责，地方各级监察委员会分别对产生它的国家权力机关和上一级监察委员会负责。

国家监察委员会办理职务违法和职务犯罪案件，并应当与审判机关、监察机关、执法部门相互配合、相互制约。

（八）人民法院和人民检察院

人民法院是国家的审判机关，依法独立行使审判权，不受行政机关、社会团体和个人的干涉。人民法院的组织体系是最高人民法院、地方各级人民法院和专门人民法院。

最高人民法院对全国人民代表大会和全国人民代表大会常务委员会负责，地方各级人民法院分别对产生它的国家权力机关负责。最高人民法院监督地方各级人民法院和专门人民法院的审判工作，上级人民法院监督下级人民法院的审判工作。

人民检察院是我国的法律监督机关，依法独立行使检察权，不受行政机关、社会团体和个人的干涉。人民检察院的组织系统是最高人民检察院、地方各级人民检察院和专门人民检察院。最高人民检察院对全国人民代表大会和全国人民代表大会常务委员会负责，地方各级人民检察院分别对产生它的国家权力机关和上级人民检察院负责。最高人民检察院领导地方各级人民检察院和专门人民检察院的工作，上级人民检察院领导下级人民检察院的工作。

第二节　我国的实体法

实体法是对法律关系的主体的权利或职权和职责做出规范的法律的总称。我国的实体法主要包括民商法、行政法、经济法、社会法和刑法。

一 民商法

（一）概述

民商法是民法和商法的简称，我国采用的是"民商合一"的立法体制。

民法是调整平等主体，包括公民之间、法人之间及公民和法人之间的财产关系和人身关系的法律规范的总称。

民法的基本原则，是对民事立法、民事司法等民事活动具有普遍指导意义和约束功能的基本行为准则。我国民法的基本原则包括平等原则、自愿原则、公平原则、诚实信用原则、公序良俗原则和绿色原则。平等原则，指民事主体在民事活动中享有独立、平等的法律人格，在具体民事法律关系中互不隶属，能自主表达自己的意愿，其合法权益平等地受法律保护。自愿原则，指民事主体在法律允许的范围内根据自己的意愿设立、变更、终止民事法律关系，自主决定民事行为的形式和内容，任何组织和个人都不得予以强迫或胁迫。公平原则，指民事主体从事民事活动时要兼顾各方的利益，合理确定各方的权利和义务，维持当事人之间的利益均衡。诚实信用原则，指当事人在民事活动中要诚实、讲信誉、恪守约定，严格按照法律规定或者合同约定履行自己的民事义务。公序良俗原则，也称禁止权利滥用原则，指民事主体在进行民事活动时要遵守社会公共秩序，遵循社会主体成员所普遍认可的道德准则。绿色原则，指民事主体从事民事活动应当有利于节约资源、保护生态环境。

民事主体，是参加民事法律关系，独立享有民事权利与承担民事义务的自然人、法人和其他组织。自然人是基于自然规律出生而取得民事主体资格的人。自然人从出生时起到死亡时止，具有民事权利能力，依法享有民事权利，承担民事义务。自然人的民事权利能力一律平等。自然人参与民事法律关系还须具备相应的民事行为能力，自然人的民事行为能力受年龄和智力因素的影响。根据《中华人民共和国民法总则》的规定，18周岁以上的公民是成年人，是完全民事行为能力人，可以独立进行民事活动；8周岁以上的未成年人和不能完全辨认自己行为的精神病人，是限制民事行为能力人，实施民事法律行为由其法定代理人代理或者经其法定代理人同意、追认，但是可以独立实施纯获利益的民事法律行为或者与其年龄、智力或者精神健康状况相适应的民事法律行为；不满8周岁的未成年人和不能辨认自己行为的精神病人是无民事行为能力人，由其法定代理人代理民事活动。法人是具有民事权利能力和民事行为能力，依法独立享有民事权利和承担民事义务的组织。法人应当依法成立；有自己的名称、组织机构和住所；有一定的财产或者经费；能够独立承担民事责任。法人的民事权利能力和民事行为能力，从法人成立时产生，到法人终止时消灭。

民事法律行为，是民事主体通过意思表示设立、变更、终止民事法律关系的行为。有效的民事法律行为需要具备三个条件：行为人具有相应的民事行为能力；意思表示真实；不违反法律、行政法规的强制性规定，不违背公序良俗。民事法律行为可以基于双方或者多方的意思表示一致成立，也可以基于单方的意思表示成立。行为人非依法律规定或者未经对方同意，不得擅自变更或者解除民事法律行为。

民事责任，是民事主体因违反民事义务而依法应承担的民事法律后果。以民事责任产生的法律依据为标准，民事责任可分为侵权民事责任和违约民事责任。侵权民事责任，指行为人违反法律规定的义务而造成他人财产或人身损害时所应承担的法律后果。违约民事责任，指当事人不履行合同义务或履行合同义务不符合合同约定时，依法应承担的法律后果。承担民事责任的方式有：停止侵害，排除妨碍，消除危险，返还财产，恢复原状，修理、重做、更换，继续履行，赔偿损失，支付违约金，消除影响、恢复名誉，赔礼道歉。上述责任方式，可以单独适用，也可以合并适用。除适用上述规定外，还可以予以训诫、责令具结悔过、收缴进行非法活动的财物和非法所得，并可以依照法律规定处以罚款、拘留。

商法，是调整商事关系的法律规范的总和。商事关系是商事主体基于营利性行为所形成的特定的社会关系，是特殊的民事关系。因此，商法可称为民法的特别法。在法律适用上，商法优于民法，在商法没有特别规定的情况下，民法的相应规定可作为商法的补充。商法的基本原则可概括为：促进交易迅捷原则、强化商事组织原则、保障交易安全原则和维护交易公平原则。

（二）民商法的主要组成部分

我国民法领域和商法领域分别有相应的立法，下面主要介绍民法领域的合同法、物权法、侵权责任法、婚姻法、继承法及知识产权法，商法领域的公司法、海商法和票据法。

第一，合同法。合同是平等主体的自然人、法人、其他组织之间设立、变更、终止民事权利义务关系的协议。当事人订立合同，应当具有相应的民事权利能力和民事行为能力。当事人订立合同，有书面形式、口头形式和其他形式。法律、行政法规规定或者当事人约定采用书面形式的，应当采用书面形式。合同的内容由当事人约定。依法成立的合同，自成立时生效；法律、行政法规规定应当办理批准、登记等手续才得以生效的，依照其规定。

第二，物权法。物权是权利主体依法享有直接支配其特定物，并享受其利益的排他性权利。物权法所称的物，包括不动产和动产，法律规定权利作为物权客体的，依照其规定。不动产物权的设立、变更、转让和消灭，经依法登记，发生效力；未经登记，不发生效力，但法律另有规定的除外；国家对不动产实行统一登记制度，由不动产所在地的登记机构办理。物权包括所有权、用益物权和担保物权。所有权是财产所有权人在法律规定的范围内对自己的财产享有的占有、使用、收益和处分的权利。用益物权人对他人所有的不动产或者动产，依法享有占有、使用和收益的权利，主要有土地承包经营权、建设用地使用权、宅基地使用权和地役权。担保物权是为了担保债的履行，在债务人或第三人的特定财产上设定的物权，主要有抵押权、质权和留置权。

第三，侵权责任法。民事权益包括生命权、健康权、姓名权、名誉权、荣誉权、肖像权、隐私权、婚姻自主权、监护权、所有权、用益物权、担保物权、著作权、专利权、商标专用权、发现权、股权、继承权等人身、财产权益。侵害民事权益，应当依法承担侵权责任。我国侵权责任归责原则主要包括过错责任原则和无过错责任原则。过错责任原则是指行为人的过错是侵权责任的必备条件的归责原则。无过错责任原则是指行为人损害他人民事权益，不论其主观上有无过错，根据法律规定均应承担侵权责任的归责原则。

第四，婚姻法。婚姻法是调整婚姻家庭关系的基本准则，其基本原则有：婚姻自由，一夫一妻，男女平等，保护妇女、儿童和老人的合法权益，实行计划生育。结婚是指男女双方依照法律规定的条件和程序，确立夫妻关系的法律行为。家庭由以婚姻、血缘为纽带的近亲属组成，包括夫妻关系、父母子女关系、兄弟姐妹关系和祖孙关系。

第五，继承法。继承权是继承人依法享有的、能够无偿取得被继承人遗产的权利。继承方式主要有法定继承和遗嘱继承两种。法定继承，又称无遗嘱继承，指继承人的范围、继承顺序与遗产分配原则均由法律加以规定的继承制度。法律根据继承人与被继承人之间既存的婚姻关系、血缘关系和家庭关系来确定继承人的范围、继承顺序与遗产分配原则。根据本法规定，遗产继承的第一顺序人有配偶、子女、父母；第二顺序人有兄弟姐妹、祖父母、外祖父母。丧偶儿媳对公、婆，丧偶女婿对岳父、岳母尽了主要赡养义务的，作为第一顺序继承人。继承开始后，由第一顺序继承人继承，第二顺序继承人无权继承；没有第一顺序继承人的，由第二顺序继承人继承。在遗产份额分配上，同一顺序继承人继承遗产的份额，一般应当均等，继承人协商同意的，也可以不均等。遗嘱继承是指继承人依照被继承人生前设立的合法有效的遗嘱继承被继承人遗产的一种继承制度。遗嘱继承人是法定继承人的一人或数人。继承开始后，遗嘱继承在效力上优先于法定继承。

第六，知识产权法。知识产权是民事主体基于智力活动创造的成果，以及在经营管理活动中创造的标记、信誉等而依法享有的专有权利。我国的知识产权法主要包括《中华人民共和国著作权法》《中华人民共和国专利法》《中华人民共和国商标法》。《中华人民共和国著作权法》是规定著作权人对其文学、艺术和科学作品依法享有人身权和财产权的法律规范。著作权主要包括发表权、署名权、修改权、保护作品完整权、复制权、发行权、出租权、展览权、表演权、放映权、广播权、信息网络传播权、摄制权、改编权、翻译权、汇编权等。《中华人民共和国专利法》是国家专利主管机关依法授予发明人、设计人或其所属单位对其发明创造在一定范围内依法享有独占权利的法律规范。专利权保护的客体是发明创造，包括发明、实用新型和外观设计。专利权的内容主要包括独占实施权、实施许可权、转让权和标示权。《中华人民共和国商标法》是商标注册人在法定期限内对其注册商标所享有的由国家法律保护其各种权利的法律规范。经商标局核准注册的商标为注册商标。申请注册和使用商标，应当遵循诚实信用原则。商标权的主要内容包括专用权、禁止权、许可权、转让权、续展权和标示权。

第七，公司法。根据《中华人民共和国公司法》的规定，公司是指依法在中国境内设立的有限责任公司和股份有限公司。公司是企业法人，有独立的法人财产，享有法人财产权。公司以其全部财产对公司的债务承担责任。有限责任公司的股东以其认缴的出资额为限对公司承担责任；股份有限公司的股东以其认购的股份为限对公司承担责任。公司股东依法享有资产收益、参与重大决策、选择管理者等权利。设立公司应当依法向公司登记机关申请设立登记公司。公司法定代表人依照公司章程的规定，由董事长、执行董事或者经理担任，并依法登记。公司依照宪法和有关法律的规定，通过职工代表大会或者其他形式，实行民主管理。

第八，海商法。海商法是调整海上运输中船、货各方有关当事人之间的权利、义务关系的法律规范的总称。《中华人民共和国海商法》对船舶的取得、登记、管理，船员的调度、职责、权利和义务，海上货物运输合同，船舶租用合同，海上拖航合同，船舶碰撞，海难救助，共同海审，海事赔偿责任限制，海上保险合同等做出了相关规定。

第九，票据法。为了规范票据行为，保障票据活动中当事人的合法权益，维护社会经济秩序，促进社会主义市场经济的发展，我国制定了《中华人民共和国票据法》。该法规定金融流通领域中的票据包括汇票、本票和支票。汇票是由出票人签发的、委托付款人在见票时或者在指定日期无条件支付确定金额给收款人或者持票人的票据。汇票分为银行汇票和商业汇票两种。本票是由出票人签发的，承诺自己在见票时无条件支付确定的金额给收款人或者持票人的票据。票据法所指的本票是银行本票。支票是由出票人签发的、委托办理支票存款业务的银行或者其他金融机构在见本票时，无条件支付确定的金额给收款人或者持票人的票据。

二 行政法

（一）概述

行政法是调整国家行政机关在履行职能过程中发生的各种行政关系的法律规范的总称。行政法是一个独立的法律部门，是国家法律体系的重要组成部分。

行政法的基本原则，是反映行政法本质和具体制度规则内在联系的共同性规则，是贯穿于国家行政机关活动的所有环节，并由全部行政法规反映出来的共同原则。行政法的基本原则主要包括行政合法性原则、行政合理性原则和程序正当原则。行政合法性原则是指所有行政法律关系当事人都必须严格遵守并执行行政法律的规定，一切行政活动都必须以法律为依据，任何行政关系主体不得享有法外特权，违反行政法律规范行为应当承担相应的法律责任。行政合理性原则是指行政行为的内容要客观、适度，符合法律的基本原则及公平正义等法律理性，也就是行政行为要合理、恰当和适度。行政程序正当性原则是指行政机关做出影响行政相对人权益的行为时，必须遵循正当的法律程序。

行政法律关系主体，是指行政法律关系中权益的享有者和义务的承担者，包括行政主体和行政相对人。行政主体，是依法享有行政权，能够以自己的名义对外独立行使该项权利并对行为的结果承担法律责任的国家行政机关及法律、法规授权的组织。行政相对人是指在行政法律关系中与行政主体相对应的另一方当事人，包括自然人、法人和其他组织。

行政行为，是指行政主体在其职权范围内，依法对行政相对人实施的具有法律效力的行为，包括抽象行政行为和具体行政行为。抽象行政行为，指国家行政机关依法制定和发布规范性法律文件的行为。具体行政行为，指行政主体依法对具体事项或者特定行政相对人做出的能直接产生法律效果的行为。

行政责任，是指行政法律关系主体因违反或不履行行政法律规范而必须承担的法律后果。依据主体不同，行政责任划分为行政主体承担的行政责任、公务员承担的行政责任和行政相对人承担的行政责任。

(二) 行政法的主要组成部分

我国行政法根据调整对象的不同有一般行政法与部门行政法之分。一般行政法是对一般行政关系加以调整的法律规范的总称，适用于全部或者多数行政领域；部门行政法是对部门行政关系加以调整的法律规范的总称，只适用于特定领域。

公务员法。公务员是指依法履行公职、纳入国家行政编制、由国家财政负担工资福利的工作人员。《中华人民共和国公务员法》的基本原则有：公开、平等、竞争、择优和法治原则；监督约束与激励保障并重原则；任人唯贤、德才兼备原则；分类管理和效能原则。

行政处罚法。行政处罚是指特定行政主体对公民、法人或者其他组织违反行政法律规范，尚未构成犯罪的违法活动进行法定制裁的行为。《中华人民共和国行政处罚法》规定，行政处罚应遵循处罚法定原则，公开、公正原则，处罚与教育相结合原则，保障相对人权利原则。行政处罚的种类有警告，罚款，没收违法所得、非法财物，责令停产停业，暂扣或者吊销许可证、执照，行政拘留，法律、行政法规规定的其他行政处罚。

行政复议法。行政复议，指行政相对人认为行政主体的具体行政行为侵犯其合法权益，依法向行政复议机关提出申请，行政复议机关依法做出复议决定的行政行为。根据《中华人民共和国行政复议法》的规定，行政复议机关履行行政复议职责，应当遵循合法、公正、公开、及时、便民的原则，坚持有错必纠，保障法律、法规的正确实施。《中华人民共和国行政复议法》主要规定了一级复议制度、书面复议制度、不适用调解制度、被申请人承担举证责任制度和具体行政行为不停止执行制度。一级复议制度，指除法律另有规定的外，行政复议机关做出复议决定后，申请人对复议决定不服，也不能再向其他行政机关要求复议的制度。书面复议制度，指行政复议原则上采取书面审查的办法，行政复议机关对申请人的申请和被申请人的答辩意见，以及被申请人做出行政行为的法律依据和证据进行书面审查，并在此基础上做出行政复议决定的制度。行政复议不适用调解制度，指行政复议机关审理行政争议时不予调解，也不能以调解的方式结案。被申请人承担举证责任制度，指被申请人应依法提交当初做出具体行政行为的证据、依据和其他有关材料，否则其所做的行政行为将被视为没有证据、依据而被复议机关撤销变更或者确认为违法。行政复议不停止执行制度，指行政复议期间，具体行政行为不停止执行，法律另有规定的除外。

三 经济法

（一）概述

经济法是调整国民经济运行过程中所形成的经济关系的法律规范的总称。

经济法的基本原则，是指经济法领域处于指导地位、具有普遍制约意义的基本准则，它存在于经济法的立法、执法、司法、守法各环节，贯穿于经济法调整的全过程。我国经济法的基本原则主要包括：保障、巩固和发展社会主义基本经济制度原则；宏观调控与市场机制相结合原则；权、责、利统一原则；维护国家经济主权原则；坚持全面、协调和可持续发展的原则。

经济法主体，是依据法律规定的经济权限参加或能够参加经济法律关系，依法享有经济权利，承担经济义务的组织和个人，包括国家、国家机关、社会组织、经济组织的内部组织、个体工商户、农村承包经济户和自然人。

（二）经济法的主要组成部分

经济法是经济法律规范类型化的表现形式，与各类经济法律规范相对应的经济法有经济调控法、经济管理法、涉外经济法等。下面介绍经济调控法中的反垄断法、反不正当竞争法和消费者权益保护法。

第一，反垄断法。反垄断即是为了预防和制止垄断行为，保护市场公平竞争，促进社会主义市场经济健康发展。《中华人民共和国反垄断法》规定的垄断行为包括三种情况：经营者达成垄断协议；经营者滥用市场支配地位；具有或者可能具有排除限制竞争效果的经营者集中。垄断协议，是指排除、限制竞争的协议、决定或者其他协同行为。我国禁止具有竞争关系的经营者之间、经营者与交易相对人之间达成相应的垄断协议。我国禁止具有市场支配地位的经营者从事滥用市场支配地位的行为。经营者集中有三种情形：经营者合并；经营者通过取得股权或者资产的方式取得对其他经营者的控制权；经营者通过合同等方式取得对其他经营者的控制权或者能够对其他经营者施加决定性影响。

第二，反不正当竞争法。为保障市场经济健康发展，鼓励和保护公平竞争，保护经营者和消费者的合法权益，我国制定了《中华人民共和国反不正当竞争法》。根据《中华人民共和国反不正当竞争法》的规定，下列行为属于不正当竞争行为：采用假冒或模仿等不正当手段，使其商品、营业或者服务与他人的相混同，导致或足以导致购买者误认的仿冒混淆行为；为了获得交易机会或者有利的交易条件而采用财物或其他手段贿赂特定经营者或与经营活动密切相关的单位和个人的商业贿赂行为；利用广告或者其他方法，对商品或服务的质量、性能、用途等做出引人误解的虚假表示，诱使消费者误购的虚假宣传行为；侵犯商业秘密的行为；以排挤竞争对手为目的，以低于成本的价格销售商品的行为；采用谎称有奖或者故意让内定人员中奖的欺骗方式进行有奖销售，或利用有奖销售的手段推销质次价高的商品，以及抽奖式有奖销售最高奖金额超过五千元的不正当有奖销售行为；在投标招标过程中，招标者与投标者之间或者投标者与投标者之间采用不正当手段，对招标投标事项进行串通，以排挤竞争对手或损害招标者利益的行为；捏造、散布虚假事实，损害竞争对手的商业信誉、商品声誉，以削弱其市场竞争力，并为自己谋取不正当利益的行为。

第三，消费者权益保护法。消费者是指为生活需要购买、使用商品或者接受服务的单位和个人。为保护消费者的合法权益，维护社会经济秩序，促进市场经济健康发展，我国制定了《中华人民共和国消费者权益保护法》。根据《中华人民共和国消费者权益保护法》的规定，消费者享有下列权利：在购买、使用商品或者接受服务时人身和财产安全不受侵犯的权利；了解其所购买、使用的商品或者服务的真实情况的权利；根据自己的意愿自主选择经营者、商品品种或服务方式的权利；获得质量有保障、价格合理、计量正确等公平交易条件的权利；依法获得人身、财产损害赔偿的权利；依法成立维护自身合法权益的社会团体的权利；获得有关消费和消费者权益保护方面的知识的权利；其人格尊严、民族风俗习惯得到尊重的权利；有对商品和服务，以及保护消费者权益工作进行监督的权利；等等。

四 社会法

（一）概述

社会法是调整有关劳动关系、社会保障、社会福利关系等方面的法律规范的总称，其主要是保障劳动者、失业者、丧失劳动能力的人或者其他需要扶助的人的权益的法律。

（二）社会法的主要组成部分

社会法包括劳动用工、职业安全卫生、社会保障、社会救济、特殊保障等方面的法律规范的总称。下面主要介绍劳动法、就业促进法和社会保险法。

第一，劳动法。劳动法是调整劳动关系及劳动附随关系的法律规范的总和。劳动关系是劳动者与用人单位之间在实现劳动过程中发生的社会关系。劳动者的权利主要有：平等就业和选择职业的权利；取得劳动报酬的权利；休息休假的权利；获得劳动安全卫生保护的权利；接受职业技能培训的权利；享受社会保险和福利的权利；提请劳动争议处理的权利；法律、法规规定的其他权利。同时劳动者也承担着完成劳动任务、提高职业技能、遵守劳动纪律、职业道德等相关义务。《中华人民共和国劳动合同法》规定用人单位自用工之日起即与劳动者建立劳动关系，并应当订立书面劳动合同；已建立劳动关系，未同时订立书面劳动合同的，应当自用工之日起一个月内订立书面劳动合同；用人单位与劳动者在用工前订立劳动合同的，劳动关系自用工之日起建立。

第二，就业促进法。为了促进就业，促进经济发展与扩大就业相协调，促进社会和谐稳定，我国制定了《中华人民共和国就业促进法》。该法明确规定国家把扩大就业放在经济社会发展的突出位置，实施积极的就业政策，坚持劳动者自主择业、市场调节就业及政府促进就业的方针，多渠道扩大就业。

第三，社会保险法。为了规范社会保险关系，维护公民参加社会保险和享受社会保险待遇的合法权益，使公民共享发展成果，促进社会和谐稳定，根据宪法，制定了《中华人民共和国社会保险法》。该法规定国家建立基本养老、基本医疗、工伤、失业、生育等多种社会保险制度，保障公民在年老、疾病、工伤、失业、生育等情况下享有依法从国家和社会获得物质帮助的权利。

五 刑法

（一）概述

刑法是规定犯罪、刑事责任和刑罚的法律规范的总称。犯罪是指一切危害国家主权、领土完整和安全，分裂国家、颠覆人民民主专政的政权和推翻社会主义制度，破坏社会秩序和经济秩序，侵犯国有财产或者劳动群众集体所有的财产，侵犯公民私人所有的财产，侵犯公民的人身权利、民主权利和其他权利，以及其他危害社会的行为，依照法律应当受刑罚处罚的，都是犯罪，但是情节显著轻微危害不大的，不认为是犯罪。犯罪的基本特征有三个：严重的社会危害性、刑事违法性和应受刑罚惩罚性。刑事责任是指行为人因其犯罪行为所应承受的，由代表国家的司法机关根据刑法规定对犯罪行为所做的否定评价和对犯罪人进行谴责的责任。承担刑事责任的方式有刑罚和非刑罚两种。刑罚是刑法规定的，由人民法院根据刑法对犯罪人适用的限制或者剥夺其某种权益的最严厉的强制性制裁措施。

刑法的基本原则，指刑法本身具有的，贯穿全部刑法规范，体现刑事立法与司法基本精神，指导和制约全部刑事立法与刑事司法过程的基本准则。我国刑法明文规定了三大基本原则：罪刑法定原则、刑法适用一律平等原则和罪责刑相适应原则。罪刑法定原则，指什么行为构成犯罪、构成什么罪及处何种刑罚都必须依据刑法的明文规定，法无明文规定不为罪，法无明文规定不处罚。刑法适用一律平等原则，要求对于任何人犯罪，不论其社会地位、民族、种族等如何，在适用刑法上一律平等，任何人都不得有超越法律的特权。罪责刑相适应原则，指刑罚轻重主要依据行为人犯罪行为的社会危害程度及应负刑事责任的大小等因素，做到重罪重罚、轻罪轻罚、无罪不罚、罪刑相当、罚当其罪。

犯罪构成，指依照刑法规定，决定某一具体行为的社会危害性及其程度，而为该行为构成犯罪所必需的一切主观要件和客观要件的有机统一。犯罪构成包括犯罪客体、犯罪客观方面、犯罪主体和犯罪主观方面四个要素。犯罪客体，是刑法所保护的而为犯罪行为所危害的社会利益。犯罪客观方面，是刑法规定的构成犯罪在客观上需要具备的各种要件的总称，主要包括危害行为、危害结果、危害行为与危害结果之间的因果关系、犯罪时间、地点等，其中危害行为是任何犯罪必须具备的要件。犯罪主体，是指实施危害社会的行为，依法应当负刑事责任的自然人和单位，作为犯罪主体的自然人必须具有相应的刑事责任能力。犯罪主观方面，是指刑法规定的犯罪主体对自己的行为及其危害结果所持有的心理态度，包括犯罪故意、过失、犯罪动机、目的。犯罪故意和过失合称为罪过，罪过是一切犯罪构成的必备要件。

（二）刑法分论

广义上讲，我国刑法包括刑法典、单行刑法与附属刑法。刑法典是1979年通过，1997年修订的《中华人民共和国刑法》。下面主要介绍刑法规定的犯罪类型。我国刑法根据犯罪客体的不同将犯罪分为以下十类。

危害国家安全罪，是指故意危害中华人民共和国国家主权、领土完整、国家政权和社会主义制度安全的犯罪。本类犯罪侵犯的客体是国家安全；在客观方面表现为实施了危害国家安全的行为；犯罪主体是自然人；犯罪的主观方面是故意。

危害公共安全罪，是指故意或者过失地实施危害不特定多数人的生命、健康、重大公私财物或者公共生活安全的行为。本类犯罪侵犯的客体是公共安全，即不特定的多数人的生命、健康和重大公私财产安全或者公共生活利益的安全；在客观方面表现为实施了危害公共安全的行为；犯罪主体多数为自然人，少数是单位；犯罪主观方面既包括故意，也包括过失。

破坏社会主义市场经济秩序罪，是指违反国家经济管理法律、法规，破坏社会主义市场经济秩序，严重危害国家经济发展的行为。本类犯罪侵犯的客体是社会主义市场经济秩序；在客观方面表现为实施了违反国家经济管理法律、法规，破坏社会主义经济秩序的行为；犯罪主体为自然人和单位；犯罪主观方面多数是故意，少数是过失。

侵犯公民人身权利、民主权利罪，是指故意或过失地侵犯他人人身权利和其他与人身直接相关的权利，以及非法剥夺或者妨害公民自由地行使依法享有的管理国家事务和参加政治活动权利的行为。本类犯罪侵犯的客体是公民的人身权利和民主权利；在客观方面表现为实施了侵犯他人人身权利和民主权利的行为；犯罪主体为自然人；犯罪主观方面多数为故意，少数是过失。

侵犯财产罪，是指故意非法占有、挪用、毁坏公私财物的行为。本类犯罪侵犯的客体是公私财产所有权；在客观方面表现为以多种手段非法占有、挪用、毁坏公私财物的行为；犯罪主体为自然人；犯罪主观方面只能由故意构成。

妨害社会管理秩序罪，是指妨害国家社会管理活动，破坏社会秩序，依法应当受到刑罚处罚的行为。本类犯罪侵犯的客体是社会管理秩序；在客观方面实施了危害国家机关的管理活动、破坏社会秩序的行为；犯罪主体多数为自然人，少数为单位；犯罪主观方面多数是故意，少数是过失。

危害国防利益罪，是指公民或者单位危害作战和军事行动，危害国防基础设施和国防权力，妨害国防管理秩序，拒绝或者逃避履行国防义务，损害部队声誉的行为。本类犯罪侵犯的客体是国家的国防利益；在客观方面表现为实施了危害国防利益的行为；犯罪主体为自然人；犯罪主观方面多数为故意，少数为过失。

贪污贿赂罪，是指贪污、挪用、私分公共财物或国有资产，索取、收受贿赂或者以国家工作人员、国有单位为对象进行贿赂，收买公务行为，破坏公务行为的廉洁性等一类犯罪的总称。本类犯罪侵犯的客体主要是职务行为的廉洁性，部分犯罪同时也侵犯公私财产的所有权；在客观方面表现为公职人员利用职务上的便利实施了侵犯职务廉洁性的行为；犯罪主体大多为作为国家工作人员的自然人，少数是单位；犯罪主观方面为故意。

渎职罪，是指国家机关工作人员在公务活动中滥用职权、玩忽职守、徇私舞弊，妨害国家管理活动，致使公共财产或者国家与人民的利益遭受重大损失的行为。本类犯罪侵犯的客体是国家机关的正常管理活动；在客观方面表现为实施了利用职务上的便利或者徇私舞弊、滥用职权、玩忽职守，致使国家和人民利益遭受重大损失的行为；犯罪主体是作为自然人的国家机关工作人员；犯罪主观方面多数是故意，少数是过失。

军人违反职责罪，是指中国人民解放军的现役军人、执行军事任务的预备役人员及执行军事任务的其他人员违反职责，危害国家利益，依照法律应当受刑罚处罚的行为。本类犯罪侵犯的客体是国家的军事利益；在客观方面表现为行为人实施了违反军人职责、危害国家军事利益的行为；犯罪主体为现役军人或者承担执行军事任务的自然人；犯罪主观方面多数是故意，少数是过失。

第三节　我国的程序法

程序法是规定保障权利和义务实现的程序方面的法律规范，包括诉讼程序法和非诉讼程序法两部分。我国的诉讼程序法主要有民事诉讼法、行政诉讼法和刑事诉讼法，非诉讼程序法主要包括仲裁法和人民调解法。

一 诉讼程序法

(一) 民事诉讼法

1. 概述

民事诉讼法是调整人民法院、当事人与其他诉讼参与人的各种诉讼活动及由此产生的各种诉讼关系的法律规范的总称。

民事诉讼主体主要包括人民法院、当事人和诉讼代理人。当事人，是因与他人发生民事纠纷，而以自己的名义参加诉讼，并受法院裁判约束的利害关系人，主要包括原告、被告和第三人。

2. 民事诉讼程序

民事诉讼程序包括审判程序和执行程序。诉讼案件的审判程序主要包括：第一审普通程序、简易程序、第二审程序和审判监督程序。

第一，第一审普通程序。民事诉讼的普通程序是各级法院审理一审诉讼案件通常所适用的审判程序。当事人可以以口头或书面的方式提起诉讼，起诉必须符合法定条件。人民法院对符合法定条件的起诉，应当在7日内立案，并通知当事人；对不符合法定起诉条件的，应当在7日内裁定不予受理。

第二，简易程序。基层人民法院和它派出的法庭审理事实清楚、权利义务关系明确、争议不大的简单的民事案件，可适用简易程序。人民法院适用简易程序审理案件，应当在立案之日起三个月内审结，可由审判员一人独任审理。人民法院在审理过程中，发现案件不宜适用简易程序的，裁定转为普通程序。

第三，第二审程序。第二审程序即二审法院审理上诉案件所适用的程序。当事人不服地方人民法院第一审判决的，有权在判决书送达之日起15日内向上一级人民法院提起上诉，当事人不服地方人民法院第一审裁定的，有权在裁定书送达之日起10日内向上一级人民法院提起上诉。第二审人民法院应当对上诉请求的有关事实和适用法律进行审查，组成合议庭，开庭审理；经过阅卷、调查和询问当事人，对没有提出新的事实、证据或者理由，合议庭认为不需要开庭审理的，也可以不开庭审理。第二审人民法院审理上诉案件，应在法律规定期间内分不同情形做出相应处理。

第四，审判监督程序。审判监督程序指人民法院对已经发生法律效力的判决、裁定、调解书认为确有错误，进行再次审理的程序。

第五，执行程序。执行程序是人民法院根据一方当事人的申请或依职权采取法定措施，强制不履行义务的一方当事人履行已经发生法律效力的民事判决、裁定、调解书及其他法律文书的程序。

(二) 行政诉讼法

1. 概述

行政诉讼法指规范行政诉讼活动，调整行政诉讼关系的法律规范。

根据《中华人民共和国行政诉讼法》的规定，人民法院受理公民、法人或者其他组织提起的下列诉讼：对行政拘留、暂扣或者吊销许可证和执照、责令停产停业、没收违法所得、没收非法财物、罚款、警告等行政处罚不服的；对限制人身自由或者对财产的查封、扣押、冻结等行政强制措施和行政强制执行不服的；申请行政许可，行政机关拒绝或者在法定期限内不予答复，或者对行政机关做出的有关行政许可的其他决定不服的；对行政机关做出的关于确认土地、矿藏、水流、森林、山岭、草原、荒地、滩涂、海域等自然资源的所有权或者使用权的决定不服的；对征收、征用及其补偿决定不服的；申请行政机关履行保护人身权、财产权等合法权益的法定职责，行政机关拒绝履行或者不予答复的；认为行政机关侵犯其经营自主权或者农村土地承包经营权、农村土地经营权的；认为行政机关滥用行政权力排除或者限制竞争的；认为行政机关违法集资、摊派费用或者违法要求履行其他义务的；认为行政机关没有依法发给抚恤金、最低生活保障待遇或者社会保险待遇的；认为行政机关不依法履行、未按照约定履行或者违法变更、解除政府特许经营协议、土地房屋征收补偿协议等协议的；认为行政机关侵犯其他人身权、财产权等合法权益的；法律、法规规定可以提起诉讼的其他行政案件。

2. 行政诉讼程序

行政诉讼程序包括行政诉讼的起诉与受理、审判、执行及审判监督程序。

第一，起诉与受理程序。起诉是公民、法人或者其他组织认为行政机关的行政行为侵犯了自己的合法权益，依法请求人民法院行使审判权，保护自己合法权益的诉讼行为。提起行政诉讼必须具备四个条件：原告是认为行政行为侵犯了其合法权益的公民、法人或其他组织；有明确的被告；有具体的诉讼请求和事实根据；属于人民法院受案范围和受诉人民法院管辖。受理是人民法院接到公民、法人或者其他组织的起诉时，依法决定是否予以立案的活动。

第二，审判程序。行政诉讼的审判程序包括第一审普通程序、简易程序和第二审程序。

第三，执行程序。执行程序是将人民法院发生法律效力的判决、裁定、调解书所确定的内容付诸实现的程序。

第四，审判监督程序。审判监督程序是指人民法院对已经发生法律效力但确有错误的判决或裁定依法进行再审的程序，也称再审程序。

（三）刑事诉讼法

1. 概述

刑事诉讼法是国家制定的规范刑事诉讼活动的法律规范。

刑事诉讼参与人，是指在刑事诉讼过程中除国家专门机关工作人员以外的，享有一定的诉讼权利、负有一定诉讼义务的人。诉讼参与人一般可分为两类：一是当事人；二是其他诉讼参与人。当事人是指与案件事实和诉讼结果有切身利害关系，拥有广泛诉讼权利，对诉讼进程有较大影响的诉讼参与人，包括被害人、自诉人、犯罪嫌疑人、被告人、附带民事诉讼的原告和被告。其他诉讼参与人是指除当事人以外的诉讼参与人，包括法定代理人、诉讼代理人、辩护人、证人、鉴定人、翻译人员。

刑事诉讼中的强制措施，是指公安机关、人民检察院和人民法院为了保证刑事诉讼活动的顺利进行，防止犯罪嫌疑人、被告人等逃避或妨碍侦查、起诉和审判，依法对其适用的暂时限制或剥夺人身自由的各种强制方法。《中华人民共和国刑事诉讼法》规定的强制措施有拘传、取保候审、监视居住、拘留和逮捕。

2. 刑事诉讼程序

刑事诉讼程序，可分为立案、侦查、起诉、审判和执行程序。

立案程序指公安机关、监察机关、人民检察院发现犯罪事实或犯罪嫌疑人，或者公安机关、监察机关、人民检察院和人民法院对接受的报案、控告、举报、自首以及人民法院对自诉人的自诉材料等，依照管辖范围，根据事实和法律，决定是否作为刑事案件进行侦查或者审判的诉讼程序。立案是刑事诉讼的起始阶段。

侦查程序指公安机关、监察机关、人民检察院为证实犯罪和查获犯罪行为人而依照法律进行的专门调查工作与采取有关强制性措施的活动。侦查是公诉案件的必经程序。

起诉程序指享有控诉权的国家专门机关和公民，依法向法院提起诉讼，请求法院对指控的内容进行审判，以确定被告人刑事责任并依法予以刑事制裁的诉讼活动。刑事起诉分为自诉和公诉两种：自诉是指刑事被害人及其法定代理人、近亲属等以个人名义向法院起诉，要求保护被害人的合法权益，追究被告人刑事责任的诉讼活动；公诉则是指依法享有刑事起诉权的国家专门机关代表国家向法院提起诉讼，要求法院通过审判确定被告人犯有被指控的罪行并给予相应的刑事制裁的诉讼活动。

审判程序指人民法院对刑事案件进行审理和裁判的诉讼程序，包括第一审程序、简易程序、第二审程序，以及作为特殊审判程序的死刑复核程序和审判监督程序。第一审程序指人民法院初次审理刑事案件所适用的程序。基层人民法院管辖的案件，符合下列条件的，可以适用简易程序审判：案件事实清楚、证据充分的；被告人承认自己所犯罪行，对指控的犯罪事实没有异议的；被告人对适用简易程序没有异议的。第二审程序，指第二审法院根据上诉或者抗诉，就第一审法院尚未生效的裁判所认定的事实和适用的法律进行审理时所适用的程序。死刑复核程序，指有死刑复核权的法院对判处被告人死刑的案件进行审查核准时所采用的一种特别程序。死刑由最高人民法院核准。中级人民法院判处死刑的第一审案件，被告人不上诉的，应当由高级人民法院复核后，报请最高人民法院核准；高级人民法院不同意判处死刑的，可以提审或者发回重新审判；高级人民法院判处死刑的被告人不上诉的第一审案件和判处死刑的第二审案件，都应当报最高人民法院核准。审判监督程序又称再审程序，指人民法院、人民检察院发现已经发生法律效力的刑事判决、裁定在认定事实或适用法律上确有错误时，依法提起并对案件进行重新审判的一项特殊审判程序。在法定条件下提起审判监督程序的有：当事人及其法定代理人、近亲属申诉的；各级人民法院院长提交审判委员会处理的；最高人民法院和上级人民法院提审或指令下级人民法院再审的；最高人民检察院和上级人民检察院提出抗诉的。

执行程序指人民法院将已经发生法律效力的判决裁定所确定的内容付诸实施，以及在此过程中处理与之有关的减刑、假释等刑罚执行变更问题时应遵循的步骤、方式和方法。

二 非诉讼程序法

（一）仲裁法

仲裁是发生争议的双方当事人，根据其在争议发生前或者发生后所达成的协议，自愿将争议提交中立的第三方进行裁判的争议解决制度和方式。

根据《中华人民共和国仲裁法》的规定，平等主体的公民、法人和其他组织之间发生的合同纠纷与其他财产权益纠纷可以仲裁，但婚姻、收养、监护抚养、继承纠纷和依法应当由行政机关处理的行政争议不属于仲裁范围。仲裁的基本原则有自愿原则、公平原则、独立原则和一裁终局原则。

自愿原则，指当事人采用仲裁方式解决纠纷的，应当双方自愿达成仲裁协议，没有仲裁协议，一方申请仲裁的，仲裁委员会不予受理。

公平原则，指仲裁应当根据事实，符合法律规定，公平合理地解决纠纷。

独立原则，指仲裁应当依法独立地进行，不受行政机关社会团体和个人的干涉。

一裁终局原则，是指仲裁裁决做出后，当事人就同一纠纷再申请仲裁或向人民法院起诉的，仲裁委员会或者人民法院不予受理，但裁决被人民法院依法裁定撤销或者不予执行的，当事人就该纠纷可以根据双方重新达成的仲裁协议申请仲裁，也可以向人民法院起诉。

对当事人的合同或者财产争议予以仲裁的机构是仲裁委员会，当事人提交仲裁委员会仲裁的争议必须有仲裁协议。仲裁协议必须采用书面形式，且应当明确当事人请求仲裁的意思表示、仲裁事项和选定的仲裁委员会。

（二）人民调解法

人民调解，是指人民调解委员会通过说服、疏导等方法，促使当事人在平等协商的基础上自愿达成调解协议、解决民间纠纷的活动。

人民调解委员会是依法设立的调解民间纠纷的群众性组织，村民委员会、居民委员会设立人民调解委员会，企业事业单位根据需要设立人民调解委员会。

人民调解委员会调解民间纠纷不收取任何费用，应当遵循自愿、平等原则，不得违背法律、法规和国家政策，并须尊重当事人的权利。人民调解员由人民调解委员会委员和人民调解委员会聘任的人员担任。当事人可以向人民调解委员会申请调解，人民调解委员会也可以主动调解，当事人一方明确拒绝调解的，不得调解。人民调解员调解纠纷，调解不成的，应当终止调解，并依据有关法律、法规的规定，告知当事人可以依法通过仲裁、行政、司法等途径维护自己的权益。经人民调解委员会调解达成调解协议的，可以制作调解协议书，当事人认为无须制作调解协议书的，可以采取口头协议方式，人民调解员应当记录协议内容。经人民调解委员会调解达成的调解协议，具有法律约束力，当事人应当按照约定履行，当事人之间就调解协议的履行或者调解协议的内容发生争议的，一方当事人可以向人民法院提起诉讼。

要点荟萃

第一节 我国的宪法法律制度

宪法是国家的根本法，是治国安邦的总章程。

一 宪法的特征和基本原则

（一）宪法的特征

宪法作为国家的根本法，体现出与普通法律不同的特征。

（1）从内容上看，宪法的内容不同于普通法律。宪法的内容涉及国家和社会生活中全局性与根本性的问题。

（2）从效力上看，二者效力不同。宪法具有最高的法律效力。

（3）从制定和修改程序上看，宪法的制定和修改程序更为严格。宪法的修改，须由全国人民代表大会与会代表的三分之二以上多数通过。

（二）宪法的基本原则

宪法的基本原则是指人们在制定和实施宪法过程中必须遵循的最基本的准则。我国宪法的基本原则包括坚持党的领导原则、人民主权原则、尊重和保障人权原则、民主集中制原则、社会主义法治原则。

二 国家制度

（一）人民民主专政制度

人民民主专政制度是我国的国体。国体即国家性质，反映社会各阶级在国家生活中的地位和作用。

（二）人民代表大会制度

人民代表大会制度是我国的政体。人民代表大会制度是我国的根本政治制度，具有广泛的优越性,主要体现在以下方面。

(1) 人民代表大会制度便于人民参加国家管理,充分保障了人民当家作主的主人翁地位。

(2) 人民代表大会制度有力地保障了各民族团结互助的平等关系。

(3) 人民代表大会制度全面体现了我国人民民主专政的国家性质。

(4) 人民代表大会制度保证了国家机关的高效协调运转。

(三) 中国共产党领导的多党合作和政治协商制度

中国共产党领导的多党合作,是指以中国共产党为唯一执政党领导国家政权,各民主党派在接受中国共产党领导的前提下,同中国共产党通力合作,参与国家政权,反映人民群众意愿,发挥监督作用,共同致力于建设中国特色社会主义事业的制度。

政治协商制度,是指在中国共产党的领导下,各民主党派、各人民团体、各少数民族和社会各界的代表,对国家的大政方针及政治、经济、文化和社会生活中的重要事务,在决策之前举行协商和就政策执行过程中的重要问题进行协商的制度。

(四) 民族区域自治制度

民族区域自治制度是在国家统一领导下,各少数民族聚居的地方实行区域自治,设立自治机关,行使自治权的制度。

民族区域自治制度的主要内容有:民族区域自治是以祖国统一、领土完整为前提的,自治地方的自治机关是中央统一领导下的一级地方国家机关;民族区域自治必须以少数民族聚居区为基础,是民族自治和区域自治的结合;民族区域自治是为了实现区域自治民族的人民当家作主,管理本民族内部地方性事务的权利,国家允许民族区域的自治机关既行使一般地方国家机关的职权,同时又依照《中华人民共和国宪法》《中华人民共和国民族区域自治法》等法律的规定行使自治权。

(五) 特别行政区制度

特别行政区有自己的特点,主要表现在以下方面。

(1) 特别行政区享有高度的自治权,包括立法权、独立的司法权和终审权,除国防、外交等之外的行政管理权,以及根据中央人民政府授权依法自行处理的有关对外事务的权力。

(2) 特别行政区保持原有的资本主义制度和生活方式50年不变。

(3) 特别行政区行政机关和立法机关人员由该地区永久性居民依照特别行政区基本法组成。

(4) 特别行政区原有法律基本不变,除属于殖民统治性质或带有殖民色彩,以及除同特别行政区基本法相抵触或经特别行政区立法机关做出修改者外。

(六) 基层群众性自治制度

基层群众性自治制度是城乡基层群众在党的领导下,依法直接行使民主权利,管理基层公共事务和公益事业，实行自我管理、自我服务、自我教育、自我监督的一项基本政治制度。

三 基本经济制度

我国宪法规定"中华人民共和国的社会主义经济制度的基础是生产资料的社会主义公有制，即全民所有制和劳动群众集体所有制"，同时规定"国家在社会主义初级阶段，坚持坚持公有制为主体、多种所有制经济共同发展的基本经济制度，坚持按劳分配为主体、多种分配方式并存的分配制度"。

（一）公有制经济

（1）全民所有制经济。全民所有制经济，即国有经济，是指生产资料归社会全体成员共有、由代表全体人民的国家占有生产资料的一种所有制形式。

（2）劳动群众集体所有制经济。劳动群众集体所有制经济，指生产资料由集体经济组织内的劳动者共同所有的一种公有制经济，包括农村集体经济和城镇集体经济两种形式。

（二）非公有制经济

（1）个体经济和私营经济。个体经济是城乡劳动者依法占有少量生产资料和产品，以自己从事劳动为基础，进行生产经营活动的一种经济形式。个体工商户是个体经济的典型形式。私营经济是生产资料由私人占有，并存在雇佣劳动关系的一种经济形式。私营企业是私营经济的典型形式。

（2）外商投资经济。外商投资经济包括中外合资、中外合作和外资企业形式。

（三）混合所有制经济

混合所有制经济，是指一个具体的经济部分或企业，其产权构成中包括国家投资、集体投资、个人投资、国际投资等资产要素的组合，由两种或者两种以上的投资形成的经济形式。

四 公民的基本权利和义务

（一）公民的基本权利

公民的基本权利是指宪法规定的公民享有的基本的、具有重要意义的权利。我国宪法规定的公民的基本权利有以下内容。

（1）平等权。宪法规定"中华人民共和国公民在法律面前一律平等"。

（2）政治权利和自由。政治权利和自由，是宪法和法律规定公民有权参加国家政治生活的民主权利，以及在政治上享有表达个人见解和意愿的自由。

（3）宗教信仰自由。我国宪法规定中华人民共和国公民有宗教信仰的自由，任何国家机关、社会团体和个人不得强制公民信仰宗教或者不信仰宗教，不得歧视信仰宗教的公民和不信仰宗教的公民。

（4）人身自由。

（5）社会经济权利。

（6）教育、科学、文化权利和自由。

（7）特定人的权利。特定人是指包括妇女、母亲、儿童、老人、离退休人员、烈军属、华侨、归侨和侨眷在内的人员。

（二）公民的基本义务

公民基本义务，指公民依照宪法应当履行的最主要、最基本的责任，主要有以下内容。

（1）维护国家统一和各民族团结。

（2）遵守宪法和法律。

（3）保守国家秘密。

（4）维护祖国安全、荣誉和利益。

（5）保卫祖国和依法服兵役。

（6）依法纳税。

五 国家机构

（一）全国人民代表大会及其常务委员会

全国人民代表大会是我国的最高国家权力机关，它的常设机关是全国人民代表大会常务委员会。全国人民代表大会和全国人民代表大会常务委员会行使国家立法权。

（二）国家主席

国家主席代表中华人民共和国进行国事活动，接受外国使节；根据全国人民代表大会常务委员会的决定，派遣和召回驻外全权代表，批准和废除同外国缔结的条约和重要协定。

（三）国务院

中华人民共和国国务院，即中央人民政府，是最高国家权力机关的执行机关，是最高国家行政机关。

（四）中央军事委员会

中央军事委员会是我国最高的军事领导机关，领导全国武装力量。

（五）地方各级人民代表大会和地方各级人民政府

地方各级人民代表大会是地方国家权力机关。

（六）民族自治地方的自治机关

民族自治地方的自治机关是自治区、自治州、自治县的人民代表大会和人民政府。

（七）监察委员会

中华人民共和国各级监察委员会是国家的监察机关，设立国家监察委员会和地方各级监察委员会。

（八）人民法院和人民检察院

人民法院是国家的审判机关，依法独立行使审判权，不受行政机关、社会团体和个人的干涉。人民检察院是我国的法律监督机关，依法独立行使检察权，不受行政机关、社会团体和个人的干涉。

第二节 我国的实体法

实体法是对法律关系的主体的权利或职权和职责做出规范的法律的总称。

一 民商法

（一）概述

民商法是民法和商法的简称，我国采用的是"民商合一"的立法体制。

民法是调整平等主体，包括公民之间、法人之间及公民和法人之间的财产关系与人身关系的法律规范的总称。

民法的基本原则，是对民事立法、民事司法等民事活动具有普遍指导意义和约束功能的基本行为准则。我国民法的基本原则包括：平等原则、自愿原则、公平原则、诚实信用原则、公序良俗原则和绿色原则。

民事主体，是参加民事法律关系，独立享有民事权利和承担民事义务的自然人、法人和其他组织。自然人是基于自然规律出生而取得民事主体资格的人。法人是具有民事权利能力和民事行为能力，依法独立享有民事权利和承担民事义务的组织。

民事法律行为，是民事主体通过意思表示设立、变更、终止民事法律关系的行为。有效的民事法律行为需要具备三个条件：行为人具有相应的民事行为能力；意思表示真实；不违反法律、行政法规的强制性规定，不违背公序良俗。

民事责任，是民事主体因违反民事义务而依法应承担的民事法律后果。以民事责任产生的法律依据为标准，民事责任可分为侵权民事责任和违约民事责任。侵权民事责任，指行为人违反法律规定的义务而造成他人财产或人身损害时所应承担的法律后果。违约民事责任，指当事人不履行合同义务或履行合同义务不符合合同约定时依法应承担的法律后果。承担民事责任的方式有：停止侵害，排除妨碍，消除危险，返还财产，恢复原状，修理、重做、更换，继续履行，赔偿损失，支付违约金，消除影响、恢复名誉，赔礼道歉。

商法，是调整商事关系的法律规范的总和。商事关系是商事主体基于营利性行为所形成的特定的社会关系，是特殊的民事关系。因此，商法可称为民法的特别法。商法的基本原则可概括为：促进交易迅捷原则、强化商事组织原则、保障交易安全原则和维护交易公平原则。

（二）民商法的主要组成部分

我国民法领域和商法领域分别有相应的立法，下面主要介绍民法领域的合同法、物权法、侵权责任法、婚姻法、继承法及知识产权法，商法领域的公司法、海商法和票据法。

（1）合同法。合同是平等主体的自然人、法人、其他组织之间设立、变更、终止民事权利义务关系的协议。

（2）物权法。物权是权利主体依法享有直接支配其特定物，并享受其利益的排他性权利。所有权是财产所有权人在法律规定的范围内对自己的财产享有的占有、使用、收益和处分的权利。用益物权人对他人所有的不动产或者动产，依法享有占有、使用和收益的权利，主要有土地承包经营权、建设用地使用权、宅基地使用权和地役权。担保物权是为了担保债的履行，在债务人或第三人的特定财产上设定的物权，主要有抵押权、质权和留置权。

（3）侵权责任法。我国侵权责任归责原则主要包括过错责任原则和无过错责任原则。过错责任原则是指行为人的过错是侵权责任的必备条件的归责原则。无过错责任原则是指行为人损害他人民事权益，不论其主观上有无过错，根据法律规定均应承担侵权责任的归责原则。

（4）婚姻法。婚姻法是调整婚姻家庭关系的基本准则。基本原则有：婚姻自由，一夫一妻，男女平等，保护妇女、儿童和老人的合法权益，实行计划生育。

（5）继承法。继承权，是继承人依法享有的、能够无偿取得被继承人遗产的权利。法定继承，又称无遗嘱继承，指继承人的范围、继承顺序和遗产分配原则均由法律加以规定的继承制度。遗嘱继承是指继承人依照被继承人生前设立的合法有效的遗嘱继承被继承人遗产的一种继承制度。

（6）知识产权法。知识产权是民事主体基于智力活动创造的成果，以及在经营管理活动中创造的标记、信誉等而依法享有的专有权利。我国的知识产权法主要包括《中华人民共和国著作权法》《中华人民共和国专利法》《中华人民共和国商标法》。

（7）公司法。根据《中华人民共和国公司法》的规定，公司是指依法在中国境内设立的有限责任公司和股份有限公司。公司是企业法人，有独立的法人财产，享有法人财产权。公司以其全部财产对公司的债务承担责任。有限责任公司的股东以其认缴的出资额为限对公司承担责任，股份有限公司的股东以其认购的股份为限对公司承担责任。

（8）海商法。海商法是调整海上运输中船、货各方有关当事人之间的权利和义务关系的法律规范的总称。我国《中华人民共和国海商法》对船舶的取得、登记、管理，船员的调度、职责、权利和义务，海上货物运输合同，船舶租用合同，海上拖航合同，船舶碰撞，海难救助，共同海审，海事赔偿责任限制，海上保险合同等做出了相关规定。

（9）票据法。为了规范票据行为，保障票据活动中当事人的合法权益，维护社会经济秩序，促进社会主义市场经济的发展，我国制定了《中华人民共和国票据法》。该法规定金融流通领域中的票据包括汇票、本票和支票。

二 行政法

（一）概述

行政法是调整国家行政机关在履行职能过程中发生的各种行政关系的法律规范的总称。行政法是一个独立的法律部门，是国家法律体系的重要组成部分。

行政法的基本原则，是反映行政法本质和具体制度规则内在联系的共同性规则，是贯穿于国家行政机关活动的所有环节，并由全部行政法规反映出来的共同原则。行政合法性原则，是指所有行政法律关系当事人都必须严格遵守并执行行政法律的规定，一切行政活动都必须以法律为依据，任何行政关系主体不得享有法外特权，违反行政法律规范行为应承担相应的法律责任。行政合理性原则，是指行政行为的内容要客观、适度，符合法律的基本原则及公平正义等法律理性，也就是行政行为要合理、恰当和适度。行政程序正当性原则，是指行政机关做出影响行政相对人权益的行为时，必须遵循正当的法律程序。

行政法律关系主体，是指行政法律关系中权益的享有者和义务的承担者，包括行政主体和行政相对人。行政主体，是依法享有行政权，能够以自己的名义对外独立行使该项权利并对行为的结果承担法律责任的国家行政机关及法律、法规授权的组织。行政相对人是指在行政法律关系中与行政主体相对应的另一方当事人，包括自然人、法人和其他组织。

行政行为，是指行政主体在其职权范围内，依法对行政相对人实施的具有法律效力的行为，包括抽象行政行为和具体行政行为。抽象行政行为，指国家行政机关依法制定和发布规范性法律文件的行为。具体行政行为，指行政主体依法对具体事项或者特定行政相对人做出的能直接产生法律效果的行为。

行政责任，是指行政法律关系主体因违反或不履行行政法律规范而必须承担的法律后果。依据主体不同，行政责任划分为行政主体承担的行政责任、公务员承担的行政责任和行政相对人承担的行政责任。

（二）行政法的主要组成部分

我国行政法根据调整对象的不同有一般行政法与部门行政法之分。一般行政法是对一般行政关系加以调整的法律规范的总称，适用于全部或者多数行政领域；部门行政法是对部门行政关系加以调整的法律规范的总称，只适用于特定领域。

（1）公务员法。《中华人民共和国公务员法》的基本原则有：公开、平等、竞争、择优和法治原则；监督约束与激励保障并重原则；任人唯贤、德才兼备原则；分类管理和效能原则。

（2）行政处罚法。《中华人民共和国行政处罚法》规定，行政处罚应遵循处罚法定原则，公开、公正原则，处罚与教育相结合原则，保障相对人权利原则。

（3）行政复议法。《中华人民共和国行政复议法》主要规定了一级复议制度、书面复议制度、不适用调解制度、被申请人承担举证责任制度和具体行政行为不停止执行制度。

三 经济法

（一）概述

经济法是调整国民经济运行过程中所形成的经济关系的法律规范的总称。

经济法的基本原则，指经济法领域处于指导地位、具有普遍制约意义的基本准则，它存在于经济法的立法、执法、司法、守法各环节，贯穿于经济法调整的全过程。我国经济法的基本原则主要包括：保障、巩固和发展社会主义基本经济制度原则；宏观调控与市场机制相结合原则；权、责、利统一原则；维护国家经济主权原则；坚持全面、协调和可持续发展的原则。

经济法主体，是依据法律规定的经济权限参加或能够参加经济法律关系，依法享有经济权利、承担经济义务的组织和个人，包括国家、国家机关、社会组织、经济组织的内部组织、个体工商户、农村承包经济户和自然人。

（二）经济法的主要组成部分

（1）反垄断法。反垄断即为了预防和制止垄断行为，保护市场公平竞争，促进社会主义市场经济健康发展。《中华人民共和国反垄断法》规定的垄断行为包括三种情况：经营者达成垄断协议；经营者滥用市场支配地位；具有或者可能具有排除限制竞争效果的经营者集中。

（2）反不正当竞争法。根据《中华人民共和国反不正当竞争法》的规定，下列行为属于不正当竞争行为：采用假冒或模仿等不正当手段，使其商品、营业或者服务与他人的相混同，导致或足以导致购买者误认的仿冒混淆行为；为了获得交易机会或者有利的交易条件而采用财物或其他手段贿赂特定经营者或与经营活动密切相关的单位和个人的商业贿赂行为；利用广告或者其他方法，对商品或服务的质量、性能、用途等做出引人误解的虚假表示，诱使消费者误购的虚假宣传行为；侵犯商业秘密的行为；以排挤竞争对手为目的，以低于成本的价格销售商品的行为；采用谎称有奖或者故意让内定人员中奖的欺骗方式进行有奖销售，或利用有奖销售的手段推销质次价高的商品，以及抽奖式有奖销售最高奖金额超过五千元的不正当有奖销售行为；在投标招标过程中，招标者与投标者之间或者投标者与投标者之间采用不正当手段，对招标投标事项进行串通，以排挤竞争对手或损害招标者利益的行为；捏造、散布虚假事实，损害竞争对手的商业信誉、商品声誉，以削弱其市场竞争力，并为自己谋取不正当利益的行为。

(3) 消费者权益保护法。消费者是指为生活需要购买、使用商品或者接受服务的单位和个人。根据《中华人民共和国消费者权益保护法》的规定，消费者享有的权利包括：在购买、使用商品或者接受服务时人身和财产安全不受侵犯的权利；了解其所购买、使用的商品或者服务的真实情况的权利；根据自己的意愿自主选择经营者、商品品种或服务方式的权利；获得质量有保障、价格合理、计量正确等公平交易条件的权利；依法获得人身、财产损害赔偿的权利；依法成立维护自身合法权益的社会团体的权利；获得有关消费和消费者权益保护方面的知识的权利；其人格尊严、民族风俗习惯得到尊重的权利；有对商品和服务及保护消费者权益工作进行监督的权利等。

四 社会法

(一) 概述

社会法是调整有关劳动关系、社会保障、社会福利关系等方面的法律规范的总称，其主要是保障劳动者、失业者、丧失劳动能力的人或者其他需要扶助的人的权益的法律。

(二) 社会法的主要组成部分

社会法包括劳动用工、职业安全卫生、社会保障、社会救济、特殊保障等方面的法律规范的总称。下面主要介绍劳动法、就业促进法和社会保险法。

(1) 劳动法。劳动法是调整劳动关系及劳动附随关系的法律规范的总和。劳动者的主要权利和义务有：平等就业和选择职业的权利；取得劳动报酬的权利；休息休假的权利；获得劳动安全卫生保护的权利；接受职业技能培训的权利；享受社会保险和福利的权利；提请劳动争议处理的权利；法律、法规规定的其他权利。同时劳动者也承担着完成劳动任务、提高职业技能、遵守劳动纪律和职业道德等相关义务。

(2) 就业促进法。我国制定了《中华人民共和国就业促进法》。该法明确规定国家把扩大就业放在经济社会发展的突出位置，实施积极的就业政策，坚持劳动者自主择业、市场调节就业及政府促进就业的方针，多渠道扩大就业。

(3) 社会保险法。为了规范社会保险关系，维护公民参加社会保险和享受社会保险待遇的合法权益，使公民共享发展成果，促进社会和谐稳定，根据宪法，制定了《中华人民共和国社会保险法》。

五 刑法

（一）概述

刑法是规定犯罪、刑事责任和刑罚的法律规范的总称。

犯罪的基本特征有三个：严重的社会危害性、刑事违法性和应受刑罚惩罚性。刑事责任是指行为人因其犯罪行为所应承受的，由代表国家的司法机关根据刑法规定对犯罪行为所做的否定评价和对犯罪人进行谴责的责任。刑罚是刑法规定的，由人民法院根据刑法对犯罪人适用的限制或者剥夺其某种权益的最严厉的强制性制裁措施。

刑法的基本原则，指刑法本身具有的、贯穿全部刑法规范、体现刑事立法与司法基本精神、指导和制约全部刑事立法和刑事司法过程的基本准则。我国刑法明文规定了三大基本原则：罪刑法定原则、刑法适用一律平等原则和罪责刑相适应原则。

犯罪构成，指依照刑法规定，决定某一具体行为的社会危害性及其程度，而为该行为构成犯罪所必需的一切主观要件和客观要件的有机统一。犯罪构成包括犯罪客体、犯罪客观方面、犯罪主体和犯罪主观方面四个要素。

（二）刑法分论

广义上讲，我国刑法包括刑法典、单行刑法与附属刑法。

我国刑法根据犯罪客体的不同将犯罪分为以下十类。

（1）危害国家安全罪，是指故意危害中华人民共和国国家主权、领土完整、国家政权和社会主义制度安全的犯罪。

（2）危害公共安全罪，是指故意或者过失地实施危害不特定多数人的生命、健康、重大公私财物或者公共生活安全的行为。

（3）破坏社会主义市场经济秩序罪，是指违反国家经济管理法律、法规，破坏社会主义市场经济秩序，严重危害国家经济发展的行为。

（4）侵犯公民人身权利、民主权利罪，是指故意或过失地侵犯他人人身权利和其他与人身直接相关的权利，以及非法剥夺或者妨害公民自由地行使依法享有的管理国家事务和参加政治活动权利的行为。

（5）侵犯财产罪，是指故意非法占有、挪用、毁坏公私财物的行为。

（6）妨害社会管理秩序罪，是指妨害国家社会管理活动，破坏社会秩序，依法应当受到刑罚处罚的行为。

（7）危害国防利益罪，是指公民或者单位危害作战和军事行动，危害国防基础设施和国防权力，妨害国防管理秩序，拒绝或者逃避履行国防义务，损害部队声誉的行为。

（8）贪污贿赂罪，是指贪污、挪用、私分公共财物或国有资产，索取、收受贿赂或者以国家工作人员、国有单位为对象进行贿赂，收买公务行为，破坏公务行为的廉洁性等一类犯罪的总称。

(9) 渎职罪，是指国家机关工作人员在公务活动中滥用职权、玩忽职守、徇私舞弊，妨害国家管理活动，致使公共财产或者国家与人民的利益遭受重大损失的行为。

(10) 军人违反职责罪，是指中国人民解放军的现役军人、执行军事任务的预备役人员及执行军事任务的其他人员违反职责，危害国家利益，依照法律应当受刑罚处罚的行为。

第三节 我国的程序法

程序法是规定保障权利和义务实现的程序方面的法律规范，包括诉讼程序法和非诉讼程序法两部分。我国的诉讼程序法主要有民事诉讼法、行政诉讼法和刑事诉讼法，非诉讼程序法主要包括仲裁法和人民调解法。

一 诉讼程序法

(一) 民事诉讼法

1. 概述

民事诉讼法是调整人民法院、当事人与其他诉讼参与人的各种诉讼活动以及由此产生的各种诉讼关系的法律规范的总称。

民事诉讼主体主要包括人民法院、当事人和诉讼代理人。

2. 民事诉讼程序

民事诉讼程序包括审判程序和执行程序。诉讼案件的审判程序主要包括第一审普通程序、简易程序、第二审程序和审判监督程序。执行程序是人民法院根据一方当事人的申请或依职权采取法定措施，强制不履行义务的一方当事人履行已经发生法律效力的民事判决、裁定、调解书及其他法律文书的程序。

(二) 行政诉讼法

1. 概述

行政诉讼法指规范行政诉讼活动，调整行政诉讼关系的法律规范。

2. 行政诉讼程序

行政诉讼程序包括行政诉讼的起诉与受理、审判、执行及审判监督程序。

(1) 起诉与受理程序。起诉是公民、法人或者其他组织认为行政机关的行政行为侵犯了自己的合法权益，依法请求人民法院行使审判权，保护自己合法权益的诉讼行为。提起行政诉讼必须具备四个条件：原告是认为行政行为侵犯了其合法权益的公民、法人或其他组织；有明确的被告；有具体的诉讼请求和事实根据；属于人民法院受案范围和受诉人民法院管辖。

(2) 审判程序。行政诉讼的审批程序包括第一审普通程序、简易程序和第二审程序。

（3）执行程序。执行程序是将人民法院发生法律效力的判决、裁定、调解书所确定的内容付诸实现的程序。

（4）审判监督程序。审判监督程序是指人民法院对已经发生法律效力但确有错误的判决或裁定依法进行再审的程序，也称再审程序。

（三）刑事诉讼法

1. 概述

刑事诉讼法是国家制定的规范刑事诉讼活动的法律规范。

刑事诉讼参与人，是指在刑事诉讼过程中除国家专门机关工作人员以外的，享有一定的诉讼权利、负有一定诉讼义务的人。

刑事诉讼中的强制措施，是指公安机关、人民检察院和人民法院为了保证刑事诉讼活动的顺利进行，防止犯罪嫌疑人、被告人等逃避或妨碍侦查、起诉和审判，依法对其适用的暂时限制或剥夺人身自由的各种强制方法。《中华人民共和国刑事诉讼法》规定的强制措施有拘传、取保候审、监视居住、拘留和逮捕。

2. 刑事诉讼程序

刑事诉讼程序，可分为立案、侦查、起诉、审判和执行程序。

（1）立案程序是指公安机关、监察机关、人民检察院发现犯罪事实或犯罪嫌疑人，或者公安机关、监察机关、人民检察院和人民法院对接受的报案、控告、举报、自首及人民法院对自诉人的自诉材料等，依照管辖范围，根据事实和法律，决定是否作为刑事案件进行侦查或者审判的诉讼程序。

（2）侦查程序是指公安机关、监察机关、人民检察院为证实犯罪和查获犯罪行为人而依照法律进行的专门调查工作和采取有关强制性措施的活动。

（3）起诉程序是指享有控诉权的国家专门机关和公民，依法向法院提起诉讼，请求法院对指控的内容进行审判，以确定被告人刑事责任并依法予以刑事制裁的诉讼活动。

（4）审判程序是指人民法院对刑事案件进行审理和裁判的诉讼程序，包括第一审程序、简易程序、第二审程序，以及作为特殊审判程序的死刑复核程序和审判监督程序。

（5）执行程序是指人民法院将已经发生法律效力的判决裁定所确定的内容付诸实施，以及在此过程中处理与之有关的减刑、假释等刑罚执行变更问题时应遵循的步骤、方式和方法。

二 非诉讼程序法

（一）仲裁法

仲裁是发生争议的双方当事人，根据其在争议发生前或者发生后所达成的协议，自愿将争议提交中立的第三方进行裁判的争议解决制度和方式。

根据《中华人民共和国仲裁法》的规定，平等主体的公民、法人和其他组织之间发生的合同纠纷和其他财产权益纠纷可以仲裁，但婚姻、收养、监护抚养、继承纠纷和依法应当由行政机关处理的行政争议不属于仲裁范围。仲裁的基本原则有自愿原则、公平原则、独立原则和一裁终局原则。

（二）人民调解法

人民调解是指人民调解委员会通过说服、疏导等方法，促使当事人在平等协商基础上自愿达成调解协议、解决民间纠纷的活动。

人民调解委员会是依法设立的调解民间纠纷的群众性组织，村民委员会、居民委员会设立人民调解委员会，企业事业单位根据需要设立人民调解委员会。

人民调解委员会调解民间纠纷不收取任何费用，应当遵循自愿、平等原则，不得违背法律、法规和国家政策，并须尊重当事人权利。

能力检测

一、单项选择题

1. 在我国法律体系中，居于核心地位，具有最高法律效力的是（　　）。
   A.《中华人民共和国刑法》　　　　B.《中华人民共和国宪法》
   C.《中华人民共和国立法法》　　　D.《中华人民共和国民法典》

2. 宪法的修改，应由全国人民代表大会以全体代表的（　　）以上的多数通过。
   A. 1/5　　　　B. 1/2　　　　C. 2/3　　　　D. 3/4

3. 国体决定了一国的国家性质。下列选项中，属于我国国体的是（　　）。
   A. 人民民主专政制度
   B. 人民代表大会制度
   C. 民族区域自治制度
   D. 中国共产党领导的多党合作和政治协商制度

4. 行政行为依据不同的标准可以分为不同的种类。只需口头表示就可生效的行政行为属于（　　）。
   A. 非要式行政行为　　　　B. 自由裁量行为
   C. 抽象行政行为　　　　　D. 具体行政行为

5. 根据所体现的利益的性质不同，民事权利可分为财产权和人身权。下列选项中，属于人身权的是（　　）。
   A. 物权　　　　B. 债权　　　　C. 继承权　　　　D. 名誉权

6. 我国刑法分则将犯罪行为分为十类，其分类的依据是（　　）。
   A. 犯罪客体　　　　　　B. 犯罪主体
   C. 犯罪客观方面　　　　D. 犯罪主观方面

7. 我国社会主义初级阶段的经济形式具有多样性。其中，作为社会主义经济的主导力量的是（　　）。

  A．个体经济　　　　　　　　　　B．私营经济

  C．全民所有制经济　　　　　　　D．劳动群众集体所有制经济

8．在我国国家机构中，依法独立行使审判权的是（　　）。

  A．国务院　　　　　　　　　　　　B．人民法院

  C．人民检察院　　　　　　　　　　D．人民代表大会

9．行政法律关系当事人的行为，特别是行政机关的行为，不仅要合法，而且要合理，也就是行政行为要做到合理、恰当和适度。这体现了行政法的（　　）原则。

  A．程序正当性　　　　　　　　　　B．行政合理性

  C．行政合法性　　　　　　　　　　D．行政应急性

10．权利主体依法享有直接支配特定物，并享有其利益的排他性权利。这属于（　　）。

  A．债权　　　　　　　　　　　　　B．物权

  C．人格权　　　　　　　　　　　　D．身份权

11．权利人对其文学、艺术和科学作品依法享有的人身权与财产权，称为（　　）。

  A．所有权　　　　　　　　　　　　B．专利权

  C．著作权　　　　　　　　　　　　D．商标权

12．刑事诉讼中的强制措施，是指公安机关、人民检察院、人民法院为保证刑事诉讼的顺利进行，依法对犯罪嫌疑人、被告人所采取的在一定期限内暂时限制或剥夺人身自由的强制方法。下列选项中，属于刑事诉讼强制措施的是（　　）。

  A．警告　　　　　　　　　　　　　B．传唤

  C．逮捕　　　　　　　　　　　　　D．行政拘留

13．根据《中华人民共和国仲裁法》规定，仲裁裁决做出后，当事人就同一纠纷再申请仲裁或向人民法院起诉的，仲裁委员会或者人民法院不予受理。这体现了仲裁的（　　）。

  A．自愿原则　　　　　　　　　　　B．公平原则

  C．独立原则　　　　　　　　　　　D．一裁终局原则

14．根据《中华人民共和国行政诉讼法》规定，下列选项中，属于行政诉讼受案范围的是（　　）。

  A．不服行政处罚的案件

  B．国防、外交等国家行为

  C．法律规定由行政机关最终裁决的具体行政行为

  D．行政机关对行政机关工作人员的奖惩、任免等决定

15．我国宪法规定了公民的基本权利和义务。下列选项中，属于我国公民基本权利的是（　　）。

A. 依法纳税 B. 宗教信仰自由
C. 维护祖国安全 D. 保守国家秘密

16. 民事责任是指民事主体因违反民事义务而依法承担的民事法律后果。下列选项中，属于民事责任承担方式的是(　　)。
A. 吊销执照 B. 免职降职
C. 停产停业 D. 赔礼道歉

17. 社会法是调整有关劳动关系、社会保障、社会福利关系等方面的法律规范的总称。下列选项中，属于社会法的是(　　)。
A. 就业促进法 B. 国有企业法
C. 反不正当竞争法 D. 消费者权益法

18. 下列选项中，属于仲裁纠纷的是(　　)。
A. 婚姻纠纷 B. 继承纠纷
C. 抚养纠纷 D. 合同纠纷

19. 程序法与实体法相对称，是规定保障权利和义务实现的程序方面的法律规范。下列选项中，属于程序法的是(　　)。
A. 刑法 B. 反不正当竞争法
C. 劳动合同法 D. 人民调解法

20. 刑事诉讼程序包含若干阶段，其开始的标志是(　　)。
A. 侦查 B. 立案
C. 审判 D. 公诉

21. 基层人民法院及其派出法庭在审理事实清楚、权利义务关系明确、争议不大的民事案时，可适用(　　)。
A. 特别程序 B. 简易程序
C. 督促程序 D. 普通程序

22. 人民法院、人民检察院发现已经发生法律效力的刑事解决、裁定在认定事实或适用法律上确有错误时，依法提起对案件重新审判。这项特殊审判程序是(　　)。
A. 执行程序 B. 第二审程序
C. 死刑复核程序 D. 审判监督程序

23. 《中华人民共和国人民调解法》对人民调解委员会、人民调解员、调解程序和调解协议等做了规定。下列关于人民调解委员会的说法中，正确的是(　　)。
A. 人民调解委员会调解达成的调解协议不具有法律效力
B. 人民调解委员会调解民间纠纷可以自行收取调解费用
C. 人民调解委员会调解民间纠纷应当遵循自愿、平等原则
D. 人民调解委员会是依法设立的调解民间纠纷的司法机构

24. 全国人民代表大会由省、自治区、直辖市、特别行政区和军队选出的代表组成，

每届任期五年。全国人民代表大会的职权主要包括（　　）。

　　A．发布决定，制定行政法规　　　B．修改宪法，监督宪法实施

　　C．公布法律，授予荣誉称号　　　D．实施监察，侦查职务犯罪

25．民事诉讼当事人是指因与他人发生民事纠纷，而以自己的名义参加诉讼，并受法院裁判约束的利害关系人。下列选项中，属于民事诉讼当事人的是（　　）。

　　A．证人　　　　　　　　　　　　B．第三人

　　C．人民法院　　　　　　　　　　D．诉讼代理人

二、简答题

1．简述行政法的基本原则。

2．简述我国民法的基本原则。

3．简述我国宪法规定的公民基本权利和义务。

4．简述宪法的民主集中制原则。

5．简述宪法的特征。

6．简述我国人民代表大会制度的优越性。

7．简述我国刑事诉讼中强制措施的种类。

8．简述我国经济法的基本原则。

三、论述题

1．论述我国宪法的基本原则。

2．论述我国的基本经济制度。

模拟试题（一）

选择题部分

一、单项选择题（本大题共25小题，每小题2分，共50分。在每小题列出的四个备选项中只有一个是符合题目要求的。错选、多选或未选均无分）

1. 在人际交往中，由于个性差异的存在，难免会产生矛盾。这就要求人们在交往中求同存异、互相包容。这说明在人际交往中应当遵循（　　）。

   A. 平等原则　　　　　　　　　　B. 诚信原则
   C. 宽容原则　　　　　　　　　　D. 互助原则

2. 创造有价值的人生，应当协调好人生道路上的各种关系。树立正确的人生观，养成积极乐观的人生态度是协调好（　　）的要求。

   A. 人与自然的关系　　　　　　　B. 个人与社会的关系
   C. 个人与他人的关系　　　　　　D. 个人生理与心理的关系

3. 个体的人生活动不仅具有满足自我需要的价值属性，还必然包含着满足社会需要的价值属性。个人的需要能不能从社会中得到满足，在多大程度上得到满足，取决于个人的（　　）。

   A. 社会影响　　　　　　　　　　B. 社会价值
   C. 社会地位　　　　　　　　　　D. 社会理想

4. 邓小平曾经指出，我们过去能在非常困难的情况下奋斗出来，战胜千难万险使革命胜利，是因为我们有理想，有马克思主义信念，有共产主义信念。由此可见，理想信念是（　　）。

   A. 人们的主观意志　　　　　　　B. 人们的丰富想象
   C. 人生的现实境遇　　　　　　　D. 人生的精神支柱

5. 我们的祖国之所以可爱，不仅因为她拥有辽阔的土地、壮丽的河山、丰富的物产，更因为她拥有世世代代生息在这片土地上的勤劳、勇敢、善良、智慧的亿万人民。

这段话说明( )。

A. 热爱故土山河是爱国主义的首要表现
B. 热爱骨肉同胞是爱国主义的集中表现
C. 热爱自己的国家是爱国主义的必然政治要求
D. 热爱祖国光辉灿烂的文化是爱国主义的重要内容

6. 道德对现实生活的调节方式区别于政治、法律等其他意识形态的规范体系。下列说法中，没有表现这种特殊性的是( )。

A. 道德规范具有相对稳定性
B. 道德起源于人性中的欲望
C. 道德对社会行为的调节是非强制性的
D. 道德调整的社会关系范围具有广泛性

7. 下列选项中，属于家庭美德基本要求的是( )。

A. 奉献社会　　　　　　　　B. 办事公道
C. 服务群众　　　　　　　　D. 男女平等

8. 把诚实守信作为当前我国社会主义道德建设的重点，具有重要的现实意义。其主要表现不包括( )。

A. 诚实守信是为人之本、成事之基
B. 诚实守信是社会主义市场经济健康发展的基石
C. 诚实守信是构建社会主义和谐社会的道德基础
D. 诚实守信是集体主义道德原则的最高层次要求

9. 道德品质形成的关键环节是( )的形成。

A. 道德认识　　　　　　　　B. 道德情感
C. 道德习惯　　　　　　　　D. 道德意志

10. 职业道德的基本特点不包括( )。

A. 规范性　　　　　　　　　B. 专业性
C. 可操作性　　　　　　　　D. 非强制性

11. 社会道德体系的基础层次是( )。

A. 社会公德　　　　　　　　B. 家庭美德
C. 职业道德　　　　　　　　D. 个人品德

12. 下列关于法治与法制的表述中，错误的是( )。

A. 法治是一种社会意识
B. 法治与法制没有区别
C. 法治一种治国方略，法制是一种社会制度
D. 法制与民主属于政治文明范畴，是政治文明的基本标志

13. 下列关于树立宪法和法律权威的说法中，正确的是( )。

A. 法律不能朝令夕改
B. 法律的内容可以不统一
C. 法律适用的结果可以随意被推翻
D. 要确立宪法和法律是人们基本行为准则的观念

14. 评价依法治国成败的关键是看(   )。
A. 是否制定了大量的法律制度
B. 是否树立了宪法和法律的权威
C. 是否提高了执政党的执政水平
D. 是否维护了人民当家作主的权利

15. 社会主义法治的根本保证是(   )。
A. 执法为民   B. 公平正义
C. 服务大局   D. 党的领导

16. 《中华人民共和国反垄断法》第11条规定，行业协会应当加强行业自律，引导本行业的经营者依法竞争，维护市场竞争秩序。该规定属于法律规范中的(   )。
A. 禁止性规范   B. 授权性规范
C. 义务性规范   D. 委托性规范

17. 法律中蕴涵的统治阶级的意志是指(   )。
A. 统治阶级中掌握领导权的集团的意志
B. 统治阶级的整体的意志
C. 统治阶级中主要领导人的意志
D. 统治阶级中每个成员意志的相加

18. 法律是由社会物质生活条件决定的。其中决定法的本质、内容和发展方向的因素是(   )。
A. 历史   B. 风俗习惯
C. 生产方式   D. 地理环境

19. 中华人民共和国是工人阶级领导的、以工农联盟为基础的人民民主专政的社会主义国家。这是宪法对我国(   )的规定。
A. 国体   B. 政体
C. 国家经济制度   D. 国家结构形式

20. 下列行为中，属于狭义上的"法的适用"的是(   )。
A. 某法官在家休息时主动为邻居调解纠纷
B. 税务机关以涉嫌偷税为由对某企业的纳税情况进行检查
C. 检察机关以涉嫌贪污为由对某犯罪嫌疑人实施逮捕
D. 婚姻登记机关以男女双方未达到法定结婚年龄为由拒绝颁发结婚证书

21. 在我国，有权对诉讼活动实行专门法律监督的机关是(   )。

A. 人民法院 B. 公安机关
C. 人民检察院 D. 仲裁委员会

22. 根据我国法律规定，我国公民的民事权利能力（　　）。
A. 始于10周岁，终于死亡 B. 始于16周岁，终于60周岁
C. 始于18周岁，终于65周岁 D. 始于出生，终于死亡

23. 所谓犯罪构成是指刑法规定的犯罪行为所应当具备的一切客观和主观要件的总和。其中，犯罪的目的和动机属于（　　）。
A. 犯罪主体 B. 犯罪客体
C. 犯罪的主观方面 D. 犯罪的客观方面

24. 行政行为有效成立后，行政机关依法采取一定的手段，使行政行为的内容得以完全实现的效力是（　　）。
A. 确定力 B. 拘束力
C. 执行力 D. 公信力

25. 民事诉讼主体主要包括法院、当事人和诉讼代理人。其中，当事人包括原告、被告和（　　）。
A. 证人 B. 鉴定人
C. 翻译人 D. 第三人

非选择题部分

二、**简答题**（本大题共5小题，每小题6分，共30分）

26. 当代大学生应该以怎样的实际行动履行自己的爱国义务？
27. 简述职业道德的含义和特点。
28. 如何正确认识并处理个人与他人的关系？
29. 简述社会主义法治理念的本质要求。
30. 简述违法行为的构成要件及种类。

三、**论述题**（本大题共3小题，任选其中2题作答，每小题10分，共20分。如果回答的题目超过2题，只按前两题计分）

31. 在社会生活中，应该用怎样的人生态度对待不同的人生境遇？
32. 论述在我们国家党的领导、人民当家作主与依法治国的关系。
33. 论述依法治国与以德治国的关系。

模拟试题（二）

选择题部分

一、单项选择题（本大题共25小题，每小题2分，共50分。在每小题列出的四个备选项中只有一个是符合题目要求的。错选、多选或未选均无分）

1. 下列关于人生目的在人生观中的核心地位体现的叙述中，不恰当的是（　　）。
   A. 人生目的决定走什么样的人生道路
   B. 人生目的决定持什么样的人生态度
   C. 人生目的决定选择什么样的人生价值标准
   D. 人生目的决定人生价值的大小

2. 在人生实践活动中追求人生价值的精神支柱是（　　）。
   A. 选择与社会主义核心价值观相一致的人生价值目标
   B. 提高自我素质和能力
   C. 树立正确的人生目的
   D. 进行创造性的实践活动

3. 人们在确立理想和追求理想的过程中，会感受到理想和现实的矛盾。当人们发现理想和现实的矛盾时，应该（　　）。
   A. 以理想来否定现实　　B. 以现实来否定理想
   C. 在行动中化理想为现实　　D. 否认理想和现实的统一性

4. 对于个人理想的性质、内容及实现有着决定性影响的是（　　）。
   A. 生活理想　　B. 职业理想
   C. 道德理想　　D. 社会理想

5. 追求崇高的理想需要坚定的信念。信念是（　　）。
   A. 一种单纯的认识或想法
   B. 对事物发展规律的正确反映

C. 把理想变为现实的桥梁和中介

D. 认识、情感和意志的统一体

6. 爱国主义的首要表现是（　　）。

　　A. 对祖国的忠诚与热爱　　　　　　B. 热爱故土山河

　　C. 热爱骨肉同胞　　　　　　　　　D. 热爱祖国光辉灿烂的文化

7. 做新时期忠诚坚定的爱国者，除了需要培育强烈的爱国情感，保持民族自尊、自信和自强，树立爱国思想，增进国家团结、统一和安全外，还需要（　　）。

　　A. 拒绝接受其他国家的一切东西

　　B. 实践爱国行为，以实际行动和贡献报效祖国

　　C. 全面接受中国古代的传统文化和道德

　　D. 用积极进取的人生态度对待人生境遇

8. 爱国主义包含情感、思想和行为三个基本方面。其中，基础是（　　）。

　　A. 情感　　　　　　　　　　　　　B. 思想

　　C. 情感和思想　　　　　　　　　　D. 行为

9. 在经济全球化的背景下弘扬爱国主义精神，需要（　　）。

　　A. 提高民族自尊心和自信心

　　B. 完全否定中国的传统和现实

　　C. 对本民族进行过度的颂扬和崇拜

　　D. 从经济基础到上层建筑的一切领域都与西方接轨

10. 在发展社会主义市场经济的过程中，加强社会主义道德建设，应以（　　）为重点。

　　A. 团结友爱　　　　　　　　　　　B. 乐群贵和

　　C. 公平正义　　　　　　　　　　　D. 诚实守信

11. 公民之间应该和睦相处、互助友爱、与人为善。这是公民基本道德规范中（　　）的要求。

　　A. 团结友善　　　　　　　　　　　B. 明礼诚信

　　C. 勤俭自强　　　　　　　　　　　D. 敬业奉献

12. 社会公德调整和规范的是（　　）领域。

　　A. 职业生活　　　　　　　　　　　B. 社会公共生活

　　C. 社会政治生活　　　　　　　　　D. 社会文化生活

13. 男女双方的恋爱行为，客观上对社会负有相应的道德责任，有着基本的道德要求。下列选项中，不符合男女恋爱中基本道德要求的是（　　）。

　　A. 追求高尚的情趣和健康的交往方式

　　B. 彼此真实诚挚，自愿为对方承担责任

　　C. 对恋人以外的其他人际关系持排斥态度

D. 尊重对方的情感和人格，平等履行道德义务

14. 由学者或他人或组织对法律的内容做出的学术性的解释是（　　）。
A. 行政解释　　　　　　　　　B. 学理解释
C. 正式解释　　　　　　　　　D. 有权解释

15. 下列对法律事实的理解中，正确的是（　　）。
A. 客观事实都是法律事件
B. 人的有意识的且能够产生法律后果的行为是法律事件
C. 法律规范规定的，不以当事人的主观意志为转移的，引起法律关系产生、变更或消灭的客观事实，属于法律事实
D. 自然灾害不是法律事实

16. 执法为民的要求不包括（　　）。
A. 坚持以法为本　　　　　　　B. 必须着眼于保障和改善民生
C. 必须倡导和注重理性文明执法　　D. 必须做到便民利民

17. 加强法治队伍建设的途径不包括（　　）。
A. 建设高素质法治专门队伍　　B. 加强法律服务队伍建设
C. 创新法治人才培养机制　　　D. 提高法治队伍准入学历门槛

18. 依法治国的总目标是（　　）。
A. 建设中国特色社会主义法治体系，建设社会主义法治国家
B. 建设完备的法律规范体系
C. 具有高效的法治实施体系
D. 建设有力的法治保障体系

19. 依法治国的基本原则不包括（　　）。
A. 坚持中国共产党的领导　　　B. 坚持人民主体地位
C. 坚持法律面前人人平等　　　D. 坚持以法治国

20. 行政处罚是指特定行政主体对公民、法人或者其他组织违反行政法律规范，尚未构成犯罪的违法活动进行法定制裁的行为。下列不属于行政处罚的是（　　）。
A. 警告　　　B. 罚款　　　C. 拘役　　　D. 拘留

21. 解决有法可依问题的根本途径是（　　）。
A. 法的制定　　　　　　　　　B. 法的修改
C. 法的补充　　　　　　　　　D. 法的完善

22. 法的适用的特点不包括（　　）。
A. 主体是司法机关　　　　　　B. 主体是国家行政机关
C. 具有很强的专业性　　　　　D. 以国家强制力为后盾

23. 一般情况下，合同自（　　）时成立。
A. 当事人一方向对方发出要约　　B. 受要约人同意要约

C. 承诺生效　　　　　　　　D. 合同开始履行

24. 提起行政诉讼必须具备的条件不包括（　　）。

A. 原告有明确的证据证明行政机关的行为违法

B. 有明确的被告

C. 有具体的诉讼请求和事实依据

D. 属于人民法院受案范围和受诉人民法院管辖

25. 下列属于法律关系的主体的是（　　）。

A. 智力成果　　　　　　　　B. 大气环境

C. 国家　　　　　　　　　　D. 民族

非选择题部分

二、**简答题**（本大题共 5 小题，每小题 6 分，共 30 分）

26. 为什么说人生目的是人生观的核心？

27. 怎样提高职业道德素质？

28. 怎样正确认识和处理追求理想过程中遇到的问题？

29. 简述法人的含义及其应具备的基本条件。

30. 简述全面推进依法治国的基本要求。

三、**论述题**（本大题共 3 小题，任选其中 2 题作答，每小题 10 分，共 20 分。如果回答的题目超过 2 题，只按前两题计分）

31. 论述当代大学生如何在学习和生活实践中确立正确的理想信念。

32. 论述社会主义道德建设要以集体主义为原则。

33. 论述中国特色社会主义法律体系的构成及重要意义。

模拟试题（三）

选择题部分

一、单项选择题（本大题共 25 小题，每小题 2 分，共 50 分。在每小题列出的四个备选项中只有一个是符合题目要求的。错选、多选或未选均无分）

1. 理想是(　　)。
   A. 凭空产生的并指向于未来的想象
   B. 缺乏客观根据的随心所欲的对未来的想象
   C. 在实践中形成的具有实现可能性的对未来的追求和向往
   D. 与现实有很大距离、毫无实现可能的一种对未来的想象

2. "理想信念能给人生以一种推进的力量，为人生实践提供动力和毅力，是人生的力量源泉。"这句话意在说明(　　)。
   A. 理想信念是我们的精神向导
   B. 理想信念是我们的精神支柱
   C. 理想信念是我们的精神动力
   D. 理想信念有科学和不科学的区分

3. "我们是世界上最大的理想主义者！我们是世界上最大的行动主义者！我们是世界上最大的理想和行动的综合者。"这句话说明(　　)。
   A. 理想是对未来的向往和追求
   B. 崇高的理想必须落实在行动上
   C. 确立理想信念离不开读书学习
   D. 追求和实现理想是一个坐享其成的过程

4. 爱国主义最基本的内容是(　　)。
   A. 对祖国的忠诚和热爱
   B. 爱任何性质的任何国家

C. 对故乡和亲人的深深眷恋

D. 鄙视和离弃祖国的某些不尽如人意的地方

5. 中华民族是一个勤劳、勇敢、善良、智慧、具有伟大创造力的民族，是一个具有自立于世界民族之林的能力并为世界文明做出过巨大贡献的民族。这体现了中华民族爱国主义传统中的（　　）。

　　A. 维护祖国统一，促进民族团结　　B. 抵御外来侵略，捍卫国家主权
　　C. 开发祖国山河，创造中华文明　　D. 心系民生苦乐，推动历史进步

6. 完全否定中国的传统和现实，认为中国一无是处，主张"全盘西化"，倡导从经济基础到上层建筑的一切领域都照抄照搬西方资本主义国家的制度模式的是（　　）。

　　A. 民族虚无主义　　　　　　　　　B. 狭隘民族主义
　　C. 爱国主义　　　　　　　　　　　D. 与时俱进民族主义

7. 下列选项中，选项中，不属于积极进取的人生态度的作用的是（　　）。

　　A. 直接决定人的职业生涯　　　　　B. 能促进人生目的的达到
　　C. 有助于人生价值的实现　　　　　D. 能够调整人生道路的方向

8. 马克思主义科学地揭示了道德的起源，认为道德（　　）。

　　A. 起源于人性中的情感、欲望

　　B. 起源于"神"的启示或"上帝"的意志

　　C. 起源于人先天具有的某种良知和善良意志

　　D. 产生于人类的历史发展和人们的社会实践中

9. 某种道德规范一经形成便会长期存在，它比政治、法律规范的作用时间更长，范围更广。这说明（　　）。

　　A. 道德对社会行为的调节是非强制性的

　　B. 道德规范具有相对稳定性

　　C. 道德是社会规范的调节方式

　　D. 道德调整的社会关系范围具有广泛性

10. 下列选项中，不属于社会主义道德建设要求的是（　　）。

　　A. 社会主义道德建设要与西方主流文明相一致

　　B. 社会主义道德建设要与社会主义法律规范相协调

　　C. 社会主义道德建设要与社会主义市场经济相适应

　　D. 社会主义道德建设要与中华民族传统美德相承接

11. 中华民族传统美德是社会主义道德建设的丰富源泉。古代先贤主张的"仁者爱人""己所不欲，勿施于人""己欲立而立人，己欲达而达人""礼之用，和为贵"等，可以概括为（　　）。

　　A. 乐群贵和，强调人际和谐　　　　B. 勤劳勇敢，追求自由解放
　　C. 求真务实，敬重诚实守信　　　　D. 爱国奉献，以天下为己任

12. 社会主义集体主义原则具有多层次的道德要求,它不包括以下哪个层次( )。
    A. 全心全意为人民服务,无私奉献　　B. 先公后私,先人后己
    C. 主观为自我,客观为别人　　　　　D. 公私兼顾,不损公肥私

13. 公民应该有高尚的爱国主义精神,自觉学法、懂法、守法、护法。这是公民基本道德规范中( )的要求。
    A. 爱国守法　　　　　　　　　　　B. 明礼诚信
    C. 勤俭自强　　　　　　　　　　　D. 团结友善

14. 社会公德是人类社会文明成果的一种沉淀和积累。其特点不包括( )。
    A. 基础性　　　　　　　　　　　　B. 全民性
    C. 强制性　　　　　　　　　　　　D. 相对稳定性

15. 职业产生于社会分工,每种职业都有它的服务内容和服务要求,由此产生的职业道德的具体内容是不同的。这导致了职业道德具有很强的( )。
    A. 稳定性　　　　　　　　　　　　B. 专业性
    C. 强制性　　　　　　　　　　　　D. 统一性

16. 下列选项中,不属于恋爱中的道德规范的是( )
    A. 自觉承担责任　　　　　　　　　B. 尊重人格平等
    C. 文明相亲相爱　　　　　　　　　D. 不与他人交往

17. 党领导人民治理国家的基本方略是( )。
    A. 坚持党的领导　　　　　　　　　B. 依法治国
    C. 执法为民　　　　　　　　　　　D. 公平正义

18. 坚持党的领导,必须做到"四善于"。下列选项中,不属于"四善于"的是( )。
    A. 善于使党组织推荐的人选通过法定程序成为国家政权机关的领导人员
    B. 善于使人民群众的主张通过法定程序成为国家意志
    C. 善于运用民主集中制原则维护中央权威、维护全党全国团结统一
    D. 善于通过国家政权机关实施党对国家和社会的领导

19. 下列选项中,不属于法律规范结构的三要素说的是( )。
    A. 结果　　　　B. 假设　　　　C. 处理　　　　D. 制裁

20. 我国法的主要渊源是( )。
    A. 制定法　　　B. 习惯法　　　C. 判例法　　　D. 国际法

21. 在行政法律关系中,行政机关既是一方当事人,又是执法者,因此在行政法律关系中居于支配地位,可以依法自行决定和直接实施执法行为,而不需要行政相对人的同意。这说明行政执行活动具有( )。
    A. 主动性　　　　　　　　　　　　B. 单方面性
    C. 广泛性　　　　　　　　　　　　D. 特定性

22. 下列选项中，不属于国家监督的是( )。
    A. 司法机关的监督　　　　　　　　B. 行政机关的监督
    C. 国家权力机关的监督　　　　　　D. 中国共产党的监督

23. 中华人民共和国的政体是( )。
    A. 人民民主专政制度　　　　　　　B. 社会主义制度
    C. 无产阶级专政制度　　　　　　　D. 人民代表大会制度

24. 犯罪构成包括犯罪客体、犯罪主体、犯罪客观方面和犯罪主观方面四个要件。对于这四个要件，下列说法中正确的是( )。
    A. 犯罪主体只能是有生命的、达到法定责任年龄的自然人
    B. 犯罪客体是刑法所保护的而为犯罪行为所危害的社会利益
    C. 犯罪客观方面包括危害行为、危害结果及犯罪的目的、动机等因素
    D. 犯罪主观方面是犯罪主体实施犯罪行为时所持的直接故意的心理态度

25. 某县人民政府依法做出有关规范该县集贸市场秩序的决定。这种行政行为是( )。
    A. 非要式行政行为　　　　　　　　B. 具体行政行为
    C. 抽象行政行为　　　　　　　　　D. 行政执法行为

非选择题部分

二、**简答题**（本大题共5小题，每小题6分，共30分）

26. 简述学习"思想道德修养与法律基础"课的方法。
27. 简述道德的主要功能。
28. 简述提出和倡导公民基本道德规范的意义。
29. 简述依法治国的总目标。
30. 简述我国公民的基本权利和基本义务。

三、**论述题**（本大题共3小题，任选其中2题作答，每小题10分，共20分。如果回答的题目超过2题，只按前两题计分）

31. 在经济全球化背景下，怎样弘扬爱国主义精神？
32. 论述道德的本质。
33. 论述我国社会主义法律的本质。

模拟试题（四）

选择题部分

一、单项选择题（本大题共 25 小题，每小题 2 分，共 50 分。在每小题列出的四个备选项中只有一个是符合题目要求的。错选、多选或未选均无分）

1. 在人际交往中，人与人之间无论职位高低、能力大小，还是职业差别、经济状况不同，都要一视同仁，既不能自恃清高，看不起别人，也不能自卑自怯，自暴自弃。这体现了人际交往中（　　）的要求。

  A．互助原则　　　　　　　　B．诚信原则
  C．平等原则　　　　　　　　D．宽容原则

2. 人生目的是指（　　）。

  A．对人生问题的稳定的心理倾向和基本意图
  B．人生实践活动的总目标
  C．对人生目的和意义的根本看法与态度
  D．人的生活实践对个人和社会所具有的作用与意义

3. 下列关于人生社会价值的说法中，错误的是（　　）。

  A．人生社会价值主要表现为社会对个人的尊重和满足
  B．因职业、能力不同，每个人对他人、社会所做贡献的绝对量也就不同
  C．没有突出才能的人，只要敬业、勤勉并在平凡岗位上做出贡献，也称为实现了社会价值
  D．一个人在精神方面做出贡献，同样能够实现社会价值

4. 下列关于理想的说法中，正确的是（　　）。

  A．理想是人们凭空产生的脱离现实的主观想象
  B．理想是人们的世界观、人生观和价值观在奋斗目标上的集中体现
  C．理想是人们对世界和自身及其关系的把握与自信

D. 理想是人们在一定认识基础上确立的对某种思想或事物坚信不疑并身体力行的态度

5. 实现中华民族的伟大复兴,就是中华民族近代以来最伟大的梦想。中国共产党是中国人民和中华民族的先锋队,十八大以来党中央掀起反腐风暴并取得重大战果,受到广大人民的赞赏和信任。这说明,要实现民族复兴的"中国梦",尤其要( )。

  A. 坚定马克思主义的科学信念

  B. 坚定实现中华民族伟大复兴的信心

  C. 坚定走中国特色社会主义道路的信念

  D. 坚定对中国传统文化的信心

6. 邓小平指出,共产党的最高理想是实现共产主义,在不同历史阶段又有代表那个阶段最广大人民利益的奋斗纲领。我国现阶段的奋斗纲领是( )。

  A. 脱贫致富奔小康   B. 建立社会主义制度

  C. 建设中国特色社会主义 D. 弘扬民族精神和时代精神

7. 世界上没有哪个国家不主张爱国,爱国主义更是深深扎根在中华民族的土壤之中,是"中华民族之魂"。下列关于爱国主义的说法中,错误的是( )。

  A. 首要表现是对祖国的忠诚与热爱

  B. 反映了个人对祖国的依存关系

  C. 是鼓舞和凝聚一个民族的精神支柱

  D. 是调节个人和祖国之间关系的道德要求、政治原则与法律规范

8. 当代中国的爱国主义已发展到一个新的阶段,其对全体中华儿女的基本要求是( )。

  A. 坚持爱国主义与爱社会主义的统一

  B. 坚持爱国主义与拥护祖国统一的统一

  C. 坚持爱国主义与参与经济全球化的统一

  D. 坚持爱国主义与培育和践行社会主义核心价值观的统一

9. 在当今时代,任何一个具有爱国情怀的人都应该大力弘扬( )。

  A. 以祖国统一为核心的民族精神

  B. 以改革创新为核心的时代精神

  C. 以团结奋斗为核心的时代精神

  D. 以实干兴邦为核心的民族精神

10. 个人品德是指个人依据一定的道德原则规范行动时所表现出来的稳固的倾向和特征。关于个人品德的形成,有不同的观点。下列观点中,正确揭示了个人品德形成过程和规律的是( )。

  A. 个人品德是天生的

  B. 个人品德根源于人的自然本性

C. 个人品德的形成和发展不受社会关系的制约

D. 个人品德的形成和发展依赖于个体的社会实践

11. 道德作为人类社会特有的现象，不是一开始就有的，而是人类社会发展到一定阶段的产物。其产生的条件不包括(　　)。

　　A. 劳动　　　　　　　　　　　B. 社会关系的形成

　　C. 奴隶社会的形成　　　　　　D. 人类自我意识的形成

12. 当旧的经济关系日益腐朽、新的经济关系日益形成时，旧的道德体系也必将为新的道德体系所代替，人们的道德水平必然随着社会实践由低级到高级的发展而不断进步。这说明(　　)。

　　A. 社会经济关系的性质决定着社会道德体系的性质

　　B. 社会经济关系中所表现出来的利益决定着道德的基本原则和主要规范

　　C. 阶级社会中的道德是有阶级性的

　　D. 社会经济关系的变化必然引起道德体系的变化

13. 恩格斯曾经指出，道德或者为统治阶级的统治和利益辩护，或者当被压迫阶级变得足够强大时，代表被压迫者对这个统治的反抗和他们的未来利益。这主要说明(　　)。

　　A. 道德可以保障人们正常的生活和交往

　　B. 道德是影响社会生产力发展的一种重要的精神力量

　　C. 道德能够保护或者破坏一定阶级的政治统治

　　D. 道德对其他社会意识形态的存在和发展具有重大影响

14. 道德建设的核心体现着社会道德建设的根本性质和发展方向，道德建设的原则体现着社会道德建设的根本要求。下列关于我国社会主义道德建设的核心和原则的说法中，正确的是(　　)。

　　A. 以爱国主义为核心，以改革创新为原则

　　B. 以公平正义为核心，以团结互助为原则

　　C. 以诚实守信为核心，以趋荣避耻为原则

　　D. 以为人民服务为核心，以集体主义为原则

15. 现代社会进行道德修养、锤炼个人品德的途径和方法不包括(　　)。

　　A. 认真学习，提高道德认识　　B. 严格要求，完善道德品质

　　C. 勤于实践，加强道德行为训练　D. 坚持"慎独"，不与他人发生交往

16. 通过反复检查以发现和找出自己思想中的不良念头与行为上的不良习惯，并坚决将其克服和整治掉。这种完善道德品质的修养方法是(　　)。

　　A. 慎独自律　　　　　　　　　B. 省察克治

　　C. 陶冶情操　　　　　　　　　D. 知行统一

17. 各级领导干部要培养良好的法治思维。下列关于法治思维的说法中，正确的是（　　）。

　　A. 法治思维不是一种程序思维

　　B. 法治思维的基本要求是树立权利义务观念

　　C. 法治思维的核心是掌握规则

　　D. 各级领导干部要具有法治的权力观，掌握和维护权力的有限性与程序性

18. 我国社会主义法治的根本要求是（　　）。

　　A. 坚持中国共产党的领导

　　B. 坚持法律面前人人平等

　　C. 坚持依法治国和以德治国相结合

　　D. 坚持从中国实际出发

19. 法的规范作用可以分为指引、评价、教育等几个方面，其中法的教育作用是指（　　）。

　　A. 通过国家机器对违法犯罪行为进行制裁和惩罚

　　B. 法作为一种社会规范能够为人们提供既定的行为模式

　　C. 法的实施可以对一般人或准备采取同类行为的人产生积极的影响

　　D. 人们通过了解法律可以预知自己和他人行为的后果

20. 根据法律规范内容的不同，我国宪法关于公民受教育权和劳动权的规定属于（　　）。

　　A. 授权性规范　　　　　　B. 复合性规范

　　C. 强行性规范　　　　　　D. 任意性规范

21. 在法的遵守中，影响人们守法的程度和水平的主观因素是（　　）。

　　A. 家庭环境　　　　　　　B. 民族传统

　　C. 社会风气　　　　　　　D. 文化程度

22. 法的适用是司法机关运用法律处理案件的专门活动，司法人员需要受过专业的教育和训练，具有完备的法律专业知识和丰富的经验才能胜任。这说明法的适用（　　）。

　　A. 具有较强的特定性　　　B. 具有很强的专业性

　　C. 必须严格遵循法定程序　D. 以国家强制力为后盾

23. 我国国民经济中的主导力量是（　　）。

　　A. 全民所有制经济　　　　B. 劳动群众集体所有制经济

　　C. 个体经济　　　　　　　D. 私营经济

24. 第一审判决认定事实清楚，适用法律、法规正确的，行政诉讼第二审程序可以做出（　　）审判处理。

　　A. 维持原判　　　　　　　B. 依法改判

　　C. 撤销原判，发回重审　　D. 不予受理

25. 在我国，平等主体的公民、法人与其他组织之间发生的合同纠纷和其他财产权益纠纷，可以仲裁。下列选项中，不属于《中华人民共和国仲裁法》的基本原则的是(   )。

A. 自愿原则
B. 一裁终局原则
C. 独立原则
D. 民商合一原则

非选择题部分

二、简答题（本大题共 5 小题，每小题 6 分，共 30 分）

26. 简述理想信念的基本类型。
27. 简述爱国主义的历史作用。
28. 简述保持身心健康的途径和方法。
29. 简述完善以宪法为核心的中国特色社会主义法律体系的具体措施。
30. 简述法律权利的含义及其特点。

三、论述题（本大题共 3 小题，任选其中 2 题作答，每小题 10 分，共 20 分。如果回答的问题超过 2 题，只按回答题目的前两题计分）

31. 论述爱国主义的科学内涵。
32. 论述人生的社会价值和自我价值的关系。
33. 论述法的适用。

模拟试题（五）

选择题部分

一、单项选择题（本大题共 25 小题，每小题 2 分，共 50 分。在每小题列出的四个备选项中只有一个是符合题目要求的。错选、多选或未选均无分）

1. 人生价值的实现是一个复杂的社会过程，既要有良好的客观条件，还需要有不懈的主观努力。实现人生价值的根本途径是(　　)。
   A. 培养自强不息的奋斗精神
   B. 选择与社会主义核心价值观相一致的人生价值目标
   C. 提高自我素质和能力
   D. 进行创造性的实践活动

2. 下列选项中，属于职业领域理想信念的是(　　)。
   A. 希望找到一份称心如意的工作
   B. 希望成为一个富有人格魅力，为社会所需要、为他人所喜欢的人
   C. 追求丰裕的物质生活和丰富多彩的文化生活
   D. 希望在我国坚持社会主义制度，并最终实现共产主义

3. 德国哲学家费尔巴哈说过，一个人有了目标就是有了一个牢固的根据和基础，人生最大的不幸就是漫无目的。这表明(　　)。
   A. 理想信念是人生的精神向导　　B. 理想信念是人生的精神动力
   C. 理想信念是人生的精神支柱　　D. 理想信念是人生的精神财富

4. 当发现理想与现实存在矛盾时，有些人不加分析地全盘认同当下的现实，对理想失去信心和热情，说什么"告别理想""躲避崇高"。这种认识上的误区属于(　　)。
   A. 以理想来否定现实　　B. 以现实来否定理想
   C. 以主观来否定客观　　D. 以过去来否定未来

5. 一个民族在长期共同生活和社会实践中形成的，为本民族大多数成员所认同的价

值取向、思维方式、道德规范、精神气质的总和,称为( )。

A. 民族精神 B. 时代精神
C. 爱国主义精神 D. 社会主义核心价值观

6. 做新时期忠诚坚定的爱国者首先要培育爱国情感。一个民族在高度自尊、自信的基础上,依靠自身力量实现民族振兴和国家富强的英雄气概与创造精神指的是( )。

A. 民族复兴 B. 民族团结
C. 民族灵魂 D. 民族自强

7. 任何信仰都包括的两个基本方面分别是信念和( )。

A. 修养 B. 品德 C. 境界 D. 理想

8. 道德建设是一个体系,在这个体系中一切道德建设的核心问题是( )。

A. 为什么人服务 B. 怎样为人服务
C. 为人服务的好坏 D. 怎样为人民服务

9. 在我国现阶段,社会主义道德建设的原则是( )。

A. 实用主义 B. 集体主义
C. 为人民服务 D. 诚实守信

10. 苏霍姆林斯基说:"一个人在努力向模范人物学习、做出高尚行为的时候,也对自己从情感和道德上做出了深刻的评价。"这句话体现的道德修养方法是( )。

A. 省察克治 B. 学习榜样
C. 积善成德 D. 慎独自律

11. 下列选项中,符合社会主义道德的基本规范的是( )。

A. 投机取巧,不劳而获
B. 爱国守法,明礼诚信
C. 人人为自己,上帝为大家
D. 君为臣纲,父为子纲,夫为妻纲

12. 人们在社会交往和公共生活中应该遵守的最起码、最广泛的行为准则,称为( )。

A. 职业道德 B. 网络道德
C. 社会公德 D. 家庭美德

13. 衡量一个社会精神文明发展水平的重要标志是( )。

A. 经济发展水平 B. 社会道德风尚
C. 对外开放程度 D. 传统文化积淀

14. 党的十八大提出要深入开展法治宣传教育,弘扬社会主义法治精神,树立社会主义法治理念。在社会主义法治理念中,被称为社会主义法治的核心内容的是( )。

A. 依法治国 B. 执政为民
C. 公平正义 D. 服务大局

15. 下列选项中，不属于中国特色社会主义法治道路的核心要义的是（ ）。
   A. 党的领导   B. 人民当家作主
   C. 中国特色社会主义制度   D. 中国特色社会主义法治理论

16. 在我国，要实现依法治国总目标就必须坚持党的领导，必须做到"三统一"和"四善于"的结合。下列说法中，错误的是（ ）。
   A. 依法治国基本方略与党坚持在宪法法律范围内活动相统一
   B. 善于使党组织推荐的人选通过法定程序成为国家政权机关的领导人员
   C. 党总揽全局、协调各方与人大、政府、政协、审判机关、检察机关依法依章程履行职能、开展工作相统一
   D. 善于运用民主集中制原则维护中央权威，维护全党全国团结统一

17. 法的社会作用是法的本质的必然体现，其核心是（ ）。
   A. 教育作用   B. 强制作用
   C. 执行社会公共事务方面的作用   D. 维护阶级统治方面的作用

18. 当代中国法的渊源不包括（ ）。
   A. 地方性法规   B. 特别行政区法律法规
   C. 单行条例   D. 判例法

19. 根据中国特色社会主义法律体系的构成，下列选项中，属于社会法的是（ ）。
   A. 《中华人民共和国婚姻法》
   B. 《中华人民共和国教育法》
   C. 《中华人民共和国职业病防治法》
   D. 《中华人民共和国仲裁法》

20. 法律解释可分为正式解释和非正式解释，非正式解释对法律适用有参考价值，但不具有法律约束力。下列选项中，属于非正式解释的是（ ）。
   A. 最高人民法院的审判解释
   B. 全国人大常委会的法律解释
   C. 国务院对有关行政法规的解释
   D. 中国法学会在法学研究中的解释

21. 一切组织和个人依照法律规定行使权利与履行义务的活动，称为（ ）。
   A. 法的遵守   B. 法的实施
   C. 法的执行   D. 法的适用

22. 我国宪法作为国家的根本法，既具有与一般法律相同的特点，又具有与一般法律不同的特征。下列关于宪法的特征的表述中，错误的是（ ）。
   A. 任何法律、法规都不能与宪法相抵触
   B. 宪法的制定和修改程序比普通法律更为严格
   C. 宪法的修改需由三分之二以上的全国人大代表提起

D. 宪法的内容涉及国家和社会生活中最根本、最重要的问题

23. 人民主权原则指的是国家的一切权力属于人民。人民行使权力的机关是( )。
   A. 人民政府　　　　　　　　B. 人民政协
   C. 人民法院　　　　　　　　D. 人民代表大会

24. 一个具体的经济部门或企业，其产权构成中包括国家投资、集体投资、个人投资、国际投资等资产要素的组合，既可以是两种投资形成的，也可以是多种投资形成的经济形式。这指的是( )。
   A. 公有制经济　　　　　　　B. 非公有制经济
   C. 劳动群众集体所有制经济　D. 混合所有制经济

25. 民事主体在行使民事权利时，应当尊重社会公德，不得损害社会公共利益和他人利益。这体现了我国民法基本原则中的( )。
   A. 平等原则　　　　　　　　B. 公平原则
   C. 自愿原则　　　　　　　　D. 禁止权利滥用原则

非选择题部分

二、简答题（本大题共 5 小题，每小题 6 分，共 30 分）

26. 为什么说在我国爱国主义与爱社会主义是统一的？
27. 为什么我国社会主义道德建设要与社会主义市场经济相适应？
28. 简述道德的社会作用。
29. 简述社会公德的特点。
30. 简述职业道德的含义和特点。

三、论述题（本大题共 3 小题，考生任选其中 2 题作答，每小题 10 分，共 20 分。如果考生回答的题目超过 2 题，只按考生回答题目的前 2 题计分）

31. 论述社会公德的主要内容及自觉遵守社会公德的意义。
32. 论述社会主义法治理念的基本内涵。
33. 论述法的实施的基本形式。

参考答案*

绪 论

一、单项选择题

1—5 CCDDA 6—10 DCBBC 11—15 ADBDA 16—20 ADCDC 21—25 BBBDC

二、简答题

1. 如何理解中国特色社会主义进入了新时代？

答：（1）意味着近代以来久经磨难的中华民族迎来了从站起来、富起来到强起来的伟大飞跃，迎来了实现中华民族伟大复兴的光明前景；（2）意味着科学社会主义在21世纪的中国焕发出强大生机活力，在世界上高高举起了中国特色社会主义伟大旗帜；（3）意味着中国特色社会主义道路、理论、制度、文化不断发展，拓展了发展中国家走向现代化的途径，给世界上那些既希望加快发展又希望保持自身独立性的国家和民族提供了全新选择，为解决人类问题贡献了中国智慧和中国方案。

2. 社会主义核心价值观的基本内容及重要意义是什么？

答：社会主义核心价值观的基本内容包括国家层面的富强、民主、文明、和谐，社会层面的自由、平等、公正、法治，个人层面的爱国、敬业、诚信、友善。

社会主义核心价值观的重要意义：（1）对于国家来说，社会主义核心价值观为坚持和发展中国特色社会主义提供了最基本的价值遵循。（2）对于社会来说，社会主义核心价值观为凝聚社会共识、实现社会团结、促进社会和谐提供了"最大公约数"。（3）对于时代新人来说，社会主义核心价值观是其进德修业、成长成才的根本指针。

3. 大学生怎样才能做有理想、有本领、有担当的时代新人？

答：（1）要有崇高的理想信念，牢记使命，自信自励（有理想）。（2）要有高强的本领才干，勤奋学习，全面发展（有本领）。（3）要有天下兴亡、匹夫有责的担当精神，讲求奉献，实干进取（有担当）。

三、论述题

论述学习"思想道德修养与法律基础"课的重要意义。

---

* 编者按：本自学考试助考系列丛书的"参考答案"中，简答题、论述题部分，某些考题的参考答案可能有数个知识要点，往往以"第一……第二……第三……"，或"首先……其次……再次……"，抑或"（1）……（2）……（3）……"等形式，进行答题。出于节省版面的需要，本助考丛书将各知识点接排了，而没有以各点为单元、上下分行并列排版，建议考生在考试答卷时，最好要分行并列作答（不要接排），并视情况确定是否对每一知识点展开叙述。特此说明。

答：（1）有助于大学生领悟人生真谛，坚定理想信念，践行社会主义核心价值观，做新时代的忠诚爱国者和改革创新的生力军。（2）有助于大学生形成正确的道德认知，积极投身道德实践，做到明大德、守公德、严私德。（3）有助于大学生全面把握社会主义法律的本质、运行和体系，理解中国特色社会主义法治体系和法治道路的精髓，增进法治意识，养成法治思维，更好行使法律权利、履行法律义务，做到尊法学法守法用法，从而具备优秀的思想道德素质和法治素养。

第一章　把握人生的方向和道路

一、单项选择题

1—5　DBACD　6—10　CACDA　11—15　BBCCC　16—20　DCCBC　21—25　DBDDC

二、简答题

1. 简述积极进取的人生态度对于人生的重要意义。

答：（1）积极进取的人生态度能够使人正确地面对现实，不怕人生道路上的困难和挫折，促进人生认识目的的达到。（2）积极进取的人生态度能够使人确立较高的人生价值目标，并始终保持蓬勃朝气、昂扬锐气，有助于人生价值的实现。（3）积极进取的人生态度能够使人将远大的理想寓于具体的行动中，不断调整理想与现实之间的矛盾，不断调整人生道路的方向。

2. 简述人生目的的含义及其在人生观中的地位。

答：人生目的指的是人生实践活动的总目标，是对"人为什么活着"这一人生根本问题的认识和回答。人生目的在人生观中居于核心地位，它决定着一个人走什么样的人生道路，持什么样的人生态度，选择什么样的人生价值标准。

3. 简述人生的自我价值和社会价值的含义。

答：人生的自我价值，是指个体的人生活动对自己的生存和发展所具有的价值，主要表现为对自身物质和精神需要的满足程度；人生的社会价值，是指个体的人生活动对他人、社会所具有的价值，主要表现为个体对他人、社会所做的贡献。

4. 简述人生价值实现的条件和方法。

答：（1）选择与社会主义核心价值观相一致的人生价值目标，这是追求人生价值的精神支柱。（2）提高自我素质和能力，这是实现人生价值的重要的主观条件。（3）进行创造性的实践活动，这是实现人生价值的根本途径。（4）社会实践是人生价值真正的源头活水，是实现人生价值的必由之路。

5. 简述如何创造人生价值。

答：作为主体的人，要充分实现自己的人生价值，除外在的客观环境、机遇外，还应当具备良好的主观条件。这些条件至少包括三个方面：一是确立与中国特色社会主义发展方向相适应的人生价值观，在重视个人价值和个性发展的同时，强化全局观念、义务观念和社会责任感，时刻用集体主义的价值取向引领自己。二是加强自身各方面的素质和能力，如实践能力、交往能力等，帮助自己应对各种生活场景，解决各种现实难题，为人生价值的实现提供更广阔的空间。三是继承和弘扬自强不息的奋斗精神，即使自身条件有所欠缺，也能尽心尽力、一往直前。

6. 简述在生活实践中保持身心健康的途径和方法。

答：（1）树立正确的人生观，养成积极乐观的人生态度。（2）参加体育锻炼，提高身体素质和心理品质。（3）学习心理健康知识，掌握心理调适方法。（4）注重与他人的交往，建立良好的人际关系。

三、论述题

1. 论述只有为人民服务的人生目的,才是科学、高尚的人生目的,才值得当代大学生终身尊奉和践行。

答:(1)培养和树立为人民服务的人生目的,是党和人民对大学生的要求和期待。在新世纪新阶段,大学生只有自觉地树立起为人民服务的人生目的,才能在服务人民、奉献社会的实践中创造人生的价值,才能肩负起建设中国特色社会主义、实现中华民族伟大复兴的历史使命。(2)培养和树立为人民服务的人生目的,是大学生成长成才的内在要求。大学生在确立人生目的时,应当立志为人民服务,做有益于人民的人,将为人民服务作为人生目的,能使在为他人、为社会做贡献的同时,不仅获得物质上的利益,而且获得才智上的锻炼、精神上的提升。(3)培养和树立为人民服务的人生目的,是抵制各种错误人生观影响的有力武器。

2. 论述用积极进取的人生态度对待人生境遇。

答:在现实生活中,顺境和逆境对人的影响都有两重性,大学生要正确认识与对待人生的顺境与逆境。在顺境中向目标奋斗,如同顺水行舟,可以借天时、地利、人和等有利因素,施展才华,建功立业,但优越的条件和舒适的环境又容易使人贪图安逸、不思进取,或者得意忘形,"大意失荆州"。在逆境中向目标前进,如同逆水行舟,阻力大、条件差、困难重重,对于同样的目标,要付出更大的努力才可能取得成功。但是,逆境对人生又是一种磨炼,它可以使人更多地思考人生、磨砺意志、陶冶品格、丰富战胜困难的经验。

对于顺境,不能麻痹大意、得意忘形,而应居安思危、自制自励,使自身的活动保持良好的度。身处顺境并不等于一切顺利,更不等于没有困难,一定要对可能出现的困难和挫折做好充分的思想准备,始终保持清醒的头脑、乐观的态度和严谨的作风。实践证明,只有具备了强烈的进取心和顽强的意志并终身勤勉,才能在顺境中不断奋进和成长。对于逆境,不能怨天尤人、自暴自弃,而应大胆正视,积极应对,努力使之成为人生旅程上的一个闪光点。相反,如果一遇逆境,就悲观消极,既无坚定信念,也无顽强意志,更不主动去做准备,终日唉声叹气、怨天尤人,抱着玩世不恭的态度、虚度光阴,结果只能每况愈下,成为环境的奴隶。

第二章 坚定理想信念

一、单项选择题

1—5 DDADD   6—10 DDABB   11—15 BDACC   16—20 CBADD   21—25 BDCCC

二、简答题

1. 简述理想、信念的含义及二者的密切联系。

答:理想是人们在实践中形成的具有实现可能性的对未来的向往和追求;信念是人们在一定认识的基础上确立的对某种思想或事物坚信不疑并身体力行的态度。

理想和信念是密切联系的。追求一种理想,就意味着相信这种理想是正义的、能够实现的,而这种相信本身就是一种信念。

2. 简述理想信念在人生中的重要作用。

答:(1)理想信念是人生的精神向导,它能够为人生指明奋斗的方向,向人生提供目的和意义。

(2)理想信念是人生的精神动力,它能够给人生提供一种推进的力量,为人生实践提供动力和毅力。

(3)理想信念是人生的精神支柱,它支撑着人们的精神和意志,使人在逆境中战胜艰难险阻。

3. 简述理想与现实的关系。

答：(1) 理想与现实是矛盾的，理想是主观的，现实是客观的；理想是完美的，现实是有缺陷的；理想是未来的，现实是当下的。(2) 理想与现实是统一的，现实中孕育着理想，包含着理想实现的条件和因素；理想来源于现实，包含着现实的因素，并且将来会成为新的现实。

4. 简述当代我国各族人民共同的理想信念及其基本内容。

答：建设中国特色的社会主义是我国各族人民共同的理想信念。

其基本内容是：在中国共产党的领导下，走中国特色社会主义建设道路，实现中华民族伟大复兴。坚定实现中华民族伟大复兴的信心；坚定走中国特色社会主义道路的信念；坚定对党的领导的信任。

三、论述题

1. 联系实际论述如何正确认识并处理理想与现实的关系。

答：理想与现实是一对矛盾，它们是对立统一的关系。

对立性表现在：理想是主观的，现实是客观的；理想是完美的，现实是有缺陷的；理想是未来的，现实是当下的。

统一性表现在：现实中孕育着理想，包含着理想实现的条件和因素；理想来源于现实，包含着现实的因素，并且将来会成为新的现实。

2. 论述在我国现阶段如何把个人理想融入对中国特色社会主义共同理想的追求之中。

答：(1) 个人理想只有同国家的前途、民族的命运相结合，个人的向往和追求只有同社会的需要与人民的利益相一致，才是有意义的。(2) 要坚定不移地确立实现中华民族伟大复兴的信心，要坚定走中国特色社会主义道路的信念，要坚定对党的领导的信任。(3) 目前我国还处在社会主义初级阶段，我们的经济还不发达，科学技术还比较落后，人民的生活水平还比较低。摆在全国人民面前的主要任务，就是加速社会主义现代化建设，尽快改变我国的落后面貌，早日实现我国各族人民的共同理想。(4) 为了实现建设中国特色社会主义的共同理想，必须坚定不移地坚持四项基本原则。这就是必须坚持走社会主义道路，坚持无产阶级专政，坚持共产党员的领导，坚持马克思列宁主义毛泽东思想。

第三章　倾注对祖国的忠诚与热爱

一、单项选择题

1—5　DBDAC　6—10　AADCB　11—15　DDBAD　16—20　BCCAC　21—25　DCBBB

二、简答题

1. 简述中华民族伟大民族精神的核心和集中体现。

答：在五千多年的历史发展中，中华民族形成了以爱国主义为核心的伟大民族精神。民族精神的集中体现包括伟大创造精神、伟大奋斗精神、伟大团结精神、伟大梦想精神。

2. 简述当代大学生如何以实际行动和贡献报效祖国。

答：(1) 刻苦学习，掌握建设国家和保卫国家的过硬本领。(2) 端正思想，自觉维护国家的安定、团结和统一。(3) 躬行实践，在服务祖国和人民中实现自身价值。

3. 简述爱国主义的含义和基本内容。

答：爱国主义是人们在历史上形成的热爱、忠诚和报效自己祖国的一种感情、思想和行为。爱国主义以爱故土山河、爱骨肉同胞、爱祖国的文化和爱自己的国家为基本内容。

4. 简述当代中国爱国主义的时代要求。

答：（1）坚持爱国主义与爱社会主义相统一。（2）维护祖国统一和民族团结。（3）尊重和传承中华民族历史与文化。（4）坚持立足民族又面向世界。（5）弘扬民族精神和时代精神。

5. 简述爱国主义的时代价值。

答：（1）爱国主义是动员和鼓舞中国人民团结奋斗的一面旗帜。（2）爱国主义是推动中国社会历史前进的巨大力量。（3）爱国主义是谱写壮丽人生的力量源泉。

6. 简述中华民族爱国主义优良传统的基本内容。

答：（1）维护祖国统一，促进民族团结。（2）抵御外来侵略，捍卫国家主权。（3）开发祖国山河，创造中华文明。（4）心系民生苦乐，推动历史进步。

三、论述题

1. "以热爱祖国为荣，以危害祖国为耻。"做一个忠诚的爱国者，是大学生思想道德修养的基本内容。论述大学生怎样做新时期忠诚坚定的爱国者。

答：（1）培育爱国情感，保持民族自尊和自信。培育强烈的爱国情感，懂得些中国历史。要以科学的态度对待历史，以强烈的民族自尊心和自信心实现振兴中华的夙愿。强烈的爱国情感还表现在拥有忠于祖国的赤子之心，把自己的事业和祖国的命运紧密联系在一起，摆正自己与祖国和人民的关系，做到以服从祖国和人民的利益为最高准则。以各种方式或先或后地为国家服务，时刻牢记以国家利益为重。（2）维护民族团结，促进祖国统一。要成为新时期忠诚坚定的爱国者，必须自觉地维护民族的团结、促进祖国的统一，这是爱国主义的重要表现之一。（3）努力学习和工作，以实际行动和贡献履行爱国义务。刻苦学习科学文化知识，掌握建设祖国和保卫祖国的过硬本领。确立正确的思想政治观念，自觉维护祖国的安定、团结和统一。积极投身社会实践，逐步从爱国主义走向共产主义。

2. 论述爱国主义的科学内涵及其基本内容。

答：爱国主义体现了人民群众对自己祖国的浓厚感情，反映了个人对祖国的依存关系，是人们对自己故土家园、民族和文化的归属感、尊严感与荣誉感的统一。它是调节个人与祖国之间关系的道德要求、政治原则和法律规范，也是民族精神的核心。

爱国主义的基本内容有：（1）热爱故土山河是爱国主义的首要表现。（2）热爱骨肉同胞是爱国主义的集中表现。（3）热爱祖国光辉灿烂的文化是爱国主义的深层内容。（4）热爱自己的国家是爱国主义的基本政治要求。

3. 论述弘扬爱国主义精神必须坚持爱国主义和爱社会主义相统一。

答：（1）在当代中国，爱国主义首先体现在对社会主义中国的热爱上，弘扬爱国主义精神必须坚持爱国主义和爱社会主义相统一。（2）中华民族是一个历史悠久的伟大民族。鸦片战争后，中国一步步地沦为半殖民地半封建社会。为了民族复兴，无数仁人志士曾经不辞辛劳地向西方资本主义寻找救国救民的真理，但一次又一次的尝试均以失败告终，最后中国人民选择了社会主义道路，为实现民族复兴奠定了根本政治前提和制度基础。（3）选择了社会主义道路的中国人民，在中国共产党领导下，经过几十年的社会主义建设和改革开放，取得了历史性的成就和进步。今日中国，比历史上任何时期都更接近、更有信心和能力实现中华民族伟大复兴的目标。

第四章 加强道德理论学习

一、单项选择题

1—5　BDDDB　6—10　DABBB　11—15　DAACC　16—20　CBDDD　21—25　BBCAC

二、简答题

1. 简述社会主义集体主义原则的基本内涵。

答：（1）强调集体利益和个人利益的辩证统一。（2）强调集体利益高于个人利益。（3）强调重视、保障、发展个人的正当利益和自觉创造精神

2. 简述社会主义道德建设要与社会主义法律规范相协调。

答：坚持依法治国和以德治国相结合，是实现建设中国特色社会主义法治体系、建设社会主义法治国家总目标的原则之一。我国的社会主义道德建设必须与社会主义法律规范相协调，为全面推进依法治国提供支持。社会主义道德与社会主义法律的内容相互渗透、相互联系。社会主义道德与社会主义法律的作用相辅相成、相互促进。社会主义德治和社会主义法治二者结合、相得益彰。

3. 简述中华民族传统美德的主要内容。

答：（1）爱国奉献，以天下为己任。（2）勤劳勇敢，追求自由解放。（3）求真务实，敬重诚实守信。（4）乐群贵和，强调人际关系。（5）励志自强，崇尚精神境界。（6）德性修养，重视躬行慎独。

4. 什么是道德的社会作用？道德的社会作用主要表现在哪些方面？

答：道德的社会作用是指由道德功能的发挥和实现所产生的社会影响及其实际效果。道德的社会作用主要表现在：第一，道德能够影响经济基础的形成、巩固和发展。第二，道德对其他社会意识形态的存在和发展有着重大影响。第三，道德是影响社会生产力发展的一种重要精神力量。第四，道德能够维护社会生活的稳定，保障人们正常的生活和交往。第五，道德能够保护或者破坏一定阶级的政治统治。

5. 马克思主义揭示的道德产生的条件有哪些？

答：（1）劳动是道德起源的第一个历史前提。（2）社会关系的形成是道德赖以产生的客观条件。（3）人类自我意识的形成和发展是道德产生的主观条件。

6. 为什么当代大学生要用为人民服务的人生目的指引人生方向？

答：（1）培养和树立为人民服务的人生目的，是党和人民对大学生的要求与期待。（2）培养和树立为人民服务的人生目的，是大学生成长成才的内在要求。（3）培养和树立为人民服务的人生目的，是抵制各种错误人生观影响的有力武器。

7. 简述中国革命道德的主要内容。

答：（1）为实现社会主义和共产主义理想而奋斗。（2）全心全意为人民服务。（3）始终把革命利益放在首位。（4）树立社会新风，建立新型人际关系。（5）修身自律，保持节操。

8. 简述中国革命道德的当代价值。

答：（1）有利于加强和巩固社会主义与共产主义理想信念。（2）有利于培育和践行社会主义核心价值观。（3）有利于引导人们树立正确的道德观。（4）有利于培育良好的社会道德风尚。

三、论述题

1. 论述社会主义道德建设的核心、原则和重点。

答：社会主义道德建设的核心是为人民服务，是社会主义道德区别和优越于其他社会形态道德的显著标志。为人民服务是经济基础和政治制度的客观要求。为人民服务是社会主义市场经济健康发展的基本要求。为人民服务体现着先进性和广泛性要求的统一。

社会主义道德建设的原则是集体主义。集体主义是社会主义经济、政治和文化建设的必然要求。集体主义是社会主义市场经济的必然要求。

社会主义道德建设的重点是诚实守信。诚实守信是为人之本、成事之基。诚实守信是社会主义市场经济健康发展的基石。诚实守信是构建社会主义和谐社会的道德基础。

2. 论述社会主义道德建设要以诚实守信为重点。

答：诚信是社会主义核心价值观的基本内容之一。社会主义道德建设以诚实守信为重点，具有十分重要的现实意义。(1) 诚实守信是为人之本、成事之基。只有增强诚信意识，坚持诚信做人，才能适应社会生活的要求，发挥自己的潜能，实现人生的价值，最终获得成功。一个不讲诚信的人，短期内可能达到自己的目的，但不可能持久。(2) 诚实守信是社会主义市场经济健康发展的基石。社会主义市场经济的健康发展，需要大力倡导诚实守信的美德。市场经济是交换经济、竞争经济，也是契约经济、信用经济。保证契约双方忠实履行自己的责任和义务，是维护市场秩序的关键。(3) 诚实守信是构建社会主义和谐社会的道德基础。社会主义道德建设以诚实守信为重点，人与人之间只有诚信交往，才能进行真正平等、公正的合作，才能最大限度地减少社会生活中的内耗和摩擦，大大降低社会运行的成本。一个社会如果缺乏诚信，人与人之间就没有信任、信用和信誉，交往就无法进行，和谐社会的正常秩序就无法建立起来。

3. 联系实际论述我国社会主义道德建设的现实要求。

答：在中国特色社会主义新时代，为实现中华民族伟大复兴的中国梦，全面深化改革，全面依法治国，全面从严治党，都需要更好地发挥中国特色社会主义道德建设的积极作用，切实加强思想道德建设，建立与社会主义市场经济相适应、与社会主义法律规范相协调、与中华民族传统美德相承接的社会主义思想道德体系。(1) 社会主义道德建设与社会主义市场经济相适应。社会主义道德建设应当与社会主义基本经济制度基础上实行的社会主义市场经济相适应；社会主义制度优越性和市场经济优势的发挥，离不开社会主义道德的积极作用；社会主义道德建设为社会主义市场经济的发展和完善提供道德价值导向；社会主义道德建设保证和促进市场经济沿着社会主义方向健康发展。(2) 社会主义道德建设与社会主义法律规范相协调。社会主义道德与社会主义法律的内容相互渗透、相互联系；社会主义道德与社会主义法律的作用相辅相成、相互促进；社会主义德治和社会主义法治紧密结合、相得益彰。(3) 社会主义道德建设与中华民族传统美德相承接。我国社会主义道德建设，不可能全盘抛弃传统而凭空产生，而应当是中华民族全部优良道德传统合乎规律的发展。继承和弘扬中华民族传统美德是社会主义道德建设的内在要求。中华民族的优秀民族品质、优良民族精神、崇高民族气节、高尚民族情感、良好民族礼仪等，是中华民族赖以生存和发展的重要精神支柱与精神动力，是中华民族生生不息、发展壮大的丰厚滋养。在经济全球化深入发展的今天，中华民族传统美德是我们在世界文化激荡中站稳脚跟的根基。

第五章 培养优良道德品质

一、单项选择题

1—5 BABDA 6—10 DCAAC 11—15 BABCC 16—20 ABACD 21—25 ACCAC

二、简答题

1. 简述职业道德的基本要求。

答：职业道德的基本要求包括爱岗敬业、诚实守信、办事公道、服务群众、奉献社会。

2. 简述公民基本道德规范的内容及提出和倡导公民基本道德规范的意义。

答：公民基本道德规范的内容包括爱国守法、明礼诚信、团结友善、勤俭自强、敬业奉献。提出和倡导公民基本道德规范的意义在于：公民基本道德规范体现了社会主义道德建设的要求，是对公民道德要求的高度概括，有利于对公民进行道德教育。

3. 简述社会公德的含义和主要内容。

答：社会公德是公民在社会交往和社会公共生活中应该遵守的道德准则。它是人类在长期社会生活实践中逐渐积累起来的、为社会交往和社会公共生活所应当遵守的最基本的行为准则，是人类社会生活最基本、最广泛、最一般关系的反映。

社会公德的主要内容包括文明礼貌、助人为乐、爱护公物、保护环境、遵纪守法。

4. 简述形成良好个人品德在社会主义道德建设中的重要意义。

答：（1）形成良好的个人品德是社会主义道德建设的目标，能够促进社会道德规范深入人心，成为人们内在的道德品质。（2）形成良好的个人品德是夯实社会主义道德建设的基础，有利于形成男女平等、尊老爱幼、互爱互助、见义勇为的社会风尚。（3）形成良好的个人品德是个体精神境界提升和全面发展的要求，是个人道德修养的目的、社会道德教育的任务。

5. 简述职业道德的含义和加强职业道德建设的重要意义。

答：职业道德是从业人员在一定职业活动中应遵循的、具有自身职业特征的道德要求和行为准则。加强职业道德建设，是提高从业者素质的重要途径，是纠正行业不正之风形成良好社会道德风貌的重要手段，是加强社会主义道德建设、社会主义精神文明建设的重要内容。

6. 简述个人道德修养的主要方法。

答：（1）认真学习，提高道德认识；（2）勤于实践，加强道德行为训练（3）严格要求，完善道德品质。

三、论述题

1. 论述从业人员在职业生活中应该自觉遵守职业道德。

答：（1）职业活动在人类社会生活中具有非常重要的地位。（2）加强职业道德建设是社会主义道德建设的重要任务，是社会主义精神文明建设的重要内容。（3）加强职业道德建设是纠正行业不正之风，形成良好的社会道德风貌的重要手段。（4）加强职业道德建设是提高从业者素质的重要途径。（5）加强职业道德建设是提高工作效率和质量，促进社会生产力发展的必要条件。

2. 论述自觉遵守社会公德、加强社会公德建设的重要意义。

答：（1）社会公德是特指人类在长期社会生活实践中逐渐积累起来的、为社会公共生活所必需的、最简单、最起码的公共生活准则。

（2）遵守社会公德是维护社会公共生活正常秩序的必要条件。社会公德是维护公共场所正常秩序和安定环境、维护现实社会生活的最低准则，是人们现实社会生活稳定发展的基本条件，人人必须自觉遵守。在现阶段，我国社会的公共场所还不时有破坏公共秩序的种种不文明、不道德的行为发生，因此需要不断提高人民群众遵守社会公德的自觉性，提高人民群众的思想道德素质。

（3）遵守社会公德是成为一个有道德的人的最基本要求。一方面，社会公德作为社会道德体系中最起码、最基本的层次和要求，既是社会成员都要遵守的公共生活准则，也是社会成员进一步提升道德境界的基础；另一方面，社会公德在促进社会和个人弃恶扬善，扶正祛邪，从而指导人们的思想和行为，维护现实的稳定、公道和秩序方面发挥的舆论监督作用与精神感召作用更加突出，成为个人道德修养的重要标志。

（4）社会公德建设是精神文明建设的基础性工程，也是精神文明程度的"窗口"。社会公德是社会道德的基石和支柱之一，社会公德对社会道德风尚的影响稳定而深刻、广泛而持久。社会道德又是社会精神文明的重要组成部分，所以，从人们实践社会公德的自觉程度和普及程度，可以看出整个社会精神文明建设的状况。

（5）总之，在一定意义上说，社会主义社会的社会公德是社会主义道德的基础，是现代社会必须高扬的基本道德。每个社会成员都应该增强社会公德意识，自觉地以社会责任感考虑自己的行动，遵循体现社会群体利益和他人利益的公共规范。

3. 论述家庭美德的主要内容和加强家庭美德建设的重要意义。

答：家庭美德的主要内容包括五个方面。（1）尊老爱幼。尊老爱幼要求在家庭生活中尊敬、照顾和赡养老人，抚养、热爱和教育子女。（2）男女平等。男女平等要求在家庭生活中男女享有平等的地位、权利和尊严。（3）夫妻和睦。夫妻和睦要求在家庭生活中夫妻互敬、互爱、互助、互信、互谅。（4）勤俭持家。勤俭持家要求在家庭生活中勤奋劳作、节约俭朴、合理持家。（5）邻里团结。邻里团结要求在家庭生活中与邻里之间友好往来，互相帮助、和睦相处。

加强家庭美德建设的重要意义：（1）加强家庭美德建设对个体人生有重要意义。加强家庭美德建设，建立美满温馨的幸福家庭，创造和睦的邻里生活是人生幸福的重要内容。加强家庭美德修养，认真严肃地对待两性关系，提高个人生活情趣和道德情操，能净化美化心灵，提升人生境界，增进人生价值。（2）加强家庭美德建设对社会稳定发展有重要意义。加强家庭美德建设，建立稳定和谐的幸福家庭，是社会和谐稳定的基础。加强家庭美德建设，提高家庭成员的文明素质，有利于人类社会的健康发展。

4. 联系实际论述如何通过道德修养形成良好的个人品德。

答：（1）努力学习道德知识和科学文化知识。修养首先要学习先进的道德理论，提高修养的道德认知水平，分清正确的价值观和错误的价值观，这样才能帮助人们进行正确的道德修养。我们应该真正理解这些道德规范的深刻含义，使之真正深入到我们每个人的内心，落实到具体的道德行为上来。在认真学习道德知识的同时，我们还要努力学习科学文化知识，积极进行文化素质的修养，在人的素质中，文化素质是一种基础性的素质，文明、理智、高尚总是同知识、文化相联系的；不明事理、粗俗、野蛮总是和愚昧、无知、不学无术相关联的。学习道德知识和文化知识，并引起自己内心的思想反省，才会培养起自己的高尚品质和道德情操。

（2）重视修养中的"内省"功夫。内省即对自己的内心的省视，修养者要经常在内心省察自己的言行，对照道德标准，坚持正确的，及时改正错误的。如果只学习而不内省，学习的道德知识便会被束之高阁，难以产生品德上的提升；只有内省而不学习，便如井底之蛙，不可能获得新的道德认识，也难以达到高尚的精神境界，因此，在学习的同时，更应重视内省。我们要联系自己的社会实践，学思结合，对照道德标准，勇于解剖自己，省察自己的弱点和错误，不断提升自己的道德境界，以求得新的进步。

（3）重视立足当前，循序渐进。优良的品质和高尚的人格并非一蹴而就，而是逐渐积累的结果。道德修养要不惜从一点一滴的小事做起，只有日积月累、持之以恒，才能养成大德。在道德修养中，只有不弃小善，"勿以善小而不为"，才能积成大善。这就是荀子讲的"积善成德，而神明自得"。在现实生活中加强道德修养，我们应该"从自我做起，从身边事做起，从小事做起"，精心地培育自己心中开始萌发的社会主义道德幼芽，使之长成精神文明的参天大树。小善的积累，可以强化人们从善的观念和意志，可以形成人的美好的道德感情和行为习惯。

（4）要把"慎独"作为自己的座右铭。"慎独"是指人们在独自一人、无人监督的情况下，也要谨慎从事，严格要求自己，不做任何不道德的事。它强调了道德影响内心信念的作用，体现了严格要求自己的道德自律的精神，指出了一个人自觉实践道德行为的意义。

第六章　弘扬社会主义法治精神

一、单项选择题

1—5　DACBB　6—10　BBCAB　11—15　DADAC　16—20　BABDA　21—25　ADABC

二、简答题

1. 简述全面推进依法治国的基本要求。

答：（1）科学立法。（2）严格执法。（3）公正司法。（4）全民守法。（5）加强法治工作队伍建设。（6）加强和改进党对全面推进依法治国的领导。

2. 简述推进法治社会建设的主要措施。

答：（1）推动全社会树立法治意识。（2）推进多层次多领域依法治理。（3）建设完备的法律服务体系。（4）健全依法维权和化解纠纷机制。

3. 简述我国全面推进依法治国的重大意义。

答：（1）依法治国是坚持和发展中国特色社会主义的本质要求和重要保障。（2）依法治国是实现国家治理体系和治理能力现代化的必然要求。（3）依法治国事关执政兴国、人民幸福安康和国家长治久安。

4. 简述如何理解和坚持法律面前人人平等。

答：（1）任何组织和个人都必须尊重宪法法律权威，都必须在宪法法律范围内活动，都必须依照宪法法律行使权力或权利、履行职责或义务，都不得有超越宪法法律的特权。（2）必须维护国家法制统一、尊严、权威，切实保证宪法法律有效实施，绝不允许任何人以任何借口、任何形式以言代法、以权压法、徇私枉法。（3）必须以规范和约束公权力为重点，加大监督力度，做到有权必有责、用权受监督、违法必追究。坚决纠正有法不依、执法不严、违法不究行为。

5. 简述依法治国的基本原则。

答：（1）坚持中国共产党的领导。（2）坚持人民主体地位。（3）坚持法律面前人人平等。（4）坚持依法治国和以德治国相结合。（5）坚持从中国实际出发。

6. 简述中国特色社会主义法治体系的目标。

答：（1）完备的法律规范体系。（2）高效的法治实施体系。（3）严密的法治监督体系。（4）有力的法治保障体系。（5）完善的党内法规体系。

三、论述题

1. 论述法治思维与人治思维的区别。

答：（1）从两者区分的标准来看，法治思维与人治思维的分水岭在于最高的权威究竟是法律还是个人，法治思维以法律为最高权威，强调"必须使民主制度化、法律化，使这种制度和法律不因领导人的改变而改变，不因领导人的看法和注意力的改变而改变"。（2）从两者的特点来看，法治思维以一般性、普遍性的平等对待方式调节社会关系，解决矛盾纠纷，坚持法律面前人人平等原则，具有理性、稳定性和一贯性的特点；而人治思维漠视规则的普遍适用性，依赖个人的魅力、德性和才智来治国平天下，以言代法、言出法随，具有非理性、易变性甚至任意性的特点。（3）从两者追求的政治体制来看，法治是民主的产物，因而法治思维也追求民主政体，强调集中社会大众的意志来进行决策和判断，是一种"多数人之治"的民主政治思维；而人治思维则推崇个人集权，追求专制政体。

2. 论述如何加强和改进党对全面推进依法治国的领导。

答：（1）党的领导是全面推进依法治国、加快建设社会主义法治国家最根本的保证。必须加强和改进党对法治工作的领导，把党的领导贯彻到全面推进依法治国的全过程。（2）坚持依法执政。各级领导干部都要带头遵守法律，带头依法办事，不得违法行使权力，更不能以言代法、以权压法、徇私枉法。（3）加强党内法规制度建设。运用党内法规把党要管党、从严治党落到实处，促进党员、干部带头遵守国家法律法规。（4）提高党员干部法治思维和依法办事能力。把能不能遵守法律、依法办事作为考察干部的重要内容，同等条件下优先选拔使用法治素养好、依法办事能力强的干部。（5）推进基层治理法治化。发挥基层党组织在全面推进依法治国中的战斗堡垒作用，深入扎实地推进全面依法治国。

第七章　学好法学基础理论

一、单项选择题

1—5　ADCCB　6—10　DDBDC　11—15　ADBBD　16—20　BBBCB　21—25　CCBAA

二、简答题

1. 简述法律规范的种类。

答：根据法律规范的内容的不同，可将法律规范分为授权性规范、义务性规范和复合性规范。根据法律规范对人们行为的限定程度和范围的不同，可将法律规范分为强行性规范和任意性规范。

授权性规范是规定人们可以做出或不做出某种行为或者要求他人做出或不做出某种行为的法律规范。授权性规范主要为人们设定权利。

义务性规范是规定人们必须做出某种行为或者不得做出某种行为的法律规范。义务性规范主要为人们设定义务，包括命令性规范和禁止性规范。

复合性规范是指授权性规范和义务性规范相互重合的法律规范。它既授予人们权利，同时也设定义务。

强行性规范和任意性规范是根据法律规范对人们行为的限定程度与范围所做的分类。强行性规范要求人们必须为或不为一定的行为，禁止性规范和义务性规范都属于强行性规范；任意性规范允许人们在法律许可的范围内按照自己的意愿选择和确定法律关系，授权性规范一般属于任意性规范。

2. 简述法的基本特征。

答：（1）法是由国家制定或认可的行为规范。（2）法是反映统治阶级意志的行为规范。（3）法是由国家强制力保证实施的行为规范。

3. 简述我国社会主义法律的先进性和科学性。

答：（1）我国社会主义法律坚持体现工人阶级领导下的全体人民的意志和利益。（2）我国社会主义法律坚持辩证唯物主义和历史唯物主义的世界观与方法论。（3）我国社会主义法律坚持以开放的胸怀和谦虚的态度对待前人和他人的宝贵经验，既注重继承我国传统法律文化中的优秀部分，又注重借鉴外国法律发展的成功经验。

4. 简述构成中国特色社会主义法律体系的主要法律部门。

答：构成中国特色社会主义法律体系的主要法律部门包括宪法及宪法相关法、民商法、行政法、经济法、社会法、刑法、诉讼与非诉讼程序法。

5. 简述当代中国法的渊源。

答：当代中国法的渊源包括宪法、法律、行政法规、地方性法规、自治法规、规章、特别行政区法律法规、国际条约。

6. 简述法的规范作用及法律监督的含义。

答：法的规范作用是指作为一种规范体系对人们行为模式的调整作用，包括指引、评价、教育、预测、强制五个方面的作用。

法律监督有广义、狭义两种理解。狭义的法律监督是指特定的国家机关依照法定权限和程序，对立法、执法和司法活动的合法性进行的监督。广义的法律监督是指由所有国家机关、社会组织和公民个人对各种法律活动的合法性所进行的监督。

7. 简述我国社会主义法律的本质。

答：（1）我国社会主义法律是阶级性和人民性的统一。（2）我国社会主义法律是先进性和科学性的统一。（3）我国社会主义法律是中国特色社会主义建设的重要保障。

8. 简述法的适用的概念与特征。

答：法的适用是国家司法机关及其公职人员根据法定职权和程序具体运用法律处理案件的专门活动。

法的适用的特点：（1）法的适用的主体是司法机关。（2）法的适用须严格遵循法定程序。（3）法的适用以国家强制力为后盾。（4）法的适用具有很强的专业性。

三、论述题

1. 论述法的社会作用。

答：法的社会作用，是指法所具有的维护特定的社会关系和社会秩序的作用。在阶级社会中，法的社会作用包括维护阶级统治方面的作用和执行社会公共事务方面的作用。法在维护阶级统治方面的作用，是法的社会作用的核心。国家制定法律的最重要的目的就是通过法律来实现国家的统治职能，维护统治阶级的阶级统治。法在执行社会公共事务方面的作用，是法的社会作用的重要方面。法除了维护阶级统治，还必须满足一般国家管理和社会管理的需要，维护全体社会成员的社会公共利益。

法在维护阶级统治方面的作用和法在执行公共事务方面的作用是密切联系、相辅相成的，二者虽有区别，但又相互交叉。

2. 论述法的执行及其特征。

答：法的执行，简称执法，指国家行政机关及其公职人员和法律授权、委托的组织及其公职人员依法行使管理职权、履行职责和实施法律的活动，因此也常被称为行政执法。其特征有：（1）执法主体具有特定性。在我国，行政执法主体主要是国家行政机关，包括中央和地方各级人民政府、各级政府所属的各部门。此外，国家或法律授权的组织也享有授权范围内的行政执法权。（2）执法内容具有广泛性。现代社会中，社会关系和社会事务越来越复杂，行政执法的范围也越来越广泛，设计政治、经济、外交、国防、财政、文化、教育等各个领域。（3）执法行为具有主动性。由于执法是行政机关的法定职责，因此行政机关在执法过程中一般都采取积极主动的行动，而不需要行政相对人的意思表示。但是也有一部分行政管理活动是行政机关依申请做出的。（4）执法活动具有单方面性。在行政法律关系中，行政机关既是一方当事人，又是执法者，因此在行政法律关系中居于支配地位，可以依法自行决定和直接实施执法行为，而不需要行政相对人的同意。但也有执法活动，如行政复议、行政裁决、行政调解等，不具有单方面性。

第八章 熟悉我国基本法律制度

一、单项选择题
1—5　BCAAD　6—10　ACBBB　11—15　CCDAB　16—20　DADDB　21—25　BDCBB

二、简答题

1. 简述行政法的基本原则。

答：行政法的基本原则是反映行政法本质和具体制度规则内在联系的共同性规则，是贯穿于国家行政机关活动的所有环节并由全部行政法规范反映出来的共同原则。行政法的基本原则主要包括行政合法性原则、行政合理性原则和程序正当原则。行政合法性原则是指所有行政法律关系当事人都必须严格遵守并执行行政法律的规定。行政合理性原则是指行政行为的内容要客观、适度，符合法律的基本原则及公平正义等法律理性。程序正当原则是指行政机关做出影响行政相对人权益的行为时必须遵循正当的法律程序。

2. 简述我国民法的基本原则。

答：民法的基本原则，是对民事立法、民事司法和民事活动具有普遍指导意义与约束功能的基本行为准则，包括平等原则、自愿原则、公平原则、诚实信用原则、公序良俗原则和绿色原则。

3. 简述我国宪法规定的公民的基本权利和义务。

答：公民的基本权利是指宪法规定的公民享有的基本的、具有重要意义的权利。公民的基本义务是指公民依照宪法应当履行的最主要、最基本的责任。我国公民的基本权利包括平等权，政治权利和自由，宗教信仰自由，人身自由，社会经济权利，教育、科学、文化权利和自由，特定人的权利。我国公民的基本义务包括维护国家统一和各民族团结，遵守宪法和法律，保守国家秘密，维护祖国安全、荣誉和利益，保卫祖国和依法服兵役，依法纳税。

4. 简述宪法的民主集中制原则。

答：民主集中制原则是指在我国，国家权力统一由全国人民代表大会和地方各级人民代表大会行使，人民代表大会由人民直接或间接选出的代表组成，对人民负责，受人民监督。

5. 简述宪法的特征。

答：（1）从内容上看，宪法的内容涉及国家和社会生活中全局性和根本性的问题。（2）从效力上看，宪法具有最高的法律效力。（3）从制定和修改程序上看，宪法的制定和修改程序更为严格。

6. 简述我国人民代表大会制度的优越性。

答：（1）人民代表大会制度充分保障了人民当家作主的主人翁地位。（2）人民代表大会制度有力地保障了全国各族人民的民主权利。（3）人民代表大会制度保证了国家机关高效协调运转。（4）人民代表大会制度全面体现了人民民主专政的国家性质。

7. 简述我国刑事诉讼中强制措施的种类。

答：我国刑事诉讼中的强制措施包括拘传、取保候审、监视居住、拘留、逮捕。

8. 简述我国经济法的基本原则。

答：我国经济法的基本原则包括保障、巩固和发展社会主义基本经济制度原则；宏观调控与市场机制相结合原则；权、责、利统一原则；维护国家经济主权原则；坚持全面、协调和可持续发展的原则。

三、论述题

1. 论述我国宪法的基本原则。

答：（1）坚持党的领导原则。宪法明确规定了党的领导地位，强调中国特色社会主义事业必须在中国共产党的领导下进行，必须坚持四项基本原则和改革开放。（2）人民主权原则。我国宪法规定国家的一切权力属于人民，人民行使国家权力的机关是全国人民代表大会和地方各级人民代表大会。（3）尊重和保障人权原则。我国宪法规定"国家尊重和保障人权"，规定公民享有广泛的权利和自由。（4）民主集中制原则。民主集中制是我国人民代表大会制度的组织原则。各级人民代表大会由人民通过直接选举或间接选举出的代表组成，全国人民代表大会和地方各级人民代表大会构成我国国家权力机关的统一体系，国家权力机关在整个国家机构体系中处于核心地位，国家行政机关、审判机关、检察机关都由权力机关产生，并对它负责，受它监督。（4）社会主义法治原则。国家维护社会主义法制的统一和尊严，一切法律、法规都不得与宪法相抵触。

2. 论述我国的基本经济制度。

答：我国宪法规定"中华人民共和国的社会主义经济制度的基础是生产资料的社会主义公有制，即全民所有制和劳动群众集体所有制"，同时规定"国家在社会主义初级阶段，坚持坚持公有制为主体、多种所有制经济共同发展的基本经济制度，坚持按劳分配为主体、多种分配方式并存的分配制度"。（1）公有制经济。①全民所有制经济。全民所有制经济，即国有经济，是指生产资料归社会全体成员共有、由代表全体人民的国家占有生产资料的一种所有制形式。②劳动群众集体所有制经济。劳动群众集体所有制经济，指生产资料由集体经济组织内的劳动者共同所有的一种公有制经济，包括农村集体经济和城镇集体经济两种形式。（2）非公有制经济。①个体经济和私营经济。个体经济是城乡劳动者依法占有少量生产资料和产品，以自己从事劳动为基础，进行生产经营活动的一种经济形式。个体工商户是个体经济的典型形式。私营经济是生产资料由私人占有，并存在雇佣劳动关系的一种经济形式。私营企业是私营经济的典型形式。②外商投资经济。外商投资经济包括中外合资、中外合作和外资企业形式。

模拟试题（一）

一、单项选择题

1—5　CDBDB　6—10　BDDAD　11—15　ABADD　16—20　CBCAC　21—25　CDCCD

二、简答题

26. 当代大学生应该以怎样的实际行动履行自己的爱国义务？

答：（1）刻苦学习科学文化知识，掌握建设祖国和保卫祖国的过硬本领。一定要认清历史赋予自己的神圣使命，把自己的学习活动与祖国的建设大业联系起来，树立为祖国富强而发奋学习的学习目的。（2）确立正确的思想政治观念，自觉维护祖国的安定、团结和统一。要在政治上同党中央保持一致，全面执行党的基本路线；要对西方的意识形态渗透保持高度警觉，谨防自己为"自由""民主""人权"的幌子所蒙蔽，成为敌对势力的"西化""分化"中国的俘虏。（3）积极投身于社会实践，逐步从爱国主义走向共产主义。投身于发展中国特色社会主义的伟大实践，是当代大学生实现爱国之志，成长为真正爱国者的必由之路。在这个过程中，一部分人应逐步接受社会主义、共产主义，直至成为一名共产主义者。

27. 简述职业道德的含义和特点。

答：职业道德是从业人员在职业生活中应该遵循的具有职业特征的道德要求和行为准则，涵盖了从业人员与服务对象、职业与职工、职业与职业之间的关系，既是社会道德体系的重要组成部分，又是具有相对独立性的特殊领域。职业道德的基本特点包括规范性和专业性、可操作性和准强制性、相对稳定性和连续性。

28. 如何正确认识并处理个人与他人的关系？

答：正确认识并处理个人与他人的关系应遵循四个原则。（1）平等原则。平等待人是协调个人与他人关系的前提。同时，要把自尊和尊重他人有机地结合起来。（2）诚信原则。诚信是协调个人与他人关系的保证。诚信包含着诚实和守信两方面的意思，"诚"是"信"的内在思想基础，"信"是"诚"的外在表现。（3）宽容原则。宽容是协调个人与他人关系必不可少的条件。宽容就是心胸宽广，大度容人，对非原则性的问题不斤斤计较。（4）互助原则。互助是协调个人与他人关系的必然要求。在人和人的交往中，相互关心、相互帮助、增强对彼此的理解、加深彼此的感情有着重要的意义。

29. 简述社会主义法治理念的本质要求。

答：社会主义法治理念的本质要求包括：反映社会主义先进生产力的发展要求；体现人民民主专政的国体；坚持共产党的领导；维护马克思主义的指导地位；从中国国情出发；改革创新，与时俱进。

30. 简述违法行为的构成要件及种类。

答：违法行为的构成要件包括主体是具有法定责任能力的自然人、法人或国家机关，客体是侵犯了法律所保护的利益，客观上实施了违反法律规定的行为，主观上有过错。

根据违法行为的性质和危害程度，可将违法行为分为刑事违法行为、行政违法行为和民事违法行为。

三、论述题

31. 在社会生活中，应该用怎样的人生态度对待不同的人生境遇？

答：人都是在特定的环境中生活的，人生离不开环境。所谓境遇，就是人在社会生活中所处的具体环境。其中，顺利的境遇称为顺境，不顺利的境遇称为逆境。顺境和逆境对人的影响都有两重性，要正确认识和对待人生的顺境与逆境。在顺境中向目标奋斗，如同顺水行舟，可以借天时、地利、人和等有利因素施展才华、建功立业，但优越的条件和舒适的环境又容易使人贪图安逸、不思进取。在逆境中向目标前进，如同逆水行舟，阻力大、条件差、困难重重。但是，逆境对人生又是一种磨炼，它可以使人更多地思考人生、磨砺意志、陶冶品格、丰富战胜困难的经验。面对人生道路上的不同境遇，应该用积极进取的人生态度来应对。在顺境中，不能麻痹大意、得意忘形，要居安思危、自制自励，使自身的活动保持良好的度，对可能出现的困难和挫折做好充分的思想准备，始终保持清醒的头脑、乐观的态度和严谨的作风。在逆境中，不能怨天尤人、自暴自弃，要大胆正视，积极应对，努力创造条件，变不利因素为有利因素，待时机成熟，顺势利导，使之成为人生旅程上的一个闪光点。

32. 论述在我们国家党的领导、人民当家作主与依法治国的关系。

答：党的十七大报告指出，要坚持中国特色社会主义政治发展道路，坚持党的领导、人民当家作主、依法治国有机统一。（1）党的领导是人民当家作主和依法治国的根本保证。人民利益的广泛性和实现人民利益的复杂性、艰巨性，必然要求一个能代表中国最广大人民的根本利益，能正确反映并妥善处理各种利益关系的政治领导核心，来组织和调动各方面力量积极参加管理国家与社会事务、经济和文化事业。而这个领导核心就是中国共产党。离开党的领导，人民民主就无法得到保证，人民当家作主就无从实现。依法治国同样离不开党的领导，党是依法治国、建设社会主义法治国家的提出者、实施者、领导者和组织者，必须坚持党总揽全局、协调各方的领导核心作用。离开了中国共产党的领导，既谈不上真正实现人民当家作主，也谈不上依法治国基本方略的落实。（2）人民当家作主是社会主义民主政治的本质要求。人民民主是社会主义的生命。发展社会主义民主政治是共产党始终不渝的奋斗目标。人民当家作主是社会主义民主政治的本质和核心，是社会主义民主法制建设的出发点和归宿点。是否维护了人民当家作主的权利，是评价依法治国成败的关键。共产党执政的本质就在于领导和支持人民当家作主。能否切实保证人民当家作主，也是检验党的领导水平和执政能力的重要标准。为了保障人民当家作主的各项权力的实现，必须推动社会主义民主的制度化、规范化、程序化，保证人民依法实行民主选举、民主决策、民主管理、民主监督、保障人民的知情权、参与权、表达权、监督权。（3）依法治国是党领导人民治理国家的基本方略。宪法和法律是党的主张与人民意志相统一的体现。依法治国，就是广大人民群众在党的领导下，依照宪法和法律规定，通过各种途径和形式管理国家事务，管理经济文化事业，管理社会事务，保证国家各项工作都依法进行，逐步实现社会主义民主的制度化、法律化。各级党组织与全体党员要自觉在宪法和法律范围内活动，带头维护宪法和法律的权威。依法治国，就是党领导广大人民群众在宪法和法律的框架下治国理政的过程。

33. 论述依法治国与以德治国的关系。

答：（1）依法治国是最根本的治国方略。以德治国是在依法治国的基础上，对人们的思想道德提出的更高要求。1999年宪法修正案将依法治国作为宪法原则确定下来，更加明确了依法治国作为治国最根本方略的地位。这就意味着，在民主政治建设领域，规范人行动的标准首先是法律。国家倡导全体公民提高思想道德水平，但并不是把这种道德要求变成全体公民的法律义务。在道德标准与法律标准发生冲突的场合，在个人权威与法律权威发生抵触的情形下，最终应当坚持法律的立场，依法办事。这也是以德治国不同于传统"德治"的根本所在。（2）以德治国与依法治国属于不同范畴。社会主义法治与道德本质是一致的，产生于同样的经济基础，都是上层建筑的重要组成部分。但两者分属于不同的范畴，法治属于政治建设、政治文明，德治属于思想建设、精神文明。现代意义上的"德治"与中国古代的"德治"或"人治"概念不同，它仅针对精神文明建设而言，与作为政治文明核心的法治并非同一层面上的问题。法律强调规范指引，重在调整人们的外部行为；而道德强调舆论导向，重在调整人们的内心世界，并进而间接地调整外部行为。在大多数情况下，法律规范可以视为道德的"底线"，是一个社会所能允许的最低的道德行为标准。超出了这个标准"底线"，就会妨碍甚至危害社会和他人的利益，因而必须用国家机器的强制手段，即法治来防止社会成员越过这条"底线"。从这个角度来看，以德治国实际上就是在引导人们来遵守基本行为准则的基础上，追求更高的思想道德目标。（3）以德治国与依法治国相互促进。法律是道德的重要载体、依法治国基本方略的充分实现，有利于社会主义道德的推行，有利于提高一般公民和国家工作人员的道德水平。反之，推行以德治国，社会主义道德水平的普遍提高又必然促进社会主义法治的有效实现。

模拟试题（二）

一、单项选择题

1—5 DACDD 6—10 BBAAD 11—15 ABCBC 16—20 ADADC 21—25 ABCAC

二、简答题

26. 为什么说人生目的是人生观的核心？

答：（1）人生目的决定人生道路。（2）人生目的决定人生态度。（3）人生目的决定人生价值选择。（4）人生目的是对"人为什么活着"这一人生根本问题的认识和回答，在人生实践中具有重要的作用。

27. 怎样提高职业道德素质？

答：（1）努力学习，提高职业道德意识。（2）勤于实践，提高践行职业道德能力。

28. 怎样正确认识和处理追求理想过程中遇到的问题？

答：（1）充分认识理想实现过程的长期性、曲折性和艰巨性。（2）正确看待理想与现实之间的矛盾：一方面，走出"以理想来否定现实"的误区；另一方面，走出"以现实来否定理想"的误区。

29. 简述法人的含义及其应具备的基本条件。

答：法人是具有民事权利能力和民事行为能力，依法独立享有民事权利和承担民事义务的组织。法人应当具备的条件包括：依法成立；有必要的财产和经费；有自己的名称、组织机构和场所；能够独立承担民事责任。

30. 简述全面推进依法治国的基本要求。

答：（1）科学立法。（2）严格执法。（3）公正司法。（4）全民守法。（5）加强法治工作队伍建设。（6）加强和改进党对全面推进依法治国的领导。

三、论述题

31. 论述当代大学生如何在学习和生活实践中确立正确的理想信念。

答：（1）把崇高的理想和坚定的信念结合起来。（2）把个人的理想信念与社会的理想信念结合起来。（3）学会对不同的而理想信念进行辨别和选择。（各要点要适当展开阐述）

32. 论述社会主义道德建设要以集体主义为原则。

答：（1）强调集体利益和个人利益的辩证统一。集体主义要求把国家利益和社会利益放在首位。因为它体现着全体人民的根本的长远的利益，是集体所有成员共同利益的统一。同时每个人的正当利益又都是集体利益不可分割的组成部分。现实生活中，集体利益与个人利益相辅相成。（2）强调集体利益高于个人利益。社会主义集体主义强调在集体利益和个人利益发生矛盾或冲突时，要坚持集体利益高于个人利益，即个人以大局为重，个人利益服从集体利益，必要时，为集体利益牺牲个人利益。（3）强调重视、保障、发展个人的正当利益和自觉创造精神。促进和保障个人正当利益，使个人的才能、价值得到充分的发挥是社会主义集体主义思想的应有之义。只有个人的价值、尊严得到实现，个人的正当利益得到保证，集体才能有强大生命力和凝聚力。

33. 论述中国特色社会主义法律体系的构成及重要意义。

答：中国特色社会主义法律体系，是以宪法为统帅，以法律为主干，以行政法规、地方性法规为重要组成部分，由宪法及宪法相关法、民法商法、行政法、经济法、社会法、刑法、诉讼与非诉讼程序法等多个法律部门组成的有机统一整体。中国特色社会主义法律体系，是新中国成立以来特别是改革开放40多年来经济社会发展实践经验制度化、法律化的集中体现，是中国特色社会主义制度的重要组成部分，具有十分鲜明的特征。中国特色社会主义法律体系是中国特色社会主义永葆本色的法治根基，是中国特色社会主义创新实践的法治体现，是中国特色社会主义兴旺发达的保障。

模拟试题（三）

一、单项选择题

1—5　CCBAC　6—10　AADBA　11—15　ACACB　16—20　DBBAA　21—25　BDDBC

二、简答题

26．简述学习"思想道德修养与法律基础"课的方法。

答：（1）认真学习理论知识。（2）理论联系实际，学以致用。（3）身体力行，切实践履。

27．简述道德的主要功能。

答：道德的功能是指道德作为社会意识的特殊形态对于社会发展所具有的功效和能力。道德具有多方面的功能，如调节功能、认识功能、教育功能、评价功能、导向功能、激励功能、辩护功能、沟通功能等，其中占主导地位的是调节功能和认识功能。调节功能是道德最主要的功能，是指道德通过评价等方式，指导和纠正人们的行为和实际活动，协调人们之间关系的功效和能力。认识功能也是道德的主要功能，是指道德反映社会现实特别是反映社会经济关系的功效和能力。

28．简述提出和倡导公民基本道德规范的意义。

答：（1）公民基本道德规范体现了社会主义道德建设的要求。（2）公民基本道德规范是对公民道德要求的高度概括。（3）公民基本道德规范有利于对公民进行道德教育。

29．简述依法治国的总目标。

答：全面推进依法治国，总目标是建设中国特色社会主义法治体系，建设社会主义法治国家。具体而言，就是在党的领导下，坚持中国特色社会主义制度，贯彻中国特色社会主义法治理论，形成完备的法律规范体系、高效的法治实施体系、严密的法治监督体系、有力的法治保障体系，形成完善的党内法规体系，坚持依法治国、依法执政、依法行政共同推进，坚持法治国家、法治政府、法治社会一体建设，实现科学立法、严格执法、公正司法、全民守法，促进国家治理体系和治理能力现代化。

30．简述我国公民的基本权利和基本义务。

答：（1）公民的基本权利是指宪法规定的公民享有的基本的、必不可少的权利。它主要有以下内容：平等权；政治权利和自由；宗教信仰自由；公民的人身自由；公民的社会经济权利；公民的教育、科学、文化权利和自由；特定人的权利。（2）公民的基本义务是指公民依照宪法应当履行的最主要、最基本的责任。它主要有以下内容：维护国家统一和各民族团结；遵守宪法和法律；保守国家秘密；维护国家安全、荣誉和利益；依照法律服兵役和参加民兵组织；依法纳税。

三、论述题

31．在经济全球化背景下，怎样弘扬爱国主义精神？

答：经济全球化是当今时代发展的重要趋势。在这一趋势下，爱国主义并没有也不会过时。在经济全球化的背景下，民族国家的界限不但没有消亡，反而在一定范围内和一定程度上更加凸显出来。发展中国家参与全球化进程，一方面可以享用资金、技术利用之便利，促进本国经济快速成长，但另一方面也必然增加对发达国家的依赖性，使自己在经济、政治、文化等的发展中面临更大风险。

为了趋利避害，发展中国家必须坚定地捍卫自己国家的利益，始终把国家主权和安全放在第一位，这就需要大力弘扬爱国主义精神。只有在爱国主义的旗帜下，才能形成强大的民族凝聚力。在不断提高对外开放水平、最大限度地享受全球化带来的好处的同时，也要降低风险，赢得主动，按照本国国情发展自己的政治制度和民族文化，维护本国、本民族的根本利益。

在经济全球化背景下弘扬爱国主义精神，应该注意防止两种错误倾向：一是妄自尊大、故步自封的狭隘民族主义；二是妄自菲薄、崇洋媚外的民族虚无主义。中国的社会主义现代化建设，既要继承和弘扬中华民族优秀传统文化，也要学习和借鉴世界各国包括在资本主义国家创造的人类文明优秀成果，但是绝对不能搞"全盘西化"，不能从经济基础到上层建筑的一切领域都照抄照搬西方资本主义国家的制度模式。

32. 论述道德的本质。

答：马克思主义科学地揭示了道德的本质，认为道德是属于上层建筑的范畴，是一种特殊的社会意识形态，是由社会经济基础决定的，是社会经济关系的反映，并为社会的经济基础服务。

道德作为社会经济关系的产物，是一种社会意识形态。社会经济基础对道德的决定作用主要表现在四个方面：(1) 社会经济关系的性质决定着社会道德体系的性质，有什么样的经济关系就有什么样的社会道德。(2) 社会经济关系中所表现出来的利益决定着道德的基本原则和主要规范。(3) 在阶级社会中，社会经济关系主要表现为阶级关系，道德必然反映着特定阶级的利益而具有阶级性。(4) 社会经济关系的发展变化必然引起道德的变化。

道德作为一种社会意识形态，是一种特殊社会意识形态。其特殊性表现为道德是以能动的方式把握世界、引导和规范人们的社会实践活动。道德对现实生活的调节方式主要表现在三个方面：(1) 道德对社会行为的调节是非强制性的。(2) 道德规范具有相对稳定性。(3) 道德调整的社会关系范围具有广泛性。

33. 论述我国社会主义法律的本质。

答：法的本质属性在于其阶级性，而根基则在于其赖以产生的社会物质生活条件。我国社会主义法律充分体现工人阶级领导的广大人民群众的共同意志和利益，遵循我国社会历史发展的基本规律，是以消灭剥削、消除两极分化、实现共同富裕为历史使命的法律制度。

首先，我国社会主义法律是阶级性和人民性的统一。我国社会主义法律是工人阶级领导下的广大人民共同意志和利益的体现。在我国，工人阶级领导下的全体人民都是国家的主人。因此，我国社会主义法律制度既是工人阶级利益和意志的体现，同时也是广大人民利益和意志的体现，实现了阶级性与人民性的统一。

其次，我国社会主义法律是科学性和先进性的统一。这种先进性和科学性主要体现在三个方面：一是我国社会主义法律坚持体现工人阶级领导下的全体人民的意志和利益，而不是仅体现少数人的意志和利益；二是我国社会主义法律坚持辩证唯物主义和历史唯物主义的世界观与方法论，在科学世界观和方法论的指导下探索社会主义法制建设的独特规律，强调从自己的国情和社会主义现代化建设的需要出发，走自己的路，不照抄照搬西方法律制度模式；三是坚持以开放的胸怀和谦虚的态度对待前人与他人的宝贵经验，既注意继承我国传统法律文化中的优秀部分，又注意借鉴外国法律发展的成功经验，同时还在立法体制、立法程序、立法技术等方面不断改革创新。

最后，我国社会主义法律是中国特色社会主义事业建设的重要保障。我国社会主义法律在政治建设、经济建设、文化建设、社会建设、生态文明建设等方面起着有效的保障作用。

模拟试题（四）

一、单项选择题

1—5　CBADB　6—10　CABBD　11—15　CDCDD　16—20　BDACB　21—25　DBAAD

二、简答题

26. 简述理想信念的基本类型。

答：根据人的社会生活的领域，可以将理想信念大体划分为四种类型，即生活领域的理想信念、职业领域的理想信念、道德领域的理想信念、社会领域的理想信念。

27. 简述爱国主义的历史作用。

答：(1) 爱国主义是动员和鼓舞中国人民团结奋斗的一面旗帜。(2) 爱国主义是推动我国社会历史前进的巨大力量。(3) 爱国主义是谱写壮丽人生的力量源泉。

28. 简述保持身心健康的途径和方法。

答：(1) 树立正确的人生观，养成积极乐观的人生态度。(2) 加强体育锻炼，提高身体素质和心理品质。(3) 学习心理健康知识，掌握心理调适方法。(4) 注重与人交往，建立良好的人际关系。

29. 简述完善以宪法为核心的中国特色社会主义法律体系的具体措施。

答：(1) 健全宪法实施和监督制度。(2) 完善立法体制。(3) 深入推进科学立法、民主立法。(4) 加强重点领域立法。

30. 简述法律权利的含义及其特点。

答：法律权利是指法律所允许的、主体为了满足某种利益而采取的、由其他人的法律义务所保证的法律手段。法律权利的特点包括：(1) 它来自法律规范的规定。(2) 它是保障权利人实现某种利益的法律手段。(3) 它以义务人的法律义务为保证，否则权利人的权利无法行使。(4) 它有明确的范围，超出一定的范围和限度，就不再受法律保护。

三、论述题

31. 论述爱国主义的科学内涵。

答：爱国主义是人们在历史上形成的热爱、忠诚和报效自己祖国的一种感情、思想和行为。它反映了个人对祖国的依存关系，是人们对自己的家园、民族和文化的归属感、认同感、尊严感和荣誉感的统一。它是调节个人与祖国之间关系的道德要求、政治原则和法律规范，也是推动历史发展的强大精神力量，是鼓舞和凝聚一个民族的精神支柱。其基本内容主要包括：(1) 爱国主义最基本的内容是对祖国的忠诚与热爱。(2) 热爱故土山河是爱国主义的首要表现。(3) 热爱骨肉同胞是爱国主义的集中表现。(4) 热爱祖国光辉灿烂的文化是爱国主义的深层内容。(5) 热爱自己的国家是爱国主义的基本政治要求。

32. 论述人生的社会价值和自我价值的关系。

答：人生的自我价值，是指个体的人生活动对自己的生存和发展所具有的价值，主要表现为对自身物质和精神需要的满足程度。人生的社会价值，是指个体的人生活动对他人、社会所具有的价值，主要表现为个体对他人、社会所做的贡献，一般说来，一个人的贡献越大，他实现的社会价值就越高。

人生的自我价值和社会价值，既互相区别，又密切联系，共同构成人生价值的矛盾统一体。一方面，人生自我价值的实现是个体为社会创造更大价值的前提。人的各种需要的满足都离不开个体的努力和奋斗，人为实现自我价值而努力和奋斗的过程，一般也是其创造社会价值的过程。个体的人生活动不仅具有满足自我需要的价值属性，还必然地包含着满足社会需要的价值属性。另一方面，人生的社会价值是实现人生的自我价值的基础。人是社会的人，人进行的自我价值活动从来都不是孤立的个人活动。一般情况下，一个人所追求的社会价值目标越高，为他人和社会创造的财富越多，他所能实现的自我价值就越高。如果把自我价值的实现仅仅理解为单纯的利己活动，囿于自我的封闭圈，不为他人、社会做出贡献,这样的自我价值是不可能实现的。社会价值的创造过程与自我价值的实现过程是统一的。人生的自我价值必须与社会价值相结合,并通过社会价值表现出来。创造社会价值是因,实现自我价值是果,不创造社会价值,就无法实现自我价值。

33. 论述法的适用。

答:法的适用,也称司法,是指国家司法机关及其公职人员根据法定职权和程序具体应用法律处理案件的专门活动。法的适用也是法的实施的重要方式,对于实现立法目的、发挥法的作用具有重要意义。法的适用一般具有以下特点:(1)法的适用的主体是司法机关。在我国,司法包括审判和检察,司法权包括审判权和检察权。审判权由人民法院行使,检察权由人民检察院行使。(2)法的适用须严格遵循法定程序。法定程序是保证司法机关正确、合法、及时处理案件的前提,是实现司法公正的重要保证。司法机关适用法律处理案件时必须依据相应的程序法的规定。(3)法的适用以国家强制力为后盾。司法机关在案件的调查、审理、判决等活动过程中,有权依法采取相应的强制措施。司法机关做出的对当事人有约束力的法律文件,当事人必须执行。(4)法的适用具有很强的专业性。法的适用是司法机关运用法律处理案件的专门活动,司法人员需要受过专业的教育和训练,具有完备的法律专业知识和丰富的经验,否则很难胜任这一专业性很强的工作。

模拟试题(五)

一、单项选择题

1—5　DAABA　6—10　DDABB　11—15　BCBAB　16—20　ADDCD　21—25　ACDDD

二、简答题

26. 为什么说在我国爱国主义与爱社会主义是统一的?

答:在当代中国,爱国主义首先体现在对社会主义的热爱上。坚持爱国主义与爱社会主义的统一,是新时期爱国主义的基本特征。

(1)社会主义是一种先进的社会制度,用社会主义取代资本主义,是人类历史发展的必然。

(2)中国选择社会主义制度,是近现代历史发展的必然,是中国人民长期艰苦奋斗的结果。

(3)实践证明,改革开放以来我们取得一切成绩和进步的根本原因归结起来就是:开辟了中国特色社会主义道路,形成了中国特色社会主义理论体系。

27. 为什么我国社会主义道德建设要与社会主义市场经济相适应?

答:(1)社会主义道德建设应当与社会主义基本经济制度基础上实行的社会主义市场经济相适应。(2)社会主义制度的优越性和市场经济优势的发展离不开社会主义道德的积极作用。(3)社会主义道德建设为社会主义市场经济的发展完善提道德价值导向。(4)社会主义道德建设保证和促进市场经济沿着社会主义方向健康发展。

28. 简述道德的社会作用。

答:(1)道德能够影响经济基础的形成、巩固和发展。(2)道德对其他社会意识形态的存在和发展有着重大的影响。(3)道德是影响社会生产力发展的一种重要的精神力量。(4)道德能够维护社会生活的稳定,保障人们正常的生活和交往。(5)道德能够保护或者破坏一定阶级的政治统治。

29. 简述社会公德的特点。

答:(1)基础性。社会公德是社会道德体系的基础层次,是每个社会成员都应该遵守的最起码的道德准则,是为维护社会公共生活的正常行为而对社会成员提出的最基本的道德要求。(2)全民性。社会公德是社会全体成员都必须遵守的道德规范，具有最广泛的群众和适用范围。（3）相对稳定性。社会公德是人类世世代代在共同生活、相互交往中形成的，调整公共生活中最一般关系的经验和智慧的结晶。

30．简述职业道德的含义和特点。

答：职业道德是从业人员在一定的职业活动中应遵循的、具有自身职业特征的道德要求和行为准则。职业道德的特点包括规范性和专业性、可操作性和准强制性、相对稳定性和连续性。

三、论述题

31．论述社会公德的主要内容及自觉遵守社会公德的意义。

答：社会公德的主要内容包括五个方面。（1）文明礼貌。文明礼貌是要求人们在公共生活中举止文明、礼貌待人、和谐相处。（2）助人为乐。助人为乐要求人们在公共生活中团结友爱、相互关心、相互帮助、见义勇为。（3）爱护公物。爱护公物要求人们在公共生活中爱惜和保护全民和集体所有的公共财物。（4）保护环境。保护环境要求人们讲究公共卫生、保护自然环境和人文环境。（5）遵纪守法。遵纪守法要求人们在公共生活中自觉遵守法律、法规、纪律。

自觉遵守社会公德的意义：（1）遵守社会公德是维护社会公共生活正常秩序的必要条件。社会公德是维护公共场所正常秩序和安定环境、维护现实社会生活的最低准则，是人们现实社会生活稳定发展的基本条件。（2）遵守社会公德是成为一个有道德的人的最基本要求。一方面，社会公德既是社会成员都要遵守的公共生活准则，也是社会成员进一步提升道德境界的基础；另一方面，社会公德在促进社会和个人弃恶扬善、扶正祛邪，从而指导人们的思想和行为，维护现实的稳定、公道和秩序方面发挥的舆论监督作用和精神感召作用更加突出，成为个人道德修养的重要标志。（3）社会公德建设是精神文明建设的基础性工程，也是精神文明程度的"窗口"。社会公德是社会道德的基石和支柱之一，又是社会精神文明的重要组成部分。从人们实践社会公德的自觉程度和普及程度，可以看出整个社会精神文明建设的状况。

32．论述社会主义法治理念的基本内涵。

答：我国社会主义法治理念的基本内涵可集中概括为"依法治国、执法为民、公平正义、服务大局、党的领导"五个方面的内容。

（1）依法治国，是法治国家的基本特征，是党领导人民治理国家的基本方略，从而也是社会主义法治的核心内容。依法治国，就是广大人民群众在党的领导下，依照宪法和法律的规定，通过各种途径和形式管理国家事务，管理经济文化事务，管理社会事务，保证国家各项工作都依法进行，逐步实现社会主义民主的制度化、法律化。（2）执法为民，是我们党和政府全心全意为人民服务的根本宗旨的必然要求和立党为公、执政为民的执政理念的具体体现，是社会主义国家法治实践的出发点，是社会主义国家人民当家作主的必然反映，从而也是社会主义法治的本质要求。执法为民必须坚持以人为本，必须着眼于保障和改善民生，必须倡导和注重理性文明执法，必须做到便民利民。（3）公平正义，是人类社会的共同理想，是社会主义和谐社会的基本内容和特征，是核心价值观的重要内容，从而也是社会主义法治的价值追求。公平正义必须坚持法律面前人人平等原则，坚持以事实为根据、以法律为准绳的原则，坚持不偏不倚、不枉不纵、秉公执法原则。公平正义需要正确处理法理与情理的关系、实体公正与程序公正的关系、普遍与特殊的关系。（4）服务大局，是对法治事业在我国社会主义事业全局中的正确定位，是实现党和国家根本任务的必然要求，从而也是社会主义法治的重要使命。我国目前的大局就是全面深化改革、全面推进依法治国、全面从严治党。服务大局重在落实，必须坚持在法治实践活动中全面贯彻党和国家的大政方针，必须高度重视法治实践活动的社会效果，必须注重和强调各地方、各部门及各机构的协调与配合。(5)党的领导，是中国特色社会主义最本质的特征，是社会主义法治最根本的保证。

社会主义法治理念这五个方面的内涵有机统一、相辅相成，从不同侧面系统地揭示出社会主义法治的主要原理，同时又完整地描绘出社会主义法治的基本图景。

33．论述法的实施的基本形式。

答：法的实施是指法在实际的社会生活中得以贯彻。法的实施包括法的遵守、法的执行和法的适用三种基本形式。

(1)法的遵守有广义和狭义之分。广义的法的遵守，等同于法的实施。狭义的法的遵守，也称守法，是指一切组织和个人依照法律规定行使权利与履行义务的活动。在当代中国，守法主体包括我国的一切组织和个人。守法的客观条件一般包括主体所处社会的法治状况、政治状况、经济状况、民族传统、社会风气、家庭环境等。(2)法的执行有广义和狭义之分。广义的执法包括法的适用。狭义的执法仅指国家行政机关及其公职人员和法律授权、委托的组织及其公职人员依法行使管理职权、履行职责和实施法律的活动，因此也常被称为行政执法。行政执法的特点包括：执法主体具有特定性；执法内容具有广泛性；执法行为具有主动性；执法活动具有单方面性。(3)法的适用，也称司法，是指国家司法机关及其公职人员根据法定职权和程序具体应用法律处理案件的专门活动。法的适用的特点一般包括：主体是司法机关；必须严格遵循法定程序；以国家强制力为后盾；具有很强的专业性。